ANTOINE DE SAINT-EXUPÉRY

Über unserem Leben steht ein Stern

Über unserem Leben steht ein Stern

Mit den schönsten Texten von
ANTOINE DE SAINT-EXUPÉRY
durch das Jahr

Herausgegeben von Franz Johna

HERDER

FREIBURG · BASEL · WIEN

»*A*us einer unbegrenzbaren kosmischen Dunkelwolke
schimmert schwach ein einziger Stern (die Liebe);
das muss uns genug sein ...«

REINHOLD SCHNEIDER (1903–1958): WINTER IN WIEN.
Verlag Herder, Freiburg, 4. Aufl., 2003.

Die Auswahl erfolgte mit freundlich erteilter Erlaubnis
des Verlags Karl Rauch, Düsseldorf, und
den Éditions Gallimard, Paris.

Umschlaggestaltung:
Weiß -Freiburg GmbH – Graphik und Buchgestaltung
Umschlagmotive: © istockphoto
Herstellung: fgb . freiburger graphische betriebe
www.fgb.de
Gedruckt auf umweltfreundlichem, chlorfrei gebleichtem Papier
ISBN 978-3-451-29935-3

INHALT

EINLADUNG ZUR FREUNDSCHAFT

M»an kennt nur die Dinge, die man zähmt«, sagte der Fuchs.
»Die Menschen haben keine Zeit mehr, irgendetwas kennenzulernen. Sie kaufen sich alles fertig in den Geschäften. Aber da es keine Kaufläden für Freunde gibt, haben die Leute keine Freunde mehr. Wenn du einen Freund willst, so zähme mich!«
»Was muss ich da tun?« sagte der kleine Prinz. »Du musst sehr geduldig sein«, antwortete der Fuchs. »Du setzt dich zuerst ein wenig abseits von mir ins Gras. Ich werde dich so verstohlen, so aus dem Augenwinkel heraus anschauen, und du wirst nichts sagen ... Jeden Tag wirst du dich ein bisschen näher setzen können.«

Im übertragenen Sinn gilt dieser Rat auch für dieses Buch: Es bietet die schönsten und tiefsten Texte aus den mehrbändigen »Gesammelten Schriften« des Erfinders des »Kleinen Prinzen« für eine bereichernde »Zehn-Minuten-Lektüre« Tag für Tag das Jahr hindurch.

Antoine de Saint-Exupéry – Pilot, Poet und einer der beliebtesten Autoren unserer Zeit – hat sein Leben lang nach dem wahren Menschsein gesucht, nach Nähe, Freundschaft, Zuhause-Sein, Liebe: nach dem Wesentlichen, »das nicht zu kaufen ist«. Unablässig umkreist er in seinen Büchern, wie Leben gelingen kann (siehe die Übersicht »Lebensstationen« auf Seite 391). Das Sehen mit dem Herzen, das Wahrnehmen des Unsichtbaren im Sichtbaren sind wiederkehrende Lichtpunkte. Seine Bücher bilden eine Quelle existenzieller Weisheit, aus der dieses Jahreslesebuch reichlich schöpft und »Leitsterne« für ein wahrhaftiges, authentisches Leben aufzeigt. Die vorliegende Textsammlung kann für viele zugleich das Wiedersehen mit dem Freund sein, den sie im »Kleinen Prinzen« schon lange gefunden haben.

Der Herausgeber

JANUAR

Liebe, die mit dem Herzen sieht

Der Weg zur tieferen Schau

VOR EINEM HUT ANGST HABEN?

*A*ls ich sechs Jahre alt war, sah ich einmal in einem Buch über den Urwald, das »Erlebte Geschichten« hieß, ein prächtiges Bild. Es stellte eine Riesenschlange dar, wie sie ein Wildtier verschlang …

In dem Buch hieß es: »Die Boas verschlingen ihre Beute als Ganzes, ohne sie zu zerbeißen. Daraufhin können sie sich nicht mehr rühren und schlafen sechs Monate, um zu verdauen.«

Ich habe damals viel über die Abenteuer des Dschungels nachgedacht, und ich vollendete mit einem Farbstift meine erste Zeichnung. Meine Zeichnung Nr. 1. So sah sie aus:

Ich habe den großen Leuten mein Meisterwerk gezeigt und sie gefragt, ob ihnen meine Zeichnung nicht Angst mache. Sie haben mir geantwortet: »Warum sollen wir vor einem Hut Angst haben?«

Der kleine Prinz

SIE BRAUCHEN IMMER ERKLÄRUNGEN

*M*eine Zeichnung stellte aber keinen Hut dar. Sie stellte eine Riesenschlange dar, die einen Elefanten verdaut. Ich habe dann das Innere der Boa gezeichnet, um es den großen Leuten deutlich zu machen. Sie brauchen ja immer Erklärungen. Hier meine Zeichnung Nr. 2:

Die großen Leute haben mir geraten, mit den Zeichnungen von offenen oder geschlossenen Riesenschlangen aufzuhören und mich mehr für Geographie, Geschichte, Rechnen und Grammatik zu interessieren. So kam es, daß ich eine großartige Laufbahn, die eines Malers nämlich, bereits im Alter von sechs Jahren aufgab. Der Mißerfolg meiner Zeichnungen Nr. 1 und Nr. 2 hatte mir den Mut genommen. Die großen Leute verstehen nie etwas von selbst, und für die Kinder ist es zu anstrengend, ihnen immer und immer wieder erklären zu müssen.

Ich war also gezwungen, einen anderen Beruf zu wählen, und lernte fliegen. Ich bin überall in der Welt herumgeflogen, und die Geographie hat mir dabei wirklich gute Dienste geleistet. Ich konnte auf den ersten Blick China von Arizona unterscheiden. Das ist sehr praktisch, wenn man sich in der Nacht verirrt hat.

Der kleine Prinz

HIER MEIN GEHEIMNIS

»Geh die Rosen wieder anschauen. Du wirst begreifen, daß die deine einzig ist in der Welt.

Du wirst wiederkommen und mir Adieu sagen, und ich werde dir ein Geheimnis schenken.« …

Und der kleine Prinz kam zum Fuchs zurück:

»Adieu«, sagte er …

»Adieu«, sagte der Fuchs. »Hier mein Geheimnis. Es ist ganz einfach: Man sieht nur mit dem Herzen gut. Das Wesentliche ist für die Augen unsichtbar.«

»Das Wesentliche ist für die Augen unsichtbar«, wiederholte der kleine Prinz, um es sich zu merken.

»Die Zeit, die du für deine Rose verloren hast, sie macht deine Rose so wichtig.«

»Die Zeit, die ich für meine Rose verloren habe …«, sagte der kleine Prinz, um es sich zu merken.

»Die Menschen haben diese Wahrheit vergessen«, sagte der Fuchs. »Aber du darfst sie nicht vergessen. Du bist zeitlebens für das verantwortlich, was du dir vertraut gemacht hast. Du bist für deine Rose verantwortlich …«

»Ich bin für meine Rose verantwortlich …«, wiederholte der kleine Prinz, um es sich zu merken.

Der kleine Prinz

Liebe, die mit dem Herzen sieht

ANSCHAUEN UND EINATMEN

*M*an darf den Blumen nicht zuhören, man muß sie anschauen und einatmen. Die meine erfüllte meinen Planeten mit Duft, aber ich konnte seiner nicht froh werden ...

Ich hätte sie nach ihrem Tun und nicht nach ihren Worten beurteilen sollen! Sie duftete und glühte für mich. Ich hätte niemals fliehen sollen! Ich hätte hinter all den armseligen Schlichen ihre Zärtlichkeit erraten sollen.

Der kleine Prinz

*I*ch reise nicht Mittwoch, sondern Freitag. Ich bin sehr guter Dinge, obgleich es schon nach Mitternacht ist. Das erinnert mich an meine Reiseträume, als ich noch klein war. Unter einer Petroleumlampe, wenn »die großen Leute« Bridge spielen, die Kinder aber sehr ernst sind. China war grün, Japan blau, zwei große Flecken. Auf der Seite gegenüber war zu lesen: »Die Malayen haben schwarze Augen, die Einwohner Haitis haben blaue Augen.« Sicher irre ich mich in den Farben, aber mir wurde ganz klar an diesem Abend, daß ich noch nie ein wirkliches schwarzes Auge, ein wirkliches blaues Auge gesehen hatte. Die Augen rings um mich her, das ahnte ich, waren nur Kopien. So mache ich mich jetzt ein wenig zu ihrer Eroberung auf.

Briefe an Rinette

DAS SCHÖPFERISCHE ENTSTEHT
AUS DEM REICHTUM DES HERZENS

*D*ie Menschen, die sich durch ihre zusammenhängenden Überlegungen und nicht durch den Reichtum ihres Herzens empfehlen und Erörterungen darüber anstellen, wie sie vernunftgemäß handeln könnten, werden zunächst einmal überhaupt nicht handeln, denn ihren Vernunftschlüssen wird ein gewandterer Gegner bessere Argumente entgegensetzen, und wenn sie ihrerseits nachgedacht haben, werden sie selbst wiederum noch bessere Argumente ins Feld führen. Und derart folgt einem gewandten Anwalt ein noch gewandterer Anwalt, und so geht es fort bis in Ewigkeit. Denn nur die Wahrheiten der Vergangenheit lassen sich beweisen, und diese sind einleuchtend, weil sie existieren. Und du wirst Erfolg haben, wenn du die Größe eines bestimmten Werkes beweisen willst. Denn du weißt von vornherein, was du beweisen möchtest. Aber das Schöpferische gehört nicht diesem Bereich an. Gib deinem Buchhalter Steine: Er wird keinen Tempel damit bauen.

Die Stadt in der Wüste

GEBEN UND EMPFANGEN

*D*ie Demut des Herzens verlangt nicht, daß du dich demütigen, sondern daß du dich öffnen sollst. Das ist der Schlüssel des Austausches. Nur dann kannst du geben und empfangen. Und ich kann nicht das eine vom anderen unterscheiden; diese beiden Worte sind für den gleichen Weg bestimmt. Demut ist nicht Unterwerfung unter die Menschen, sondern unter Gott. So wie der Stein nicht den Steinen, sondern dem Tempel unterworfen ist. Wenn du dienst, dienst du dem Werke. Die Mutter ist demütig angesichts des Kindes und der Gärtner vor der Rose.

Ich, der König, werde mich ohne Bedenken durch den Ackersmann belehren lassen. Denn er weiß weit mehr als ein König vom Pflügen. Und da ich ihm für die Unterweisung erkenntlich bin, werde ich mich dafür bedanken, ohne daß ich mich dadurch zu erniedrigen glaube. Denn es ist natürlich, daß die Wissenschaft des Pflügens ihren Weg vom Ackersmann zum König nimmt. Doch da ich jede Eitelkeit verabscheue, werde ich ihn nicht dazu bewegen, daß er mich bewundert. Denn die Urteile nehmen ihren Weg vom König zum Ackersmann.

Die Stadt in der Wüste

WIRKLICHE WEITE

*W*enn der Zufall die Liebe erweckt, ordnet sich im Menschen alles nach dieser Liebe, und die Liebe bringt ihm das Gefühl für die Weite. Wenn zur Zeit meines Aufenthaltes in der Sahara Araber plötzlich aus dem nächtlichen Dunkel um unser Feuer auftauchten und uns auf ferne Gefahren aufmerksam machten, dann fügte sich die Wüste zu einem Ganzen und bekam einen Sinn. Diese Boten hatten ihre Weite bestimmt. So geschieht es auch mit der Musik, wenn sie schön ist ... Das Erhabene bringt das Gefühl für die Weite.

Ich verstehe aber auch, daß nichts von dem, was den Menschen selbst angeht, sich zählen oder messen läßt. Die wirkliche Weite ist nicht für das Auge, sie wird nur dem Geist gewährt. Sie ist so viel wert wie die Sprache, denn die Sprache verbindet die Dinge.

Flug nach Arras

*D*ie Liebe ist zuerst Einübung in das Gebet und das Gebet Einübung ins Schweigen.

Die Stadt in der Wüste

Liebe, die mit dem Herzen sieht

LAUSCHEN IM SCHWEIGEN

*D*ie Liebe ist vor allem ein Lauschen im Schweigen. Lieben heißt nachsinnen. Es kommt die Stunde, in … der du dich mit deiner Liebsten vereinigst, was nicht auf dieser oder jener Geste, nicht auf dieser oder jener Einzelheit des Gesichtes oder diesem oder jenem Wort, das sie ausspricht, sondern auf ihr beruht.

Es kommt die Stunde, da allein ihr Name genügt als ein Gebet, denn du hast nichts hinzuzufügen. Es kommt die Stunde, in der du nichts mehr verlangst. Weder die Lippen noch das Lächeln noch den zärtlichen Arm, den Hauch ihrer Gegenwart. Denn es genügt dir, daß sie da ist.

Es kommt die Stunde, in der du dich nicht mehr zu fragen brauchst, was jener Schritt, jenes Wort, jene Entscheidung, jene Weigerung, jenes Schweigen bedeuten, um sie zu verstehen. Da sie ja da ist … Du [willst] vor allem aufgenommen sein im Schweigen, nicht um dieser oder jener Geste, dieser oder jener Tugend, dieses oder jenes Wortes willen, sondern in deinem Elend, so wie du bist.

Die Stadt in der Wüste

Der Weg zur tieferen Schau

ZUGANG ZUR SCHAU FINDEN

*W*ichtig ist, dass man sich auf ein Ziel hin bewegt, das sich vorläufig noch nicht zeigt. Dieses Ziel gilt nicht dem Verstand, sondern dem Geist. Der Geist versteht sich aufs Leben, aber er schläft. Worin die Versuchung besteht, weiß ich ebensogut wie ein Kirchenvater. Versucht werden heißt, sich versuchen lassen, wenn der Geist schläft, heißt den Gründen des Verstandes nachgeben ...

Wenn eine Frau mir schön vorkommt, kann ich nicht über sie sprechen. Ich sehe sie ganz einfach lächeln. Die Intellektuellen zerlegen das Gesicht, um es aus seinen Teilen zu erklären, aber das Lächeln sehen sie nicht mehr.

Erkennen heißt nicht zerlegen, auch nicht erklären. Es heißt, Zugang zur Schau finden. Aber um zu schauen, muss man erst teilnehmen. Das ist eine harte Lehre.

Flug nach Arras

*D*as ist ja das Wunderbare am Menschen, daß es keinen Schmerz, keine Leidenschaft gibt, die nicht ausstrahlen und eine universale Bedeutung gewinnen.

Wenn ein Mensch in seiner Dachkammer ein Verlangen hegt, das stark genug ist, setzt er von seiner Dachkammer aus die Welt in Brand.

Blutendes Spanien

KEIN WORT FÜR DAS, WAS IN MIR IST

*I*ch habe die Beziehungen zwischen den Menschen mit wirklicher Aufmerksamkeit verfolgt und deutlich die Gefahren einer Klugheit wahrgenommen, die in dem Glauben lebt, daß die Sprache oder die Antworten in einem Wortwechsel etwas zu erfassen vermöchten. Denn das, was in mir ist, läßt sich nicht auf den Wegen der Sprache übermitteln. Es gibt kein Wort, um das auszusprechen, was in mir ist. Ich kann es nur in dem Maße bezeichnen, in dem du es schon auf anderen Wegen als durch das Wort verstehst: Etwa durch das Wunder der Liebe oder weil du mir gleichst, da du vom selben Gott gezeugt wurdest. Andernfalls mühe ich mich vergebens, die in mir versunkene Welt ans Licht zu ziehen. Und wie es meine Unbeholfenheit gerade mit sich bringt, zeige ich nur die eine oder die andere ihrer Seiten auf. So gebe ich bei jenem Berge, den ich bezeichne, seine Höhe wieder; er ist aber noch ganz etwas anderes. Oder ich sprach von der Majestät der Nacht, während du die Kälte der Sterne spürst.

Die Stadt in der Wüste

Der Weg zur tieferen Schau

DER GRUND ZUM LIEBEN

*D*u brauchst keine Erörterungen anzustellen, wenn du mich zum Handeln bewegen möchtest. Glaubst du, ich ließe mich durch deine Argumente dazu bestimmen? Ich würde bessere finden, um sie gegen dich anzuführen.

Hast du je erlebt, daß die verlassene Frau den Mann durch einen Prozeß wieder zu erobern vermochte, in dem sie den Nachweis erbrachte, daß sie im Recht war? Der Prozeß erbittert. Sie wird dich nicht einmal dann zurückgewinnen, wenn sie sich als die gleiche zeigt, die du liebtest, denn du liebst sie nicht mehr. Und ich habe es genau gesehen bei jener Unglücklichen, die nach einem traurigen Liede geheiratet worden war und daher am Vorabend der Scheidung das gleiche Lied anstimmte. Doch dieses traurige Lied erregte nur seinen Zorn.

Vielleicht würde sie ihn zurückgewinnen, wenn sie in ihm wieder den Menschen erwecken könnte, der er war, als er sie liebte. Aber dazu müßte sie schöpferisch sein, denn es geht darum, ihn mit etwas zu erfüllen, ebenso wie ich ihn mit dem Drange zum Meer erfülle, der aus ihm einen Schiffsbauer machen wird. Dann freilich wird der Baum wachsen und sich verzweigen. Und er wird von neuem nach dem traurigen Liede verlangen.

Um die Liebe zu mir zu stiften, lasse ich jemanden in dir entstehen, der für mich Partei ergreift ... Ich werde dir nicht die Gründe sagen, weshalb du mich lieben sollst, denn du hast keine Gründe. Der Grund zum Lieben ist die Liebe selber.

Die Stadt in der Wüste

Liebe, die mit dem Herzen sieht

SO, WIE DU BIST

*I*ch nehme dich so, wie du bist. Es kann sein, daß dich die Krankheit plagt, goldene Nippsachen, wenn sie dir vor Augen kommen, in die Tasche zu stecken, und daß du außerdem Dichter bist. Ich werde dich also aus Liebe zur Dichtkunst empfangen. Und aus Liebe zu meinen goldenen Nippsachen werde ich sie wegschließen ... Aber es kann sein, daß du ganz einfach mein Freund bist. Ich werde dich also aus Liebe zu dir empfangen, so wie du bist. Wenn du trinkst, werde ich nicht von dir verlangen, daß du tanzen sollst. Wenn dir dieser oder jener verhaßt ist, werde ich sie dir nicht als Tischgenossen aufnötigen. Wenn du der Speise bedarfst, werde ich dich bedienen.

Ich werde dich nicht zergliedern, um dich kennenzulernen. Du bist weder diese oder jene Tat noch deren Summe. Weder dieses oder jenes Wort noch deren Summe. Ich werde dich weder nach diesen Worten noch nach diesen Taten beurteilen. Aber ich werde diese Worte und diese Taten beurteilen, wie es dir gemäß ist.

Ich werde als Gegengabe verlangen, daß du mir Gehör schenkst. Ich habe mit dem Freund nichts zu schaffen, der mich nicht kennt und ständig Erklärungen begehrt. Ich habe nicht die Fähigkeit, mich im schwachen Wind der Worte mitzuteilen. Ich bin Berg. Den Berg kann man betrachten. Aber der Schubkarren wird ihn nicht zu dir bringen. Wie sollte ich das je erklären, was nicht zuvor schon durch die Liebe verstanden wurde?

Die Stadt in der Wüste

WISSENSCHAFT UND WEISHEIT

*D*er Theoretiker glaubt an die Logik. Er glaubt, den Traum, die Intuition und die Dichtung verachten zu dürfen. Er sieht nicht, daß sie sich verkleidet haben, diese drei Feen, um ihn wie einen verliebten Fünfzehnjährigen zu verführen. Er weiß nicht, daß er ihnen seine schönsten Einfälle verdankt. Unter den Namen »Arbeitshypothese«, »zufällige Umstände«, »Analogien« hatten sie sich vorgestellt; wie hätte er denn ahnen können, der Theoretiker, daß er die gestrenge Logik hinters Licht führte und daß er, als er ihnen sein Ohr lieh, die Musen singen hörte ... Auch ich glaube, daß der Tag kommen wird, an dem wir uns, wenn wir an etwas leiden, ohne zu wissen warum, Ärzten anvertrauen werden, die uns, ohne uns auch nur zu fragen, mit einer Spritze etwas Blut abzapfen, daraus einige Konstanten herleiten, die sie miteinander multiplizieren; nachdem sie dann eine Logarithmentafel zu Rate gezogen haben, werden sie uns mit einer Pille kurieren.

Und doch werde ich mich, wenn ich krank bin, vorläufig noch an den alten Landarzt wenden, der mich von der Seite ansieht, mir den Bauch abklopft, ein altes Taschentuch an meine Schulter drückt, durch das hindurch er mich abhorcht, dann etwas hustet, seine Pfeife anzündet, sich das Kinn reibt – und mich anlächelt, um mich so besser kurieren zu können ...

Ich glaube noch an [die Piloten] Coupet, Lasne oder Détroyat, für die das Flugzeug nicht nur eine Ansammlung von Parametern ist, sondern ein Organismus, den man abhört. Sie landen. Schweigend gehen sie rings um den Apparat herum. Mit den Fingerspitzen streicheln sie den Rumpf, tätscheln den Flügel. Sie rechnen nicht; sie sinnen nach. Dann wenden sie sich an den Ingenieur und sagen bloß: »Ich hab's – man muß die Tragflächen verkürzen.« Ich bewundere die Wissenschaft, gewiß. Aber ich bewundere auch die Weisheit.

Vorwort zur Sondernummer der Zeitschrift »Document« über die Versuchsflieger

IN DER LIEBE STELLT SICH
KEINE FRAGE MEHR

*I*ch weiß, Herr, daß die Weisheit keine Antwort ist, sondern Heilung der Sprachnot ...
Ich kenne die Liebe, in ihr stellt sich keine Frage mehr. Und nach und nach, von einem bezwungenen Widerspruch zum nächsten, gehe ich dem Schweigen der Fragen und so der Seligkeit entgegen.
Die Stadt in der Wüste

*D*enn die Arme der Liebe halten dich gut, sie halten deine Gegenwart, deine Vergangenheit und deine Zukunft, die Arme der Liebe umfassen dich ganz ...
Südkurier

*I*ch bin nur dem verbunden, den ich beschenke. Ich verstehe nur, wem ich mich liebend nahe. Ich existiere nur, insoweit mich die Quellen meiner Wurzeln tränken.
Flug nach Arras

Der Weg zur tieferen Schau

WAS DU GIBST, VERMEHRT DEINE SCHÄTZE

*D*enn der Mensch glaubt, daß etwas dem einen gestohlen sei, was dem anderen geschenkt werde. Hierzu sind wir durch die Mißachtung Gottes und den Gebrauch der Waren erzogen worden. Was du aber in Wirklichkeit gibst, macht dich nicht ärmer, sondern vermehrt im Gegenteil die Schätze, die du austeilen kannst. Einer, der alle Menschen durch Gott hindurch liebt, liebt jeden Menschen unendlich viel mehr als der andere, der nur einen einzigen liebt und lediglich den armseligen Umkreis seiner Person auf seinen Nächsten ausdehnt. Ebenso schenkt einer, der in der Ferne den Gefahren der Seele trotzt, der Geliebten weit mehr, ohne daß sie davon weiß, denn er schenkt ihr einen Menschen, der im Dasein steht, und der wird ihr nicht durch den Mann gegeben, der sie Tag und Nacht auf den Händen trägt, aber nicht existiert.

Laß hier keine Sparsamkeit walten. Es geht nicht um Ware, die man einsparen könnte, sondern um Regungen des Herzens. Denn Schenken ist ein Brückenschlag über den Abgrund deiner Einsamkeit.

Die Stadt in der Wüste

Liebe, die mit dem Herzen sieht

JE MEHR DU GIBST

*D*ie wahre Liebe verausgabt sich nicht. Je mehr du gibst, um so mehr verbleibt dir. Und wenn du dich anschickst, aus dem wahren Brunnen zu schöpfen, spendet er um so mehr, je mehr du schöpfst. Und der Duft des Wachses ist wahr für alle. Und wenn eine andere ihn gleichfalls atmet, wird es dir selber zugute kommen, daß sie dadurch reicher wurde.

*I*ch erkenne die Freundschaft daran, daß sie sich nicht enttäuschen läßt, und ich erkenne die wahre Liebe daran, daß sie nicht gekränkt werden kann.

*E*iner, der einen Liebesbrief schreibt, hält sich für glückselig, ohne daß es ihm auf die Tinte oder das Papier ankäme. Er sucht die Liebe weder im Papier noch in der Tinte.

Die Stadt in der Wüste

ZEICHEN UND ZEREMONIELL DER LIEBE

*W*enn der Bildhauer den Lehm verachtet, knetet er den Wind.
Wenn deine Liebe – unter dem Vorwand, so zum Kern vorzudringen – die Zeichen der Liebe verachtet, ist sie nur noch ein
Wörterbuch. Ich will von dir Wünsche und Geschenke und Liebes-
bezeigungen. Könntest du das Landgut lieben, wenn es der Reihe
nach die Mühle, die Herde, das Haus als überflüssig ausschlösse, weil
sie zu besonders geartet seien? Wie könnte die Liebe entstehen, die
ein Gesicht ist, das du vom gesponnenen Faden abliest, wenn es keinen Faden gibt, auf dem sie sich einzeichnen läßt?

Denn es gibt keine Kathedrale ohne das Zeremoniell der Steine.

Und es gibt keine Liebe ohne das Zeremoniell, das für die Liebe
bestimmt ist.

Das Wesen des Baumes erreiche ich nur, wenn er langsam die Erde
geformt hat, wie es dem Zeremoniell der Wurzeln, des Stammes und
der Zweige gemäß ist. Dann ist er eine Einheit: dieser Baum und kein
anderer.

*H*err, verbinde mich wieder dem Baume, von dem ich stamme.
Ich bin ohne Sinn, wenn ich allein bleibe.
Gib, daß man sich auf mich stützt!
Daß ich mich auf den anderen stütze.
Zwinge mich durch deine Ordnungen!
Hier bin ich aufgelöst und vorläufig.
Ich trage Verlangen, zu sein!
Die Stadt in der Wüste

Liebe, die mit dem Herzen sieht

GESCHENK, NICHT TRIBUT

W as hast du von der Dirne zu erwarten? Doch nur Ruhe des Fleisches nach der Eroberung der Oase. Denn sie verlangt nichts von dir und nötigt dich nicht zu sein. Und wenn dich danach verlangt, der Geliebten zu Hilfe zu eilen, so bedeutet deine Dankbarkeit in der Liebe, daß du den Erzengel herbeiriefst, der darin schlummerte.

Der Unterschied liegt nicht in der Leichtigkeit, denn wenn deine Geliebte dich liebt, brauchst du nur deine Arme zu öffnen, um sie darin zu empfangen. Der Unterschied beruht auf dem Geschenk. Der Dirne kannst du nichts schenken, da sie das, was du ihr mitbringst, von vornherein als Tribut betrachtet.

Du müßtest reicher als ein König sein, um der Dirne zu schenken, denn wenn du ihr etwas mitbringst, so bedankt sie sich vor allem bei sich selber dafür und bildet sich etwas auf ihren Erfolg ein und macht sich eine Ehre daraus, daß sie so schön und gewandt war, um dir das Geld aus der Tasche zu locken. Und du könntest die Last von tausend Goldkarawanen in diesen Brunnen ohne Boden versenken und hättest noch nichts zu schenken begonnen. Denn es bedarf dazu eines Gegenübers, das zu empfangen vermag.

Deshalb liebkosen meine Krieger des Abends die Wüstenfüchse, die sie sich eingefangen haben, und kraulen sie hinter den Ohren; so spüren sie ein unbestimmtes Liebesgefühl, denn sie leben in der Täuschung, sie vermöchten dem kleinen wilden Tier etwas zu schenken und fließen über vor Dankbarkeit, wenn es sich an ihr Herz kauert.

Die Stadt in der Wüste

Der Weg zur tieferen Schau

GEFÄHRDUNG ZEIGT DIE KOSTBARKEIT

*W*isse, daß ich nicht vergebens all das liebe, was bedroht ist. Es ist kein Anlaß zur Klage, wenn die kostbaren Dinge gefährdet sind. Denn eben darin erkenne ich eine Voraussetzung ihres Wertes. Ich liebe den Freund, der in den Versuchungen die Treue hält. Denn wenn es keine Versuchung gäbe, gäbe es auch keine Treue, und dann hätte ich keinen Freund. Und es ist mir recht, wenn einige fallen, um so den anderen ihren Wert zu geben.

*U*nd wenn du mir einen Schatz bringst, will ich ihn so zart und leicht, daß noch der Wind ihn mir entwinden könnte. Ich liebe am jungen Gesicht, daß es vom Altern bedroht ist, und am Lächeln, daß ein einziges Wort von mir es leicht in Weinen zu verwandeln vermöchte.

Die Stadt in der Wüste

Liebe, die mit dem Herzen sieht

GEFAHREN DER ZERSTÖRUNG

*F*reilich birgt jede gute Eigenschaft schon den Keim ihrer Zerstörung in sich: Großmut die Gefahr des Schmarotzertums, das sie mit Ekel erfüllen wird. Schamhaftigkeit die Gefahr der Grobheit, die sie verdunkeln wird. Güte die Gefahr der Undankbarkeit, die sie verbittern wird. Aber um [jenes Mädchen, das du zärtlich und unbefangen, vertrauensvoll und schamhaft siehst,] den natürlichen Gefahren des Lebens zu entziehen, wünschst du dir eine schon erstorbene Welt. Oder willst du den Bau eines Tempels verbieten, der schön ist, aus Furcht vor dem Erdbeben, das dereinst einen schönen Tempel zerstören könnte?

Die Stadt in der Wüste

Der Weg zur tieferen Schau

ALS WÄREN PLÖTZLICH ALLE STERNE
AUSGELÖSCHT

*D*er kleine Prinz war jetzt ganz blaß vor Zorn: »Es sind nun Millionen Jahre, daß die Blumen Dornen hervorbringen. Es sind Millionen Jahre, daß die Schafe trotzdem die Blumen fressen. Und du findest es unwichtig, wenn man wissen möchte, warum sie sich soviel Mühe geben, Dornen hervorzubringen, die zu nichts Zweck haben? Dieser Kampf der Schafe mit den Blumen soll unwichtig sein? ... Und wenn ich eine Blume kenne, die es in der ganzen Welt nur ein einziges Mal gibt, nirgends anders als auf meinem kleinen Planeten, und wenn ein kleines Schaf, ohne zu wissen, was es tut, diese Blume eines Morgens so mit einem einzigen Biß auslöschen kann – das soll nicht wichtig sein?«

Er wurde rot vor Erregung und fuhr fort:

»Wenn einer eine Blume liebt, die es nur ein einziges Mal gibt auf allen Millionen und Millionen Sternen, dann genügt es ihm völlig, daß er zu ihnen hinaufschaut, um glücklich zu sein. Er sagt sich: Meine Blume ist da oben, irgendwo ... Wenn aber das Schaf die Blume frißt, so ist es für ihn, als wären plötzlich alle Sterne ausgelöscht! Und das soll nicht wichtig sein!«

Er konnte nichts mehr sagen. Er brach plötzlich in Schluchzen aus. Die Nacht war hereingebrochen.

Der kleine Prinz

ZWISCHEN DEN ZEILEN

*R*inette, ich hatte Toulouse für einen Tag verlassen. Jetzt reise ich schon fünf Tage umher: wohin, das wissen die Götter. Ich weiß nicht mehr recht, wo ich bin. Gestern habe ich in Alicante zu Mittag und in Malaga zu Abend gegessen. Vielleicht liegt in Toulouse ein Brief von Dir. Er reift langsam in meinem Briefkasten. Und so werde ich finden, daß er mir köstlich eingeht, und ihn tausend Dinge sagen lassen, die Du mir niemals gesagt hast.

Denn ich lese die Briefe und lese zwischen den Zeilen. Ich suche darin das schmollende Gesicht und die Betonung und das Lächeln. Und es macht mich ganz verzweifelt, daß ich die Worte »Es ist schönes Wetter« nicht aussprechen kann. Mit »Es regnet« geht es ebenso. Das kann heißen: ›Welche Wonne! Es regnet. Es regnet, aber das ist mir ganz gleich …‹ oder auch: ›Mein Gott, wie Du mich anödest!‹ oder weiter: ›Ich schreibe Dir, ich weiß nicht warum. Ich habe Dir nichts zu sagen. Es regnet.‹

Und der Ton ist es, bei dem ich mogele.

Und in Toulouse liegt ein Brief für mich.

Briefe an Rinette

SONNENUNTERGÄNGE

*A*ch, kleiner Prinz, so nach und nach habe ich dein kleines schwermütiges Leben verstanden. Lange Zeit hast du, um dich zu zerstreuen, nichts anderes gehabt als die Lieblichkeit der Sonnenuntergänge. Das erfuhr ich am Morgen des vierten Tages, als du mir sagtest:

»Ich liebe die Sonnenuntergänge sehr. Komm, laß uns einen Sonnenuntergang anschauen …«

»Da muß man noch warten …«

»Worauf denn warten?«

»Warten, bis die Sonne untergeht.«

Du hast zuerst ein sehr erstauntes Gesicht gemacht und dann über dich selber gelacht. Und du hast zu mir gesagt:

»Ich bilde mir immer ein, ich sei zu Hause!«

In der Tat. Wenn es in den Vereinigten Staaten Mittag ist, geht die Sonne, wie jedermann weiß, in Frankreich unter. Um dort einem Sonnenuntergang beizuwohnen, müßte man in einer Minute nach Frankreich fliegen können. Unglücklicherweise ist Frankreich viel zu weit weg. Aber auf deinem so kleinen Planeten genügte es, den Sessel um einige Schritte weiterzurücken. Und du erlebtest die Dämmerung, sooft du es wünschtest …

»An einem Tag habe ich die Sonne dreiundvierzigmal untergehen sehn!«

Und ein wenig später fügtest du hinzu:

»Du weißt doch, wenn man recht traurig ist, liebt man die Sonnenuntergänge …«

»Am Tage mit den dreiundvierzig Mal warst du also besonders traurig?« Aber der kleine Prinz antwortete nicht.

Der kleine Prinz

IM FRÜHLING

Buenos Aires 1930

*I*ch hause in einer kleinen Wohnung in einem Miethaus mit fünfzehn Etagen: sieben über mir, sieben unter mir und ringsherum
eine riesige Betonstadt. Ich hätte ein ebenso unbeschwertes Gefühl
inmitten der großen Pyramide. Ich hätte dann die gleiche Empfindung, welch hübsche Spaziergänge sich unternehmen ließen.
Ich frage mich, ob es in Buenos Aires eigentlich Jahreszeiten gibt.
Ich frage mich, wie denn der Frühling durch diese Tausende Kubik-
meter Beton durchbrechen kann. Ich denke daran, daß im Frühling
ein Geranientopf auf dem Fensterbrett auseinanderplatzt. Ich liebte
so sehr den Pariser Frühling. Diese Lebenslust, die da über mich kam,
gleichzeitig mit den Kastanien auf dem Boulevard Saint-Germain!
Dieses unerklärliche Gefühl einer Gegenwart, die sich überall mitteilte. Aber ich weiß nicht, ob ich Paris nachtrauern soll: Ich fühle mich
dort so wenig zu Hause, die Leute beschäftigen sich dort so sehr mit
Dingen, mit denen ich nichts zu tun habe. Sie schenken mir Bruchstücke ihrer Zeit: Ich habe dort meinen unsichtbaren Platz nicht mehr
inne, und das spürt man erschreckend deutlich.

Mein einziger Trost ist das Fliegen.

Briefe an Rinette

Der Weg zur tieferen Schau

DIE NACHT

Buenos Aires 1930

*W*as Unendlichkeit ist, [meine kleine Mama,] lehrte mich nicht die Milchstraße, nicht die Fliegerei, nicht das Meer, sondern das zweite Bett in Deinem Zimmer. Es war ein wunderbarer Glücksfall, krank zu sein. Jeder von uns sehnte sich danach, es zu werden. Dieses Bett war ein Ozean ohne Grenzen, auf den die Grippe ein Anrecht verlieh. Es gab da auch einen lebendigen Kamin.

Was Ewigkeit ist, lehrte mich Mademoiselle Marguerite [die Gouvernante]. Ich bin nicht ganz sicher, ob ich seit meiner Kindheit gelebt habe.

Jetzt schreibe ich ein Buch über den Nachtflug. Aber seinem innersten Sinn nach ist es ein Buch über die Nacht. (Ich lebte immer erst nach neun Uhr abends.)

Hier der Anfang; es sind meine ersten Erinnerungen an die Nacht:

»Wir träumten im Hausflur, wenn die Nacht anbrach. Wir lauerten auf den Vorbeizug der Lampen: Man trug sie wie einen Armvoll Blumen, und eine jede bewegte Schatten an der Wand – Schatten, die schön waren wie Palmen. Dann bog das Traumbild um die Ecke; dann verschloß man diesen Strauß aus Licht und dunklen Palmen im Salon.

Alsbald war der Tag für uns zu Ende, und man brachte uns in unsere Kinderbetten, damit wir einem anderen Tag entgegenreisten.

Mutter, Du neigtest Dich über uns, über diesen Aufbruch der Engel, und damit die Reise friedlich sein sollte: damit nichts unsere Träume störte, entferntest Du hier eine Falte, dort einen Schatten, eine Woge aus dem Bettlaken …

Denn man glättet ein Bett wie, mit göttlicher Hand, das Meer.«
Briefe an seine Mutter

Liebe, die mit dem Herzen sieht

DER KLEINE OFEN

Buenos Aires 1930

*I*ch weiß nicht, weshalb ich heute abend an die kalte Halle in Saint-Maurice denken muß. Nach dem Abendessen setzten wir uns auf die Truhen oder die Ledersessel und warteten, bis es Zeit wurde, ins Bett zu gehen. Und die Onkel wanderten derweil im Flur auf und ab. Er war schlecht beleuchtet, man hörte Bruchstücke ihrer Sätze, es war geheimnisvoll. Geheimnisvoll wie das Innere Afrikas. Dann begann das Bridge im Salon, die Geheimnisse des Bridge. Wir gingen schlafen.

In Le Mans sangst Du zuweilen unten, wenn wir schon im Bett lagen. Das drang zu uns wie der Widerhall eines ungeheuren Festes. So kam es mir vor. Der »gütigste«, der friedlichste, der freundlichste Gegenstand, den ich jemals gekannt habe, war der kleine Ofen im oberen Zimmer in Saint-Maurice. Nie hat mich etwas so sehr über das Dasein beruhigt. Wenn ich nachts einmal aufwachte, brummte er wie ein Kreisel und warf freundliche Schatten an die Wand. Ich weiß nicht, weshalb er mich an einen treuen Pudel erinnerte. Dieser kleine Ofen behütete uns vor allen Gefahren. Zuweilen kamst Du herauf, öffnetest die Tür und fandest uns gut umhegt von einer wohligen Wärme. Du hörtest ihn emsig brummen und gingst dann wieder hinunter.

Ich habe nie solch einen Freund gehabt ...

Briefe an seine Mutter

Der Weg zur tieferen Schau

DIE ABENTEUER EINES ZYLINDERHUTS (1)

*I*ch kam in einer großen Hutfabrik zur Welt. Mehrere Tage lang mußte ich allerhand Qualen erdulden. Ich wurde ausgeschnitten, gespannt, poliert. Schließlich wurde ich eines Abends mit meinen Brüdern dem größten Pariser Hutgeschäft übersandt.

Ich wurde im Schaufenster ausgestellt; ich war einer der schönsten Zylinderhüte der Auslage. Ich glänzte so sehr, daß sich alle Frauen, die vorübergingen, unweigerlich in meiner Politur spiegelten; ich war so elegant, daß mir jeder vornehme Herr, der mich sah, einen begehrlichen Blick zuwarf. Ich lebte ganz ruhig dahin und erwartete den Tag, an dem ich meinen Einzug in die Welt halten würde.

Eines Abends betrat ein gutgekleideter Herr den Laden. Der Verkäufer war gegen ihn sehr zuvorkommend und ließ ihn meine Brüder bewundern, dann zeigte er mich länger als die anderen: War ich nicht der schönste? Schließlich nahm mich der Kunde in die Hand, drehte mich um, betrachtete mich und kaufte mich schließlich.

Er zog eine Brieftasche hervor, die so gut gespickt war, daß mich der Verkäufer für das Doppelte meines wahren Preises hergab; denn es war sein Wahlspruch, sich niemals eine Gelegenheit und … Geldscheine entgehen zu lassen.

Am Tage darauf hatte ich einen großartigen Erfolg. Mein Besitzer, eine sehr elegante Erscheinung, setzte mich auf, um sich in den Klub zu begeben. Alle seine Freunde bewunderten meine acht Spiegelungen, meine elegante Form und alle meine Tugenden.

Schulaufsatz »Die Abenteuer eines Zylinderhuts«

Liebe, die mit dem Herzen sieht

DIE ABENTEUER EINES ZYLINDERHUTS (II)

*M*ehrere Monate lang führte ich ein köstliches Dasein. Wie sorgsam hielt man Staub von mir fern! Ein getreuer Diener, dessen besonderes Amt es war, die Garderobe meines Herrn zu betreuen, erwies mir allerhand recht schmeichelhafte Aufmerksamkeiten. Alle Abende wurde ich blank gebürstet, alle Morgen nochmals blank gebürstet.

Eines Abends erfuhr ich, daß der Kutscher heiraten würde; mein Besitzer, der ihm ein Geschenk machen wollte, gab mich hin; und von diesem Tage an bedeckte ich einen neuen Schädel.

Mein Dasein änderte sich zunächst ein wenig: am ersten Tag rollte ich dreimal in Staub und Schlamm und ... o grausames Los, ich wurde nicht einmal gesäubert.

Vom edlen Verlangen nach Rache beseelt, schrumpfte ich zusammen, und das so sehr, daß mich der Kutscher nicht mehr aufsetzen konnte! Da klemmte er mich eines Tages unter den Arm und verkaufte mich für sechs Sous an einen Trödler.

Nach einer Reinigung wanderte ich abermals ins Schaufenster, aber diesmal war ich nachlässig an einem Bindfaden aufgehängt, als ich mich dem Publikum präsentierte.

»Mathieu! Komm doch mal! ... Du brauchst doch einen neuen Sonntagshut, sieh den da, der wäre für dich genau der richtige ...«

Und Mathieu kaufte mich, während seine Frau meinen Glanz bewunderte.

Ich kam nur an Sonntagen ins Freie, und dazu mußte es schönes Wetter sein, denn mein Preis von zwei Franc fünfundvierzig trug mir besondere Obhut ein.

Schulaufsatz »Die Abenteuer eines Zylinderhuts«

Der Weg zur tieferen Schau

DIE ABENTEUER EINES ZYLINDERHUTS (III)

*A*ls nun aber Caroline und Mathieu eines Tages am Seine-Kai spazierengingen, sandte mich ein heftiger Windstoß den Vögeln nach. Nach einigen Sekunden entsetzlicher Angst wurde ich auf dem Fluß abgesetzt und schwamm friedlich in Gesellschaft der Fische, die erschreckt diesen neuartigen Nachen betrachteten. Plötzlich spürte ich, wie ich mit einem langen Stock ans Ufer gezogen wurde. Dort ergriff mich ein gemeiner Lumpensammler mit habgierigen Händen, und bald erduldete ich neue Qualen in einer schmierigen, düsteren kleinen Kate, die nichts anderes war als der Laden des Hoflieferanten ihrer Majestäten der Könige von Afrika.

Wiederum wurde ich eingepackt: Mehrere Tage lang reiste ich so, in Papier und Pappe eingewickelt; schließlich schlug ich eines schönen Morgens die Augen auf und erblickte zu meinem Schrecken dunkelfarbige Wesen, bei denen der größte Teil des Gesichts von den Lippen eingenommen war und die als einzige Kleidungsstücke eine altmodische Badehose und Ringe in Nase und Ohren trugen.

Nur einer dieser sonderbaren Männer, der auf einer Kekskiste thronte, hielt ein aus einem Federbesen gefertigtes Zepter in der Hand; sein Rücken war vom Fell eines Löwen bedeckt, den er seinerzeit mit einer Bravour erlegt hatte, die seinem Körperumfang entsprach.

Ehrerbietig wurde ich von zwei schwarzen Händen ergriffen; jähes Entsetzen befiel mich, und ich beruhigte mich erst, als ich sah, daß sie nicht abfärbten; dann wurde ich auf dem Gipfel der schwarzen Masse niedergesetzt, die den König darstellte.

Schulaufsatz »Die Abenteuer eines Zylinderhuts«

Liebe, die mit dem Herzen sieht

DIE ABENTEUER EINES ZYLINDERHUTS (IV)

*U*nd dort verbringe ich noch immer glückliche Tage. Zuweilen schmilzt freilich meine Politur durch die allzu glühende Sonne, und dem praktischen Sinn meines Herrn ist es zu verdanken, daß ich mitunter die Aufgaben eines Kochtopfs erfülle ... aber gleichwohl verbringe ich mein Dasein als Kopfschmuck des schrecklichen Bam-Boum, des mächtigen Fürsten des Landes ...

Ich schreibe diese Zeilen am Ende meiner Tage und hoffe, daß sie die Franzosen erreichen werden: Ich sage ihnen, daß ich mich in einem Land befinde, in dem niemals eine Mode ohne Kopfbedeckung aufkommen wird, und daß ich vielmehr hoffe, als Reliquie verehrt zu werden, wenn ich einmal außer Gebrauch bin, weil ich den Schädel meines berühmten Eigentümers Bam-Boum II., des Königs von Niger, geziert habe.

Schulaufsatz »Die Abenteuer eines Zylinderhuts«

Der Weg zur tieferen Schau

MAN MUSS MIT DEM HERZEN SUCHEN

»Die Menschen bei dir zu Hause«, sagte der kleine Prinz, »züchten fünftausend Rosen in ein und demselben Garten ... und sie finden dort nicht, was sie suchen ...«

»Sie finden es nicht«, antwortete ich ...

»Und dabei kann man das, was sie suchen, in einer einzigen Rose oder in ein bißchen Wasser finden ...«

»Ganz gewiß«, antwortete ich.

Und der kleine Prinz fügte hinzu:

»Aber die Augen sind blind. Man muß mit dem Herzen suchen.«

Der kleine Prinz

Wer den Weg zur inneren Schau findet, verwandelt sich in ein Samenkorn. Wer ein Licht aufschimmern sieht, zupft jeden am Ärmel, es ihm zu zeigen. Wer erfindet, gibt seine Erfindung sogleich weiter.

Der Sieg ist die Frucht der Liebe. Die Liebe allein erkennt das Gesicht, das es zu formen gilt. Die Liebe allein leitet zu ihm hin. Der Verstand taugt nur im Dienst der Liebe.

Flug nach Arras

Liebe, die mit dem Herzen sieht

Wenn du einen Freund willst

Was nicht zu kaufen ist

ICH BIN ALLEIN ...

*D*er kleine Prinz stieg auf einen hohen Berg. Die einzigen Berge, die er kannte, waren die drei Vulkane, und sie reichten ihm nur bis ans Knie, und den erloschenen Vulkan benutzte er als Schemel.

Von einem Berg so hoch wie der da, sagte er sich, werde ich mit einemmal den ganzen Planeten und alle Menschen sehen ... Aber er sah nichts als die Nadeln spitziger Felsen.

»Guten Tag«, sagte er aufs Geratewohl.

»Guten Tag ... Guten Tag ... Guten Tag ...«, antwortete das Echo.

»Wer bist du?« sagte der kleine Prinz.

»Wer bist du ... Wer bist du ... Wer bist du ...?« antwortete das Echo.

»Seid meine Freunde, ich bin allein«, sagte er.

»Ich bin allein ... allein ... allein ...«, antwortete das Echo.

Was für ein merkwürdiger Planet! dachte er da. Er ist ganz trocken, voller Spitzen und ganz salzig. Und den Menschen fehlt es an Phantasie. Sie wiederholen, was man ihnen sagt ... Zu Hause hatte ich eine Blume: sie sprach immer zuerst ...

Der kleine Prinz

Wenn du einen Freund willst

ICH SUCHE FREUNDE

»Wer bist du?« sagte der kleine Prinz. »Du bist sehr hübsch …«

»Ich bin ein Fuchs«, sagte der Fuchs.«

»Komm und spiel mit mir«, schlug ihm der kleine Prinz vor. »Ich bin so traurig …«

»Ich kann nicht mit dir spielen«, sagte der Fuchs. »Ich bin noch nicht gezähmt!«

»Ah, Verzeihung!« sagte der kleine Prinz.

Aber nach einiger Überlegung fügte er hinzu:

»Was bedeutet das: ›zähmen‹?«

»Du bist nicht von hier«, sagte der Fuchs, »was suchst du?«

»Ich suche die Menschen«, sagte der kleine Prinz. »Was bedeutet ›zähmen‹?«

»Die Menschen«, sagte der Fuchs, »die haben Gewehre und schießen. Das ist sehr lästig. Sie ziehen auch Hühner auf. Das ist ihr einziges Interesse. Du suchst Hühner?«

»Nein«, sagte der kleine Prinz, »ich suche Freunde. Was heißt ›zähmen‹?«

»Das ist eine in Vergessenheit geratene Sache«, sagte der Fuchs. »Es bedeutet: sich ›vertraut machen‹.«

»Vertraut machen?«

»Gewiß«, sagte der Fuchs. »Du bist für mich noch nichts als ein kleiner Knabe, der hunderttausend kleinen Knaben völlig gleicht. Ich brauche dich nicht, und du brauchst mich ebensowenig. Ich bin für dich nur ein Fuchs, der hunderttausend Füchsen gleicht. Aber wenn du mich zähmst, werden wir einander brauchen. Du wirst für mich einzig sein in der Welt. Ich werde für dich einzig sein in der Welt …«

Der kleine Prinz

Was nicht zu kaufen ist

DARUM BRAUCHE ICH DEINE
FREUNDSCHAFT

*D*arum, mein Freund, brauche ich so sehr deine Freundschaft ...
Zu dir kann ich kommen, ohne eine Uniform anziehen oder
einen Koran hersagen zu müssen; kein Stück meiner inneren Heimat
brauche ich preiszugeben. In deiner Nähe habe ich mich nicht zu ent-
schuldigen, nicht zu verteidigen, brauche ich nichts zu beweisen; ich
finde den Frieden ... Über meine ungeschickten Worte, über die
Urteile hinweg, die mich irreführen können, siehst du in mir einfach
den Menschen ... Dein Jasagen zu dem, was ich bin, hat dich gegen
Haltung und Bekenntnis nachsichtig gemacht, so oft es nötig war. Ich
weiß dir Dank dafür, daß du mich so hinnimmst, wie ich bin. Was
habe ich mit einem Freund zu tun, der mich wertet? Wenn ich einen
Hinkenden zu Tisch lade, bitte ich ihn, sich zu setzen, und verlange
von ihm nicht, daß er tanze.

Brief an einen Ausgelieferten

Wenn du einen Freund willst

EINE OFFENE TÜR FÜR DICH

*D*en Freund kennzeichnet es vor allem, daß er nicht richtet … Der ist es, der dem Landstreicher seine Tür öffnet und ihn einläßt mit seiner Krücke, mit seinem Stecken, den dieser in eine Ecke stellt; er fordert ihn nicht zum Tanzen auf, um über seinen Tanz zu richten. Und wenn der Landstreicher vom Frühling erzählt, draußen auf seinen Wegen, nimmt der Freund den Frühling in sich auf. Und wenn er vom Schrecken der Hungersnot erzählt, die in dem Dorfe wütet, aus dem er kommt, erleidet er mit ihm die Hungersnot.

Denn ich sagte es schon: Der Freund ist der Teil im Menschen, der für dich da ist und für dich eine Tür öffnet, die er vielleicht keinem anderen öffnen wird. Und dein Freund ist wahr, und alles, was er dir sagt, ist aufrichtig, und er liebt dich selbst dann, wenn er dich im anderen Hause haßt. Und wenn es mir Gott vergönnt, daß ich dem Freunde im Tempel begegne und ihn berühre, so kehrt er mir ein Gesicht zu, das dem meinen gleicht und vom gleichen Gott erleuchtet ist; denn dann ist die Einheit da, mag er auch anderswo Krämer sein, während ich Hauptmann bin, oder Gärtner, während ich Seemann bin. Über alles Trennende hinweg habe ich ihn gefunden und bin sein Freund. Und ich kann neben ihm schweigen, das heißt, ich brauche nichts für meine inneren Gärten und Berge und Schluchten und Wüsten zu befürchten, denn er wird nicht darin seine Schuhe ablaufen.

Wenn du, mein Freund, etwas voller Liebe von mir empfängst, so ist es, als wenn du den Botschafter meines inneren Reiches willkommen hießest! Und du behandelst ihn freundlich und bittest ihn, sich zu setzen und hörst ihn an. Und so sind wir glücklich.

Die Stadt in der Wüste

Was nicht zu kaufen ist

WENN DU EINEN FREUND WILLST, SO ZÄHME MICH

*D*er Fuchs kam auf seinen Gedanken zurück:
»Mein Leben ist eintönig. Ich jage Hühner, die Menschen
jagen mich. Alle Hühner gleichen einander, und alle Menschen gleichen einander. Ich langweile mich also ein wenig. Aber wenn du mich
zähmst, wird mein Leben wie durchsonnt sein. Ich werde den Klang
deines Schrittes kennen, der sich von allen andern unterscheidet. Die
anderen Schritte jagen mich unter die Erde. Der deine wird mich wie
Musik aus dem Bau locken. Und dann schau! Du siehst da drüben die
Weizenfelder? Ich esse kein Brot. Für mich ist der Weizen zwecklos.
Die Weizenfelder erinnern mich an nichts. Und das ist traurig. Aber
du hast weizenblondes Haar. Oh, es wird wunderbar sein, wenn du
mich einmal gezähmt hast! Das Gold der Weizenfelder wird mich an
dich erinnern. Und ich werde das Rauschen des Windes im Getreide
liebgewinnen ... «

Der Fuchs verstummte und schaute den Prinzen lange an:
»Bitte ... zähme mich!« sagte er.

»Ich möchte wohl, aber ich habe nicht viel Zeit. Ich muß Freunde
finden und viele Dinge kennenlernen.«

»Man kennt nur die Dinge, die man zähmt«, sagte der Fuchs.

»Die Menschen haben keine Zeit mehr, irgend etwas kennenzu-
lernen. Sie kaufen sich alles fertig in den Geschäften. Aber da es keine
Kaufläden für Freunde gibt, haben die Leute keine Freunde mehr.
Wenn du einen Freund willst, so zähme mich!«

Der kleine Prinz

Wenn du einen Freund willst

DU MUSST SEHR GEDULDIG SEIN

»**W**as muß ich da tun?« sagte der kleine Prinz.
»Du mußt sehr geduldig sein«, antwortete der Fuchs. »Du
setzt dich zuerst ein wenig abseits von mir ins Gras. Ich werde dich so
verstohlen, so aus dem Augenwinkel anschauen, und du wirst nichts
sagen. Die Sprache ist die Quelle der Mißverständnisse. Aber jeden
Tag wirst du dich ein bißchen näher setzen können …«
Am nächsten Morgen kam der kleine Prinz zurück.
»Es wäre besser gewesen, du wärst zur gleichen Stunde wiedergekommen«, sagte der Fuchs. »Wenn du zum Beispiel um vier Uhr
nachmittags kommst, kann ich um drei Uhr anfangen, glücklich zu
sein. Je mehr die Zeit vergeht, um so glücklicher werde ich mich fühlen. Um vier Uhr werde ich mich schon aufregen und beunruhigen;
ich werde erfahren, wie teuer das Glück ist. Wenn du aber irgendwann
kommst, kann ich nie wissen, wann mein Herz da sein soll … Es muß
feste Bräuche geben.«
»Was heißt ›fester Brauch‹?« sagte der kleine Prinz.
»Auch etwas in Vergessenheit Geratenes«, sagte der Fuchs.
»Es ist das, was einen Tag vom andern unterscheidet, eine Stunde
von den andern Stunden. Es gibt zum Beispiel einen Brauch bei meinen Jägern. Sie tanzen am Donnerstag mit den Mädchen des Dorfes.
Daher ist der Donnerstag ein wunderbarer Tag. Ich gehe bis zum
Weinberg spazieren. Wenn die Jäger irgendwann einmal zum Tanze
gingen, wären die Tage alle gleich, und ich hätte niemals Ferien.« So
machte denn der kleine Prinz den Fuchs mit sich vertraut.

Und als die Stunde des Abschieds nahe war:
»Ach!« sagte der Fuchs, »ich werde weinen.«
»Das ist deine Schuld«, sagte der kleine Prinz, »ich wünschte dir
nichts Übles, aber du hast gewollt, daß ich dich zähme …«
Der kleine Prinz

Was nicht zu kaufen ist

ZÄHMEN, EIN HÜBSCHES WORT

*I*ch bin beliebt bei den Kindern der Wüste … Ich habe alte Kameraden unter ihnen. Jeden Tag kommt der Marabu, um mir arabischen Unterricht zu geben. Er lehrt mich schreiben. Und ich kann mich schon etwas verständlich machen. Ich lade Maurenhäuptlinge zu mondänen Tees ein. Und sie bitten mich ihrerseits zu einer Tasse Tee in ihr Zelt, zwei Kilometer tief im aufständischen Gebiet, wo noch niemals ein Spanier gewesen ist …

Ich liege auf ihrem Teppich, ich betrachte durch den Ausschnitt der Leinwand den ruhigen gewellten Sand, den gewölbten Boden, die Söhne des Häuptlings, die nackt in der Sonne spielen, das Kamel, das unmittelbar neben dem Zelt angebunden ist. Und ich habe ein seltsames Gefühl. Nicht als wäre ich in der Ferne, von allem abgesondert, sondern es kommt mir vor wie ein flüchtiges Spiel. Mein Rheumatismus stört mich nicht. Seit meiner Abreise hat er sich eher gebessert …

Am Zwanzigsten jeden Monats, wenn uns das Segelschiff von den Kanarischen Inseln mit Lebensmitteln versorgt, – wenn ich dann morgens mein Fenster aufstoße, hat sich der Horizont ein ganz weißes, ganz schmuckes Segel zugelegt; es ist sauber wie frisches Linnen, das kleidet die ganze Wüste …

Ich habe ein Chamäleon gezähmt. Darin besteht ja hier meine Aufgabe: zu zähmen. Das ist mir recht, es ist ein hübsches Wort. Und mein Chamäleon gleicht einem vorsintflutlichen Tier. Es sieht aus wie ein Diplodocus. Seine Bewegungen sind äußerst langsam, seine Vorkehrungen nahezu menschlich, und es versinkt in endlosen Überlegungen. Es bleibt Stunden unbeweglich. Es scheint aus der Nacht der Zeiten zu stammen. Wir träumen alle beide am Abend.

Briefe an seine Mutter

Wenn du einen Freund willst

UND DANN KAMST DU

*E*s ist zwei Uhr früh, Rinette. Heute nachmittag bin ich, von Toulouse kommend, gelandet, nach einer belanglosen Reise. Welch prächtiges Wetter! Alicante ist der wärmste Punkt Europas, der einzige, an dem Datteln reifen. Mir geht es – beinahe – ebenso unter diesem hellen Himmel. Ich spaziere ohne Mantel herum, erstaunt über diese Nacht aus »Tausendundeiner Nacht«, über die Palmbäume, die lauen Sterne und ein Meer, das man in seiner Verschwiegenheit nicht hört, nicht sieht; das kaum säuselt. Als ich aus dem Flugzeug sprang, kam ich mir ganz jung vor. Ich hatte Lust, mich im Gras auszustrecken und nach Kräften zu gähnen, was recht angenehm ist, und mich zu räkeln, was ebenfalls Spaß macht. Diese Sonne förderte meine unbestimmtesten Träume, ließ sie aufblühen. Ich hatte tausenderlei Gründe, glücklich zu sein. Die Droschkenkutscher desgleichen. Und auch die Schuhputzer, die meine Schuhe auf Hochglanz brachten, sie liebkosten und lachten, als sie fertig waren. Welch verheißungsvoller Neujahrstag! Welch ein Reichtum, daß man heute am Leben ist. Ich hatte fest geschworen, nicht mehr zu schreiben. Aber eben habe ich einem Bettler drei Zigaretten geschenkt, weil er so glücklich aussah, daß ich diesem Gesicht Dauer verleihen wollte. Ich fühlte mich voller Güte und Nachsicht. So verzeihe ich Dir. Und außerdem … habe ich neulich abends mit Bertrand telefoniert und dabei derart geheuchelt, daß ich es mir nicht eingestehen wollte. Und dann kamst Du. Und hast mich gezähmt, und da bin ich ganz klein geworden. Im Grunde ist es angenehm, wenn man sich zähmen läßt. Aber das wird mir andere traurige Tage einbringen, und so habe ich durchaus unrecht.

Briefe an Rinette

Was nicht zu kaufen ist

MIT LÄCHELNDEM VERSTEHEN

*M*an geht so lange Zeit nebeneinander her, jeder in seinem Schweigen befangen, oder man wechselt Worte, denen man nichts mitgibt. Da kommt die Stunde der Gefahr, man sucht Schulterfühlung und entdeckt, daß man zusammengehört. Diese Entdeckung anderer bewußter Wesenheiten weitet den Menschen. Man sieht sich an mit lächelndem Verstehen. Es ist einem zumute wie dem befreiten Gefangenen, der staunend die Unendlichkeit des Meeres erkennt.

Wind, Sand und Sterne

*M*ein Freund hat seinen eigenen Gesichtspunkt. Ich muß ihn sprechen hören, von wo aus er spricht, denn darin besteht sein besonderes Reich und sein unerschöpflicher Vorrat. Er kann schweigen und mich immer noch glücklich machen. Ich betrachte dann die Welt auf seine Weise und sehe sie anders. Desgleichen erwarte ich von meinem Freund, daß er zunächst einmal wissen muß, von wo aus ich rede.

Nur dann wird er mich verstehen. Denn die Worte zeigen sich stets die Zunge.

Die Stadt in der Wüste

Wenn du einen Freund willst

EROBERN, NICHT ZWINGEN

*U*nd ich begriff, daß es vor allem galt, die Eroberung vom Zwang zu unterscheiden. Erobern heißt bekehren. Zwingen heißt gefangensetzen. Wenn ich dich erobere, befreie ich einen Menschen. Wenn ich dich zwinge, erdrücke ich ihn. Durch die Eroberung wird in dir und durch dich hindurch etwas aufgebaut, was von dir selber herrührt. Der Zwang ist der Haufen aufgerichteter Steine, die sich alle gleich sind und aus denen nichts hervorgehen wird.

Und ich begriff, daß alle Menschen auf diese Weise zu erobern sind. Die Wachenden und die Schläfer; jene, die auf den Wällen die Runde machten, und jene, die durch diese Runde behütet wurden. Die sich über ein Neugeborenes freuten oder die einen Toten beweinten. Die Beter und die Zweifler. Dich erobern heißt, dir ein Gerüst bauen und deinen Geist den gehaltvollen Vorräten öffnen. Denn es gibt Seen, um dich zu tränken, wenn man dir den Weg weist. Und ich werde meine Götter in dir wohnen lassen, damit sie dich erleuchten. Und freilich kommt es darauf an, dich bereits in der Kindheit zu erobern, denn sonst bist du schon geformt und verhärtet und nicht mehr fähig, eine Sprache zu erlernen.

Die Stadt in der Wüste

WENN LIEBE ZUR VERPFLICHTUNG WIRD

*I*ch verachte ... alle Rechenkunst und nenne den Menschen meinen Freund, den ich in meinem Gegenüber entdeckt habe – den Menschen, der vielleicht verborgen in seiner Schlacke schläft, sich aber vor meinen Augen herauszulösen beginnt: denn er hat mich erkannt und lächelt mir zu, selbst wenn er mich später verraten sollte. Aber der andere, siehst du, zählt nur die Menschen als seine Freunde auf, die den Schierlingsbecher an seiner Stelle trinken würden – wie sollten daran sie alle Gefallen finden!

Mein Vater, der grausam war, hatte Freunde und wußte sie zu lieben, denn er hatte nichts für Enttäuschungen übrig, die nur verhinderter Geiz sind. Die Enttäuschung zeugt von gemeiner Gesinnung, denn wieso ist das zerstört, was du zunächst an einem Menschen geliebt hast, wenn noch etwas anderes in ihm steckt, was du nicht liebst? Du aber verwandelst alsbald den Menschen, den du liebst oder der dich liebt, in deinen Sklaven, und wenn er nicht die Lasten der Versklavung auf sich nimmt, verdammst du ihn. Jener andere hat die Liebe, die ihm sein Freund als Geschenk darbrachte, in Pflicht verwandelt. Und das Geschenk der Liebe wurde zur Verpflichtung, den Schierlingsbecher zu trinken, und zur Versklavung. Der Freund aber liebte den Schierlingsbecher nicht. Der andere kam sich daher enttäuscht vor, und das war niedrig. Denn die Enttäuschung richtete sich hier nur gegen seinen Sklaven, der seinen Dienst schlecht versehen hatte.

Die Stadt in der Wüste

Wenn du einen Freund willst

DIE ZU GEFALLEN SUCHEN

*D*u wirst eine Pflicht daran erkennen«, sagte mein Vater,»daß es von vornherein nicht an dir liegt, sie zu wählen.« Darum täuschen sich die, die zu gefallen suchen. Und sich gefügig und biegsam machen, um zu gefallen. Und den Wünschen zuvorkommen. Und in allen Dingen Verrat üben, um so zu sein, wie man sie haben möchte. Was aber habe ich mit diesen Quallen zu schaffen, die weder Knochen noch Gestalt haben? Ich speie sie aus und schicke sie in ihr Nebelreich zurück. Laßt euch erst wieder blicken, wenn ihr eine Form gewonnen habt!

So werden sogar die Frauen ihres Liebhabers überdrüssig, wenn dieser, um seine Liebe zu beweisen, dareinwilligt, Echo und Spiegel zu sein, denn keiner bedarf seines eigenen Bildes. Doch ich bedarf deiner, der du als Festung gebaut bist, mit deinem Kern, auf den ich stoße. Nimm Platz an meiner Seite, denn du existierst.

Die Stadt in der Wüste

Was nicht zu kaufen ist

EHRFURCHT

*E*hrfurcht vor dem Menschen! ... Wenn die Ehrfurcht vor dem Menschen in den Herzen der Menschen wurzelt, werden die Menschen einmal so weit kommen, ihrerseits wieder das soziale, politische oder ökonomische System zu begründen, das diese Ehrfurcht für immer gewährleistet. Eine Zivilisation bildet sich zuerst im Kern. Sie ist im Menschen zuerst das blinde Verlangen nach einer gewissen Wärme. Von Irrtum zu Irrtum findet der Mensch den Weg zum Feuer.

Ich dürste nach einem Gefährten, der, jenseits der Streitfragen des Verstandes, in mir den Pilger dieses Feuers sieht. Ich habe das Bedürfnis, manchmal die künftige Wärme vorauszukosten und mich auszuruhen, ein bißchen außerhalb meiner selbst, in der Zusammenkunft, die wir haben werden.

Brief an einen Ausgelieferten

...ÖFFNE! ICH BIN'S

*W*elch ein Wunder ist das Telegramm, das dich aufrüttelt, dich zwingt, mitten in der Nacht aufzustehn, dich zum Bahnhof jagt: »Komm schnell! Ich brauche dich!« Leicht finden wir Freunde, die uns helfen; schwer verdienen wir uns jene, die unsere Hilfe brauchen. Gewiß, niemand haßte meine Emigranten [an Bord eines Dampfers nach den USA], niemand beneidete sie, niemand belästigte sie. Aber niemand liebte sie mit der einzigen Liebe, die zählt. Ich sagte mir: Sie werden gleich nach ihrer Ankunft zu Willkommen-cocktails und zu Trostdinners geladen werden. Aber wer wird an ihrer Türe rütteln und Einlaß begehren: »Öffne! Ich bin's!« Man muß ein Kind lange an der Brust gehabt haben, bis es Forderungen stellt. Man muß sich lange eines Freundes annehmen, ehe er nach der Freund-schaft verlangt, die man ihm schuldet. Man muß sich durch Genera-tionen damit zugrunde gerichtet haben, das alte, baufällige Schloß zu retten, um es lieben zu lernen.

Brief an einen Ausgelieferten

DIE ANDEREN

Selbstverständlich gibt es Dramen nur in den menschlichen Beziehungen. Nur das kranke Kind ist dramatisch, nur der andere ist dramatisch. Aber das eigene Ich ist niemals dramatisch.

Man steigt zehntausend Meter hoch, explodiert, und da ist nichts dabei. Aber den anderen, niemals kann man den anderen besuchen. Es ist ein Land ohne Grenzen. Und ein kleines Mädchen, das friert, schmerzt mehr als eine defekte Heizanlage bei fünfzig Grad Kälte. Ich kenne die Kälte, ich kenne den Durst, ich kenne die Ungewißheit – aber nur die Ungewißheit der anderen.

Und dann weiß ich nicht, woher dieses Verlangen kommt, alles auf mich zu nehmen.

Kriegsbriefe an einen Freund

Wir haben mit dem Schenken aufgehört. Wenn ich nun aber nur noch mir selbst zu geben gewillt bin, empfange ich nichts; denn ich baue nichts auf, an dem ich teilhaben will, und daher bin ich nichts.

Flug nach Arras

Wenn du einen Freund willst

ZUEINANDER GEFUNDEN

*E*in Jahr zuvor mußten unsere Kameraden genau an derselben Stelle notlanden und wurden von den Aufständischen ermordet ... Wir begannen eine Nachtwache, die leicht unsere letzte sein konnte. Wir richteten uns also für die Nacht ein. Aus den Laderäumen holten wir fünf oder sechs Warenkisten, leerten sie und stellten sie im Kreis auf, und in der Höhlung einer jeden, wie in einem Schilderhäuschen, zündeten wir eine ärmliche Kerze an, die dort notdürftig vor dem Wind geschützt war. So bauten wir uns mitten in der Wüste auf der nackten Rinde unseres Planeten, in einer Einsamkeit wie in den ersten Jahren der Schöpfung, ein Menschendorf.

Wir saßen zusammen auf unserem Dorfplatz, diesem Stückchen Sand, auf das unsere Kisten ihr zitterndes Licht warfen, und warteten. Wir warteten auf das rettende Frührot oder auf die Mauretanier. Und ich weiß nicht, was dieser Nacht eine Weihnachtsstimmung gab. Wir erzählten einander Geschichten, wir neckten uns und wir sangen.

Wir genossen die gleiche leicht gehobene Stimmung wie mitten in einem wohlvorbereiteten Fest. Dabei waren wir unendlich arm. Nur Wind, Sand und Sterne. Ein Lebensstil, hart selbst für Trappisten. Und doch teilten auf dieser schlecht beleuchteten Fläche sieben Menschen, die auf der Welt nichts besaßen als ihre Erinnerungen, unsichtbare Schätze untereinander aus.

Wir hatten endlich zueinander gefunden.

Wind, Sand und Sterne

Was nicht zu kaufen ist

FÜR GELD NICHT ZU KAUFEN

*D*ie Größe eines Berufes besteht vielleicht vor allem anderen darin, daß er Menschen vereinigt. Es gibt nur einen echten Luxus, das sind die menschlichen Beziehungen.

Arbeiten wir nur für materiellen Gewinn, so bauen wir uns selbst ein Gefängnis. Wir schließen uns darin ein, einsam mit unserem Geld von Asche, das uns nichts verschaffen kann, was das Leben lebenswert macht.

Wenn ich unter meinen Erinnerungen die heraussuche, die ihren köstlichen Geschmack behalten haben, wenn ich die Bilanz der Stunden mache, die in meinem Leben gezählt haben, dann sind es mit Sicherheit solche, die mir kein Vermögen der Welt verschafft hätte. Die Freundschaft eines Mermoz, eines Gefährten kann man nicht kaufen, mit dem gemeinsam bestandene Prüfungen einen für immer verbinden.

Dieser Nachtflug und seine hunderttausend Sterne, die lichte Heiterkeit, das Erhebende einiger Stunden lassen sich für Geld nicht kaufen.

Das Wiedererleben der Erde nach einem gefährlichen Flug, diese Bäume, diese Blumen, diese Frauen, dieses Lächeln, frischgefärbt durch das Leben, das uns mit dem Morgen neu geschenkt wurde, dieses Konzert der kleinen Dinge, die unser Lohn sind, sie lassen sich für Geld nicht kaufen.

Wind, Sand und Sterne

Wenn du einen Freund willst

DEMSELBEN GIPFEL ENTGEGEN

Sind wir durch ein gemeinsames Ziel, das außer uns liegt, brüderlich miteinander verbunden, dann erst atmen wir frei, und dann erfahren wir: Liebe besteht nicht darin, daß wir einander anschauen, sondern daß wir gemeinsam in dieselbe Richtung schauen.

Kameraden sind nur solche, die sich in derselben Seilschaft vereinen und demselben Gipfel entgegensteigen, um sich selbst zu finden.

Warum beglückt es uns so tief, wenn wir, im Zeitalter des Komforts, unsere letzten Lebensmittel in der Wüste miteinander teilen können?

Wir stehen alle unter demselben Antrieb, nur die Schlagworte widersprechen sich. Wir sind uneins über die Methoden, die wir ausgeklügelt haben, nicht über die Ziele: Sie sind dieselben.

Wind, Sand und Sterne

Was nicht zu kaufen ist

TRENNUNG UND GEGENWART

*I*ch wünschte die Liebe zum Bruder in dir zu erwecken. Und zugleich habe ich die Trauer über die Trennung vom Bruder in dir erweckt. Ich wollte die Liebe zur Gattin in dir erwecken. Und ich habe zugleich die Trauer über die Trennung von der Gattin in dir erweckt. Ich wünschte die Liebe zum Freund in dir zu erwecken. Und zugleich habe ich die Traurigkeit über die Trennung vom Freund in dir erweckt, ebenso wie einer, der Brunnen baut, auch deren Versiegtsein mitbaut.

Aber da ich gewahr wurde, daß dich die Trennung mehr quälte als jedes andere Übel, wollte ich dich heilen und dich über die Gegenwart belehren. Denn der ferne Brunnen ist für den Verdurstenden noch süßer als eine Welt ohne Brunnen. Und selbst wenn du für immer in die Ferne verbannt bist, weinst du, wenn dein Haus brennt.

Ich kenne manch eine Gegenwart, freigebig wie die Bäume, die ihre Zweige weit ausbreiten, um Schatten zu spenden.

Die Stadt in der Wüste

Wenn du einen Freund willst

WARTEN AUF EIN WIEDERSEHEN

*W*ir Piloten sind daran gewöhnt, lange auf ein Wiedersehen zu warten. Denn die Kameraden einer Strecke sind in die weite Welt verteilt wie Schildwachen, die nicht miteinander sprechen können ... Für einen kurzen Abend sitzt man um einen Tisch in Casablanca, in Dakar, in Buenos Aires und nimmt nach Jahren des Stillschweigens unterbrochene Gespräche wieder auf. Dann geht es wieder weiter. Auf diese Weise ist die Welt leer und reich zumal. Reich an diesen verborgenen Gärten, die nur schwer zugänglich sind, zu denen uns aber unser Beruf doch immer wieder einmal führt. Das Leben trennt uns oft von den Kameraden, es hindert uns sogar, viel an sie zu denken. Aber sie sind da, wenn man auch nicht recht weiß wo. Sie lassen nichts von sich hören, und wir denken kaum an sie, und doch sind sie so treu! Wenn sich dann die Wege kreuzen, packen sie uns bei den Schultern und strahlen vor Freude. Ja, wir verstehen zu warten.

Nichts wiegt den Schatz so vieler gemeinsamer Erinnerungen auf, gemeinsam durchgemachter schlimmer Stunden, Zerwürfnisse, Versöhnungen, und die Augenblicke, in denen das Herz warm wurde. Solche Freundschaften lassen sich nicht anfertigen. Wenn man eine Eiche pflanzt, darf man nicht die Hoffnung hegen, demnächst in ihrem Schatten zu ruhen.

Wind, Sand und Sterne

61   *Was nicht zu kaufen ist*

EINE ERINNERUNG

*I*ch denke an Gavoille und an Hochedé … Warm wird mir eine Erinnerung wieder lebendig und greift mir plötzlich ans Herz. Als wir in Orconte lagen, wohnten Gavoille und ich in einem Bauernhaus. Eines Tages sagte er zu mir:»Die Bäuerin hat ein Schwein geschlachtet. Sie lädt uns zur Blutwurst ein.«

Zu dritt, Israel, Gavoille und ich, knackten wir die schöne, schwarze, knusprige Pelle. Die Bäuerin hatte uns einen weißen Landwein vorgesetzt. Gavoille sagte zu mir:»Um ihr eine Freude zu machen, hab ich ihr das da gekauft. Du mußt signieren.« Es war eines meiner Bücher. Und ich fühlte mich gar nicht geniert. Um eine Freude zu machen, habe ich mit Freuden signiert. Israel stopfte seine Pfeife, Gavoille kratzte sich hinten, die Bäuerin schien glücklich, ein vom Verfasser signiertes Buch zu erben. Die Blutwurst duftete. Ich war ein wenig benebelt vom weißen Landwein und fühlte mich gar nicht fremd, obwohl ich ein Buch signierte, was mir immer ein wenig lächerlich vorgekommen ist. Ich fühlte mich nicht zurückgestoßen. Trotz dieses Buches spielte ich weder den Autor noch den Zuschauer. Ich kam nicht als ein Fremder dazu. Israel schaute mir beim Signieren freundlich zu. Gavoille kratzte sich harmlos hinten weiter. Und ich empfand ihnen gegenüber eine Art dumpfer Dankbarkeit. Dieses Buch hätte mir den Anschein eines unbeteiligten Zuschauers geben können. Und doch machte ich nicht den Eindruck eines Intellektuellen oder eines Zuschauers. Ich gehörte zu ihnen.

Flug nach Arras

WARTESÄLE

*I*ch führte ein philosophisches Leben. Ich sehe meine Freunde so oft wie möglich. Ich habe ganz prächtige. Das ist mir ein Trost. Und ich warte darauf, einem kleinen Mädchen zu begegnen, das recht hübsch sein muß und recht klug und voller Charme und heiter und ruhig und treu und ... dann werde ich keins finden. Und so mache ich eintönig all den Colettes, den Paulettes, den Suzys, Daisys, den Gabys den Hof, die in Serien produziert werden und mit denen man sich nach zwei Stunden langweilt. Sie sind Wartesäle. So ist das ...

Was die Frauen angeht, von denen Du mir sprichst, so steht es mit ihnen wie mit den Freunden. Ich kann es nicht mehr ertragen, wenn ich bei einem Menschen nicht das finde, was ich suche, und ich bin stets enttäuscht, sobald ich herausgefunden habe, daß eine Mentalität, die mir interessant vorkam, bloß einen leicht durchschaubaren Mechanismus darstellt; dann bin ich angewidert. Und ich bin böse auf den Betreffenden. Mit einem Haufen Leute will ich nichts mehr zu tun haben, das ist stärker als ich.

Im kleinen Salon dieses kleinen Provinzhotels habe ich einen großartigen Gecken vor mir, der hochtrabende Reden führt: einen waschechten Großgrundbesitzer, wie mir scheint. Er ist albern und sinnlos und macht Lärm. Ich kann solche Burschen nicht mehr ausstehen, und falls ich eine Frau heiraten sollte, bei der ich später entdecke, daß sie derartige Leute schätzt, wäre ich der unglücklichste Mensch von der Welt.

Sie darf nur die gescheiten Leute gern haben. Es ist mir jetzt nicht mehr möglich, bei den Y. und Co. zu verkehren; ich kann dort nicht mehr den Mund auftun. Ich brauche Menschen, die mich etwas lehren ...
Briefe an seine Mutter

Was nicht zu kaufen ist

NUR ZWEI ODER DREI FREUNDE

*W*as nun Toulouse angeht – ach! Rinette –, so bleibe ich dort im kleinen provinziellen Trott. Ich gehe rechts an der gleichen Straßenlaterne vorüber, und im Café setze ich mich auf denselben Stuhl. Ich kaufe meine Zeitung am gleichen Kiosk und sage der Zeitungsverkäuferin jedesmal den gleichen Satz. Und die gleichen Kameraden, Rinette … bis ich schließlich, Rinette, den mächtigen Drang verspüre, aus mir auszubrechen und neu zu werden. Dann werde ich nach einem anderen Café, einer anderen Straßenlaterne oder einem anderen Kiosk auswandern und mir einen neuen Satz für die Zeitungsverkäuferin ausdenken. Einen Satz, der weit schöner ist. Ich habe schnell genug von mir, Rinette, und so werde ich es im Leben niemals zu etwas bringen. Mein Freiheitsdrang ist zu groß …

Und die Kameraden, die immer das gleiche denken, öden mich an, und deshalb hab ich nur zwei oder drei Freunde – und mit denen lebe ich in Frieden. Und darum muß man mir manchmal schreiben, selbst wenn es ein großes Opfer ist – denn Du bist, Rinette, eine alte Freundin …

Briefe an Rinette

Wenn du einen Freund willst

MELANCHOLISCHE BILANZ

*E*ben geht ein ziemlich eintöniger Sonntag zu Ende. Ein verpatzter Sonntag, denn um sechs Uhr früh mußte ich aufstehen, um eine Bréguet auf die Wolkenweide zu führen. Nach zehn Minuten äußerte sie den gebieterischen Wunsch, wieder in den Stall zurückzukehren. (Und so sage ich nun mit dem Abbé Delille ... Ach, dieses Provinzleben!) Und zehn Flugminuten trugen mir einen ganzen schläfrigen Sonntag ein. Ich habe meine Zeit damit verbracht, Streichhölzer, Zigaretten und Briefmarken zu kaufen. Die Zigarettenverkäuferin von nebenan ist so hübsch! In meinem Zimmer liegen schon über dreißig Streichholzschachteln und Briefmarken für vierzig Jahre. Melancholische Bilanz einer achttägigen Liebe.

Solch eine Zigarettenverkäuferin ist etwas Reizendes. Der Ladentisch ist schön wie ein Thron. Man kommt sich sehr fern und sehr klein vor. Trunken hört man sie sagen: »Vierzig Centimes ...« Man heimst die Liebesworte ein, so gut man kann.

Ich frage mich, woran wohl so eine Zigarettenverkäuferin denkt. Vielleicht an nichts, aber es sieht nach was aus! Wie mir meine Freunde doch fehlen! Ich habe recht wenige, aber um so mehr hänge ich an ihnen. Und wenn ich erst nach langer Zeit mit einem großen weißen Bart heimkomme, habt Ihr mich alle schon längst vergessen. Und das verdirbt mir den Spaß, denn ich weiß nicht, wohin die Reise geht. Nach Alicante, nach Marokko oder nach Dakar, das wissen die Götter.

Briefe an Rinette

Was nicht zu kaufen ist

DAS WESENTLICHE

*D*ie großen Leute haben eine Vorliebe für Zahlen. Wenn ihr ihnen von einem neuen Freund erzählt, befragen sie euch nie über das Wesentliche. Sie fragen euch nie: Wie ist der Klang seiner Stimme? Welche Spiele liebt er am meisten? Sammelt er Schmetterlinge? Sie fragen euch: Wie alt ist er? Wie viele Brüder hat er? Wieviel wiegt er? Wieviel verdient sein Vater? Dann erst glauben sie, ihn zu kennen.

Wenn ihr zu den großen Leuten sagt:

Ich habe ein sehr schönes Haus mit roten Ziegeln gesehen, mit Geranien vor den Fenstern und Tauben auf dem Dach ... dann sind sie nicht imstande, sich dieses Haus vorzustellen. Man muß ihnen sagen: Ich habe ein Haus gesehen, das hunderttausend Franken wert ist. Dann schreien sie gleich: Ach, wie schön!

Der kleine Prinz

Wenn du einen Freund willst

DIE BEIDEN GÄRTNER (1)

*W*enn du bei deinem Freund und bei dir selber, anderswo als in
dir und anderswo als in ihm, die gemeinsame Wurzel suchst,
wenn es für euch beide einen göttlichen Knoten gibt, der sich aus der
Zusammenhanglosigkeit der Baustoffe ablesen läßt und die Dinge
verknüpft, so gibt es keine Entfernung und keine Zeit, die euch trennen könnte, denn jene Götter, auf die sich eure Einheit gründet, spot-
ten aller Mauern und Meere.

Ich habe einen alten Gärtner gekannt, der mir von seinem Freund
erzählte. Beide hatten lange Zeit wie Brüder zusammengelebt, bevor
das Leben sie trennte; sie hatten ihren Abendtee miteinander getrun-
ken; sie hatten die gleichen Feste gefeiert und einander aufgesucht,
um sich Rat zu holen oder sich ins Vertrauen zu ziehen. Im Grunde
hatten sie sich wenig zu sagen, und weit häufiger sah man sie nach
getaner Arbeit miteinander spazierengehen und, ohne ein Wort zu
reden, die Blumen, die Gärten, den Himmel und die Bäume anschau-
en. Wenn aber einer von ihnen nickte, während er mit dem Finger
eine Pflanze betastete, beugte sich auch der andere nieder und nickte
ebenfalls, da er die Spuren der Schnecken erkannte. Und die schön
geöffneten Blumen bereiteten ihnen beiden die gleiche Freude.

Nun geschah es, daß ein Kaufmann, der den einen von beiden in
seine Dienste genommen hatte, diesen für einige Wochen seiner Karawane zuteilte. Doch die Karawanenräuber und die übrigen Wechsel-
fälle des Daseins sowie die Kriege zwischen den Reichen, die Stürme
und die Schiffbrüche und die Untergänge, die Trauerfälle und die
Berufe, mit denen er sein Leben verdiente, warfen jenen jahrelang hin
und her, so wie das Meer ein Faß hin und her schleudert. Sie trieben
ihn von Garten zu Garten bis ans Ende der Welt.

Die Stadt in der Wüste

DIE BEIDEN GÄRTNER (II)

Schließlich aber, nachdem all die Zeit in Schweigen dahingegangen war, empfing mein Gärtner einen Brief seines Freundes. Gott weiß, wie viele Jahre dieser Brief gereist sein mochte. Gott weiß, welche Postkutschen, welche Reiter, welche Schiffe, welche Karawanen ihn nacheinander mit einer Zähigkeit, wie sie den zahllosen Meereswellen eigen ist, bis in seinen Garten befördert hatten. Und da er an diesem Morgen sein Glück ausstrahlte und wünschte, daß man daran teilnehme, bat er mich, ihm den Brief vorzulesen, den er empfangen hatte, so wie man darum bittet, man möge ein Gedicht vorlesen. Und er betrachtete forschend mein Gesicht, um die Rührung darin zu erkennen, die mir das Lesen verursachte. Und freilich standen da nur einige Worte, denn die beiden Gärtner wußten gewandter mit dem Spaten umzugehen als mit der Feder. Und ich las nur diese Worte: »Heute früh habe ich meine Rosenstöcke beschnitten ...« Dann sann ich über die Hauptsache nach, von der es mir schien, daß sie nicht in Worte zu fassen sei und nickte stumm, so wie diese beiden es getan hätten.

Mein Gärtner kannte nun keine Ruhe mehr. Ihr hättet ihn sehen sollen, wie er sich über die Geographie, die Schiffahrt, die Kuriere und die Karawanen und die Kriege zwischen den Reichen unterrichtete. Und drei Jahre später wollte es der Zufall, daß ich eine Gesandtschaft zur anderen Seite der Erde ausrüstete. Da ließ ich meinen Gärtner rufen: »Du kannst deinem Freund schreiben.«

Die Stadt in der Wüste

Wenn du einen Freund willst

DIE BEIDEN GÄRTNER (III)

*U*nd meine Bäume litten ein wenig Not und die Kräuter des Gemüsegartens auch, während die Schnecken Feste feierten, denn mein Gärtner verbrachte ganze Tage daheim, um zu kritzeln, zu radieren und sein Werk wieder von vorn zu beginnen, und er streckte die Zunge heraus, wie ein Kind über seiner Arbeit, denn er wußte, daß er etwas Dringendes zu sagen hatte, und verlangte danach, sich seinem Freund in seiner ganzen Wahrheit mitzuteilen. Er mußte seine eigene Brücke über den Abgrund schlagen und sich über Raum und Zeit hinweg mit dem anderen Teil seiner selbst vereinigen. Er mußte ihm seine Liebe sagen. Und so kam er, über und über errötend, und zeigte mir seine Antwort, um abermals aus meinem Gesicht einen Widerschein der Freude abzulesen, wie sie den Empfänger erhellen würde, und so an mir die Macht zu erproben, die seinen vertraulichen Nachrichten innewohnte. Und es gab in Wahrheit nichts Wichtigeres, was er kundtun konnte, da es für ihn dabei um das ging, worin er sich vor allem austauschte, nach Art der alten Frauen, die im Spiel der Nadeln ihre Augen verbrauchen, um ihren Gott mit Blumen zu schmücken. Ich las, daß er seinem Freund mit seiner sorgsamen und unbeholfenen Handschrift, wie ein Gebet, von dem er ganz durchdrungen war, doch mit bescheidenen Worten anvertraute: »Heute früh habe auch ich meine Rosenstöcke beschnitten …«

Und ich verstummte, während ich las, und sann über die Hauptsache nach, die sich mir nun besser zu offenbaren begann, denn sie verherrlichten Dich, o Herr, indem sie sich über die Rosenstöcke hinweg in Dir vereinigten, ohne davon zu wissen.
Die Stadt in der Wüste

Was nicht zu kaufen ist

EINZIG IN DER WELT

*D*er kleine Prinz ging, die Rosen wiederzusehen:
»Ihr gleicht meiner Rose gar nicht, ihr seid noch nichts«, sagte
er zu ihnen. »Niemand hat sich euch vertraut gemacht, und auch ihr
habt euch niemandem vertraut gemacht. Ihr seid, wie mein Fuchs war.
Der war nichts als ein Fuchs wie hunderttausend andere. Aber ich
habe ihn zu meinem Freund gemacht, und jetzt ist er einzig in der
Welt.«

Und die Rosen waren sehr beschämt.

»Ihr seid schön, aber ihr seid leer«, sagte er noch. »Man kann für
euch nicht sterben. Gewiß, ein Irgendwer, der vorübergeht, könnte
glauben, meine Rose ähnele euch. Aber in sich selbst ist sie wichtiger
als ihr alle, da sie es ist, die ich begossen habe. Da sie es ist, die ich
unter den Glassturz gestellt habe. Da sie es ist, die ich mit dem
Wandschirm geschützt habe. Da sie es ist, deren Raupen ich getötet
habe (außer den zwei oder drei um der Schmetterlinge willen). Da sie
es ist, die ich klagen oder sich rühmen gehört habe oder auch manchmal schweigen. Da es meine Rose ist.«

Der kleine Prinz

Wenn du einen Freund willst

MÄRZ

Ein Lächeln ist oft das Wesentliche

Wenn sich alles verwandelt

WIE EINFACH SIND DIE WESENTLICHEN EREIGNISSE

*W*ie wenig Lärm machen die wirklichen Wunder! Wie einfach sind die wesentlichen Ereignisse! Über den Augenblick, von dem ich erzählen will, gibt es so wenig zu sagen, daß ich ihn träumend wieder erlebe und von ihm zu meinem Freund sprechen muß. Es war eines Tages vor dem Krieg an den Ufern der Saône; in der Gegend von Tournus. Wir hatten zum Mittagessen ein Restaurant gewählt, dessen Holzveranda über dem Fluß hing. Die Ellbogen auf einen ganz simplen, von Messern zerschnittenen Tisch gestützt, hatten wir uns zwei Pernod bestellt. Dein Arzt hatte Dir den Alkohol verboten, aber zu den großen Gelegenheiten mogeltest Du. Diesmal war es eine. Wir wußten nicht warum, aber es war eine. Was uns da freute, war unwägbarer als die Beschaffenheit des Lichtes. Du hattest Dich also für diesen Pernod der großen Gelegenheiten entschieden. Und da ein paar Schritte von uns zwei Matrosen einen Kahn löschten, haben wir sie eingeladen. Wir haben sie von unserem Balkon herab angerufen. Und sie sind gekommen. Sie sind ganz einfach gekommen. Wir hatten es so natürlich gefunden, Kumpane einzuladen, vielleicht wegen dieses unsichtbaren Festes in uns. Es war ja so klar, daß sie auf unser Zeichen antworten würden. Und so tranken wir einander zu. Die Sonne tat gut. Die Pappeln des anderen Ufers, die Ebene bis zum Horizont, sie badeten in ihrem linden Honiglicht. Wir wurden immer heiterer und wußten keineswegs warum. Alles machte uns sicher: die Sonne, die so gut leuchtete, der Fluß, der so schön dahinfloß, das Mahl, das ein richtiges Mahl war; die Matrosen waren auf unseren Zuruf gekommen, das Mädchen bediente uns mit einer Art glücklicher Freundlichkeit, als gäbe sie ein unvergängliches Fest.

Brief an einen Ausgelieferten

Ein Lächeln ist oft das Wesentliche

VÖLLIG IM FRIEDEN

*W*ir befanden uns völlig im Frieden, aufs beste eingefügt in eine endgültige Zivilisation, vor Unordnung sicher. Wir genossen eine Art vollkommenen Zustandes, in dem wir uns nichts mehr anzuvertrauen hatten – alle Wünsche waren erfüllt. Wir fühlten uns rein, aufrichtig, klar und milde. Wir hätten nicht zu sagen gewußt, welche Wahrheit es war, deren Evidenz uns entzückte. Aber das Gefühl, das uns beherrschte, war das der Gewißheit. Einer fast übermütigen Gewißheit. So bewies das Weltall, durch uns hindurch, seinen guten Willen. Die Verdichtung der Nebelflecken, die Erstarrung der Planeten, die Bildung der ersten Amöbe, die ungeheure Arbeit des Lebens auf dem Weg von der Amöbe bis zum Menschen, alles hatte sich glücklich zusammengetan, um, durch uns hindurch, auf diese Stufe der Freude hinauszulaufen! Das war, als Ende der Entwicklung, gar nicht so übel. So genossen wir dieses stumme Einvernehmen und diese fast religiösen Riten. Gewiegt vom Kommen und Gehen der priesterlichen Magd, tranken die Matrosen und wir einander zu wie die Gläubigen ein und derselben Kirche, wenn wir auch nicht hätten sagen können, welcher Kirche. Der eine der beiden Matrosen war Holländer, der andere Deutscher. Dieser war einst dem Nazismus entflohen, weil er da drüben als Kommunist oder als Anhänger Trotzkis verfolgt worden war, oder als Katholik oder als Jude. (Ich erinnere mich nicht mehr der Kennzeichnung, deretwegen der Mann auf der Liste stand.)
Brief an einen Ausgelieferten

Wenn sich alles verwandelt

MIT EINEM LÄCHELN BELOHNT

*A*ber in diesem Augenblick war der Matrose etwas ganz anderes als eine Kennzeichnung. Es ist der Inhalt, der zählt. Die menschliche Substanz. Er war ganz einfach ein Freund. Und wir waren einig unter Freunden. Du warst einig. Ich war einig. Die Matrosen und das Mädchen waren einig. Worüber einig? Über den Pernod? Über die Bedeutung des Lebens? Über die Süße des Tages? Wir hätten auch das nicht zu sagen gewußt. Aber diese Eintracht war so erfüllt, so fest in der Tiefe verankert, sie beruhte auf einer Bibel von so klarem, wenn auch nicht formulierbarem Gehalt, daß wir bereit gewesen wären, das kleine Wirtshaus zu einer Festung zu machen, es zu verteidigen, zu sterben hinter Maschinengewehren, um es zu retten.

Von was für einem Gehalt?… Gerade hier ist es schwierig, sich auszudrücken! Ich laufe Gefahr, nur den Abglanz einzufangen, nicht das Wesen. Meine Wahrheit wird den unzulänglichen Worten entwischen. Ich wäre undeutlich, wollte ich behaupten, daß wir gern gekämpft hätten, um eine gewisse Art des Lächelns der Matrosen, Deines Lächelns oder meines Lächelns oder des Lächelns der Magd zu retten, ein bestimmtes Wunder dieser Sonne, die sich seit so vielen Millionen Jahren soviel Mühe gegeben hat, um durch uns in ein völlig geglücktes Lächeln zu münden.

Das Wesentliche hat meistens kein Gewicht. Hier war das Wesentliche, allem Anschein nach, nur ein Lächeln. Ein Lächeln ist oft das Wesentliche. Man wird mit einem Lächeln bezahlt. Man wird mit einem Lächeln belohnt. Man wird durch ein Lächeln belebt. Und die Art eines Lächelns kann schuld daran sein, daß man stirbt. Uns hat seine Art indessen so gut von der Angst unserer Zeit erlöst, uns Sicherheit, Hoffnung und Frieden gewährt, daß ich, um verständlicher zu werden, noch die Geschichte eines anderen Lächelns erzählen muß.

Brief an einen Ausgelieferten

DIE GEFANGENNAHME

*E*s war im Verlauf einer Reportage über den Bürgerkrieg in Spanien. Ich hatte die Unklugheit begangen, mich in einen Güterbahnhof einzuschmuggeln, um morgens um drei Uhr dem Verladen geheimen Kriegsmaterials beiwohnen zu können. Das Hin und Her der Mannschaften und eine gewisse Dunkelheit begünstigten mein Vorhaben. Aber ich schien den anarchistischen Soldaten verdächtig zu sein.

Es war sehr einfach. Ich ahnte noch nichts von ihrem geschmeidigen und geräuschlosen Näherkommen, als sie mich schon umschlossen, sanft wie die Finger einer Hand. Der Lauf eines Karabiners richtete sich leicht gegen meinen Bauch, und die Stille schien mir feierlich. Ich hob schließlich die Arme.

Ich beobachtete, daß sie nicht in mein Gesicht, sondern auf meine Krawatte starrten (die Mode einer anarchistischen Vorstadt ließ diesen Kunstgegenstand nicht geraten erscheinen). Meine Haut überflog es. Ich erwartete den Schuß, es war die Zeit der flinken Urteile. Aber es fiel kein Schuß. Nach Sekunden einer absoluten Leere, in deren Verlauf es mir schien, als tanzte die arbeitende Mannschaft auf einem anderen Stern eine Art Traumballett, gaben mir meine Anarchisten mit einer leichten Kopfbewegung das Zeichen, ihnen voranzugehen, und wir setzten uns ohne Hast über die Verschubgleise in Marsch. Die Gefangennahme hatte sich in vollkommenem Schweigen abgespielt und mit außerordentlicher Sparsamkeit in der Bewegung. So spielt die Tierwelt der Tiefsee.

Brief an einen Ausgelieferten

Wenn sich alles verwandelt

IM KELLERLOCH

*B*ald verschwand ich in einem Kellerloch, aus dem man eine Wachstube gemacht hatte. Elend beleuchtet von einer schlechten Petroleumlampe, dösten dort andere Milizsoldaten, ihre Karabiner zwischen den Beinen. Sie wechselten mit unbeteiligter Stimme ein paar Worte mit den Männern meiner Patrouille. Einer von ihnen durchsuchte mich.

Ich spreche Spanisch, aber ich kann nicht Katalanisch. Ich verstand jedoch, daß man meine Papiere verlangte. Ich hatte sie im Hotel vergessen. Ich antwortete:»Hotel ... Journalist ...«, ohne zu erkennen, ob diese meine Sprache als Mittel der Verständigung taugte.

Die Milizsoldaten reichten – wie ein Beweisstück – meinen Photoapparat von Hand zu Hand. Einige von den Gähnenden, die auf ihren krummbeinigen Sesseln zusammengesunken waren, richteten sich in einer Art Langweile auf und lehnten sich an die Mauer. Der vorherrschende Eindruck war der der Langweile. Der Langweile und des Schlafes. Das Aufmerksamkeitsvermögen dieser Männer schien mir längst verbraucht. Fast hätte ich mir ein Zeichen der Feindseligkeit gewünscht, nur um menschlichen Kontakt zu spüren. Aber sie würdigten mich weder eines Zeichens von Zorn noch eines der Mißbilligung. Ich versuchte zu wiederholten Malen, auf spanisch zu protestieren. Meine Proteste trafen ins Leere. Sie sahen mich an, ohne darauf einzugehen, so wie sie einen chinesischen Fisch in einem Aquarium angeschaut hätten. Sie warteten. Worauf warteten sie? Auf die Rückkehr eines Genossen? Auf das Morgengrauen? Ich sagte mir: ›Sie warten vielleicht darauf, Hunger zu haben ...‹

Ich sagte mir auch: ›Sie werden eine Dummheit machen! Es ist einfach lächerlich ...‹

Brief an einen Ausgelieferten

Ein Lächeln ist oft das Wesentliche

BLINDES ROULETTE UM MEINE HAUT

*D*as Gefühl, das ich empfand, war – viel mehr als ein Gefühl der Angst – der Ekel vor dem Abgeschmackten. Ich sagte mir: ›Wenn sie auftauen, wenn sie handeln wollen, werden sie schießen!‹ War ich wirklich in Gefahr, ja oder nein? Nahmen sie noch immer nicht zur Kenntnis, daß ich weder ein Saboteur noch ein Spion war, sondern ein Journalist? Daß sich meine Ausweispapiere im Hotel befanden? Hatten sie sich entschieden? Wofür?

Ich wußte nichts von ihnen, außer daß sie ohne große Gewissenskämpfe füsilierten. Die revolutionären Stoßtrupps, gleichgültig, welcher Partei sie angehören, machen nicht Jagd auf Menschen (sie wägen den Menschen nicht nach seiner Substanz), sondern auf Symptome. Die gegnerische Wahrheit erscheint ihnen als epidemische Krankheit. Um eines zweifelhaften Anzeichens willen schickt man den Bazillenträger in das Isolierungslager. Den Friedhof. Darum schien mir dieses Verhör unheilvoll, das mich von Zeit zu Zeit in undeutlicher Einsilbigkeit traf und von dem ich nichts verstand. Ein blindes Roulette spielte um meine Haut. Deshalb empfand ich auch das wunderliche Bedürfnis, ihnen über mich etwas zuzurufen, das mich in mein eigentliches Schicksal hineintreiben würde – nur um das Gewicht einer wirklichen Gegenwart zu spüren. Mein Alter zum Beispiel! Doch, das Alter eines Menschen ist eindrucksvoll. Es enthält sein ganzes Leben. Die Reife, die nun sein ist, ist langsam entstanden. Sie hat sich gegen so viele nun überwundene Hindernisse gebildet, gegen so viele schwere, nun wieder geheilte Krankheiten, gegen so viele gestillte Schmerzen, überwundene Verzweiflungen, gegen Gefahren, von denen die meisten dem Bewußtsein entgangen sind. Sie ist quer durch Wünsche, Hoffnungen und Sehnsüchte, durch viel Vergessen und viel Liebe hindurch gewachsen.

Brief an einen Ausgelieferten

Wenn sich alles verwandelt

DAS LÄCHELN WAR DER ANBRUCH DES TAGES

*J*a, das Alter eines Menschen, es bedeutet eine schöne Fracht von Erfahrungen und Erinnerungen! Trotz der Fallen, der Stöße, der Räderspuren hat man wohl oder übel seinen Weg verfolgt, holterdiepolter wie ein guter Karren. Und jetzt, dank eines eigensinnigen Zusammenspiels glücklicher Umstände, ist man soweit. Man ist siebenunddreißig Jahre alt. Und der gute Karren wird, so Gott will, seine Last von Erinnerungen noch weiter schleppen. Ich sagte mir also: ›Soweit bin ich nun. Ich bin siebenunddreißig Jahre alt ...‹ Ich hätte meine Richter gerne mit dieser vertraulichen Mitteilung belästigt ..., aber sie verhörten mich nicht mehr.

Da war es, daß sich das Wunder begab. Oh, ein sehr verschwiegenes Wunder. Ich hatte keine Zigaretten mit. Da einer meiner Kerkermeister rauchte, bat ich ihn mit einer kleinen Bewegung, mir eine abzutreten, und ich versuchte ein vages Lächeln. Der Mann reckte sich zuerst, führte langsam die Hand an seine Stirn, hob die Augen, so daß er nicht mehr auf meine Krawatte, sondern in mein Gesicht blickte, und zu meiner größten Verblüffung machte auch er den Versuch eines Lächelns. Es war wie der Anbruch des Tages.

Dieses Wunder löste das Drama nicht, sondern schaffte es ganz einfach aus der Welt – wie das Licht den Schatten. Es gab kein Drama mehr.

Brief an einen Ausgelieferten

Ein Lächeln ist oft das Wesentliche

WUNDER DER VERWANDLUNG

*D*ieses Wunder änderte nichts, was man hätte sehen können. Die schlechte Petroleumlampe, der Tisch voller verstreuter Papiere, die an die Mauer gelehnten Männer, die Farbe der Gegenstände, der Geruch: alles blieb so, wie es war. Aber jedes Ding war bis in seinen Kern verwandelt. Dieses Lächeln machte mich frei. Es war ein ebenso endgültiges, in seinen Folgen selbstverständliches und nicht mehr umkehrbares Ereignis wie die Erscheinung der Sonne. Es öffnete den Zutritt zu etwas Neuem. Nichts hatte sich geändert, alles war verwandelt. Der Tisch mit den zerstreuten Papieren lebte, die Petroleumlampe lebte, die Mauern lebten. Die Langweile, die aus den toten Gegenständen dieses Kellerloches sickerte, verflüchtigte sich wie durch Zauberei. Es war, als hätte ein unsichtbares Blut wieder zu kreisen begonnen, das alle Dinge zu einem einzigen Körper zusammenband und ihnen so ihre Bedeutung zurückgab.

Auch die Männer hatten sich nicht gerührt, aber während sie mir noch vor einem Augenblick entfernter erschienen waren als vorsintflutliche Geschöpfe, rückten sie nun in lebendige Nähe. Ich hatte einen außergewöhnlichen Eindruck von Gegenwart. So ist es: von Gegenwart! Und ich fühlte mich verwandt.

Der Junge, der gelächelt hatte und der eine Sekunde vorher nur eine Funktion, ein Werkzeug, eine Art riesiges Insekt gewesen war, ließ sich ein bißchen linkisch an, beinahe schüchtern, von einer wunderbaren Schüchternheit. Nicht, daß er weniger brutal als ein anderer gewesen wäre, dieser Terrorist! Aber die Geburt des Menschen in ihm machte sein verwundbares Teil so hell. Wir geben uns ein großartiges Ansehen, wir Menschen, aber heimlich im Herzen kennen wir das Zögern, den Zweifel, den Kummer …

Brief an einen Ausgelieferten

Wenn sich alles verwandelt

NICHTS GESAGT, ABER ALLES ENTSCHIEDEN

*N*och war nichts gesagt worden. Aber alles war entschieden. Ich legte meine Hand dankend auf die Schulter des Milizsoldaten, als er mir die Zigarette reichte. Das Eis war gebrochen; und da nun auch die anderen Soldaten wieder Menschen geworden waren, trat ich in das Lächeln aller ein, wie in ein neues und freies Land.

Ich trat in ihr Lächeln ein wie ehemals in das Lächeln unserer Retter aus der Sahara. Als uns die Kameraden nach tagelangem Suchen gefunden hatten und so nahe wie möglich gelandet waren, gingen sie mit großen Schritten auf uns zu, wobei sie die Wasserschläuche mit ausgestreckten Armen gut sichtbar schwenkten. An das Lächeln der Retter, wenn ich schiffbrüchig, an das Lächeln der Schiffbrüchigen, wenn ich Retter war, denke ich wie an meine Heimat, in der ich mich glücklich fühlte. Die wahre Freude ist die Freude am andern. Die Rettung war nichts als eine Gelegenheit zu dieser Freude. Das Wasser hat erst dann die Kraft zu beglücken, wenn es zuvor das Geschenk des guten Willens eines Menschen ist.

Die Sorge für einen Kranken, die Aufnahme eines Geächteten, selbst die Verzeihung haben ihren Wert nur von Gnaden des Lächelns, das die Feier erhöht. Wir vereinigen uns im Lächeln über allen Sprachen, Kasten, Parteien. Wir sind die Gläubigen ein und derselben Kirche, er mit seinen Bräuchen und ich mit den meinen.

Brief an einen Ausgelieferten

Ein Lächeln ist oft das Wesentliche

DER GOLDTON, DER DEN MENSCHEN
AUSZEICHNET

*I*n der Stadt [Madrid] selbst habe ich heute nachmittag die Beschießung erlebt. Es hatte dieses Donnerschlags auf der Gran Via bedurft, um ein Menschenleben auszulöschen, ein einziges. Passanten reinigten sich vom Mauerschutt, andere liefen, eine schwache Rauchwolke verzog sich, aber der Verlobte, der wie durch ein Wunder von jeder Schramme verschont blieb, sah die novia vor seinen Füßen liegen – die Braut, deren goldgelben Arm er noch vor einer Sekunde gedrückt hatte und die jetzt in einen Schwamm voller Blut, einen Haufen Fleisch und Wäsche verwandelt war. Er kniete nieder, ohne zu begreifen; er schüttelte leicht den Kopf und schien zu sagen: ›Wie seltsam ist das doch!‹ In diesem Gegenstand der Bewunderung, der auf solche Weise verschüttet war, erkannte er nichts vom Wesen seiner Freundin wieder. Die Verzweiflung bildete nur mit grausamer Langsamkeit in ihm ihre Grundwelle. Eine Sekunde lang noch war er vor allem verblüfft durch dieses plötzliche Verschwinden, er ließ seine Blicke umherwandern und suchte die schlanke Gestalt, als müsse wenigstens sie fortbestehen.

Aber nichts war da außer einem Schmutzhaufen. Fortgewischt war der schwache Goldton, der den Menschen auszeichnet. Während sich in der Kehle des Mannes der Schrei vorbereitete, den irgend etwas noch hinauszögerte, hatte er genug Muße, um richtig zu begreifen, daß er nicht diese Lippen, sondern ihr Schmollen und das Lachen dieser Lippen geliebt hatte. Er liebte nicht diese Augen, sondern ihren Blick. Nicht diese Brust, sondern ihr sanftes Wogen. Er hatte Muße, um endlich die Ursache der Angst zu entdecken, die er vielleicht durch die Liebe verspürte. Jagte er nicht dem Ungreifbaren nach? Es ging nicht darum, einen Leib zu umarmen, sondern einen Flaum, einen Lichtschein, den schwerelosen Engel, der diesen Leib umhüllte …
Madrid

81   *Wenn sich alles verwandelt*

AUS DEN FUGEN GERATEN

*D*utertre und ich [haben] vor kaum drei Tagen das Dorf aus den Fugen gehen sehen, in dem wir lagen. Wohl nie in meinem Leben werde ich diese sich mir tief eingeprägte Erinnerung loswerden. Dutertre und ich stoßen gegen sechs Uhr morgens beim Weggehen von zu Hause auf ein unbeschreibliches Durcheinander. Alle Garagen, alle Schuppen, alle Scheunen haben in die Gassen die verschiedenartigsten Vehikel ausgespien, nagelneue Wagen und uralte Gefährte, die seit fünfzig Jahren außer Betrieb im Staub schlummerten, Handwagen für Heu und Lastwagen, Omnibusse und zweirädrige Karren. Wenn man richtig suchte, fände man auf diesem Trödelmarkt noch Postkutschen! Alle auf Räder montierten Kisten sind ausgegraben worden. In sie verstauen sie die Schätze ihrer Häuser. In aufgeplatzten Bettlaken werden sie wirr durcheinander auf die Wagen verfrachtet. Und nun sind sie mit nichts mehr zu vergleichen.

Zusammen bilden sie das Gesicht des Hauses. Sie waren Gegenstand einer besonderen religiösen Verehrung. Jeder an seinem richtigen Platz, durch Gewohnheit zur Notwendigkeit geworden, durch Erinnerungen verschönt, hatte seine Bedeutung durch den ganz privaten Bezirk, den er mitbegründete. Man hat sie für wertvoll an sich gehalten, hat sie von ihrem Kamin, ihrem Tisch, ihrer Wand weggeholt, auf einen Haufen geworfen, und nun ist das alles nichts weiter als Warenhauskram, der seinen Verschleiß offenbart. Wenn man ehrwürdige Reliquien auf einen Haufen zusammenwirft, dann wird einem übel.

Flug nach Arras

GEFUNDEN

*W*enn ich am Leben bleibe, habe ich mir jene nächtliche Wanderung durch mein Dorf versprochen ...
Den ganzen Tag habe ich mein Dorf nicht geschaut. Vor meinem Auftrag waren es Lehmwände und Bauern. Jetzt ist es ein bißchen Kies zehn Kilometer unter mir. Das ist mein Dorf. Doch heute nacht vielleicht wird ein Hofhund wach werden und anschlagen. Ich habe immer den Zauber eines Dorfes genossen, das im Laut eines einzigen Wachhundes vernehmbar in der klaren Nacht dahinträumt ... Heimgekehrt vom Feld, haben die Bauern ihr Mahl abgetragen, die Kinder schlafen gelegt, die Lampe ausgeblasen und gehen in sein Schweigen ein ...

Gott versagt uns, den Reichtum zu nutzen, solange die nächtliche Abrechnung dauert. Das aufgespeicherte Erbe wird mir deutlicher werden, wenn die Menschen ruhen und dabei die Hände öffnen im Spiel des unabwendbaren Schlafs, der die Finger bis zum Tagesanbruch entspannt.

Dann schaue ich vielleicht das Namenlose. Dann werde ich wie ein Blinder gegangen sein, den seine Handflächen zum Feuer geleitet haben. Er könnte es nicht beschreiben, und doch hat er es gefunden. So zeigt sich vielleicht dann, was es zu schützen gilt, was unsichtbar ist und doch dauert gleich der Glut unter der Asche der dörflichen Nächte.

Flug nach Arras

Wenn sich alles verwandelt

WAS HAT IHN SO GEZEICHNET?

*U*m ein Uhr nachts ging ich durch den ganzen Zug hindurch. Die Schlafwagen waren leer. Die Abteile erster Klasse waren leer … Doch die Waggons der dritten Klasse beherbergten Hunderte entlassener polnischer Arbeiter, die in ihr Polen heimkehrten. Und so schritt ich in den Gängen über Menschenleiber hinweg. Ich blieb stehen, um sie zu betrachten …

Eine Mutter stillte ihr Kind. Sie war so erschöpft, daß man meinen konnte, sie schliefe. Das Leben ging weiter im Widersinn und in der Unordnung dieser Reise. Ich betrachtete den Vater. Ein Schädel, schwer und nackt wie ein Stein. Ein Körper, der sich im unbequemen Schlaf krümmte und in Arbeitskleider gezwängt war, die aus Höckern und Dellen bestanden. Der Mann sah aus wie ein Lehmkloß. So lasten nachts menschliche Wracks, die keine Gestalt mehr haben, auf den Bänken der Markthallen. Und ich dachte: ›Das Problem besteht durchaus nicht in diesem Elend, diesem Schmutz, dieser Häßlichkeit. Doch eben dieser Mann und eben diese Frau haben sich eines Tages kennengelernt. Und der Mann hat gewiß der Frau zugelächelt. Bestimmt hat er ihr nach der Arbeit Blumen gebracht. Er war vielleicht schüchtern und linkisch und befürchtete, sie könnte ihn abweisen. Die Frau aber, die um ihre Anmut wußte, machte sich aus natürlicher Koketterie den Spaß, ihn in Unruhe zu halten. Und er, der heute nur eine Hack- und Bohrmaschine ist, empfand so in seinem Herzen die köstliche Angst. Das Geheimnis besteht darin, wie er zu diesem Lehmhaufen werden konnte. Durch welch schreckliche Gußform mußte er hindurch – eine Form, die ihn wie ein Treibhammer gezeichnet hat? Ein Hirsch, eine Gazelle, ein gealtertes Tier bewahren ihre Anmut. Warum ist diese schöne menschliche Knetmasse verdorben worden?‹ Und ich setzte meine Reise fort inmitten dieses Volkes, dessen Schlaf unstet war wie an einem verrufenen Ort.

Moskau

Ein Lächeln ist oft das Wesentliche

SO GERÜHRT, DASS ER WEINT

*I*ch bin wieder in meinem Abteil. Der Schlafwagenschaffner kommt zu mir. Das stoßhafte Schlingern läßt ihn schwanken unter der Nachtbeleuchtung. Er spricht mich an. Nachts, auf der Eisenbahn scheinen alle Stimmen Geheimnisse anzuvertrauen. Er fragt mich, wann ich geweckt werden möchte. Anscheinend gibt es hier kein Geheimnis. Indessen spüre ich zwischen diesem frostigen Mann und mir all die leeren Räume, die die Menschen trennen. Man vergißt in den Städten, was eigentlich ein Mensch ist. Er wird auf seine Funktion reduziert: wird zum Briefträger, zum Verkäufer, zum Nachbarn, der einen stört. Tief in der Wüste entdeckt man am ehesten, was ein Mensch ist. Da ist man nach der Notlandung lange gewandert, um zum Fort Nouakchott zu gelangen. Man erreicht es, als sich schon die Wahnvorstellungen des Durstes melden. Man trifft dort nur einen alten Sergeanten an, der seit Monaten verloren im Sand lebt; er ist so gerührt, daß er weint. Man weint ebenfalls. Und so bricht eine unermeßliche Nacht an, in der jeder sein ganzes Leben erzählt, dem anderen jenes ganze Gewicht von Erinnerungen schenkt, in dem sich menschliche Verbindungen zeigen. Zwei Menschen sind sich begegnet und huldigen sich mit Geschenken, wobei sie die Würde von Botschaftern haben.

Moskau

DER DURST, DER DEINE SCHRITTE LEITET

*I*ch, der ich sehe und verstehe, weil ich im Schweigen meiner Liebe nicht auf die Worte höre – ich habe erkannt, daß nichts für den Menschen den gleichen Wert hat wie der Duft des Wachses an einem bestimmten Abend, wie eine goldene Biene in einer bestimmten Morgenröte, wie eine schwarze Perle auf dem Meeresgrund, die du nicht besitzt. Und sogar bei den Geldleuten wurde ich gewahr, wie sie zuweilen ein Vermögen, das sie mühsam durch Erpressung, Untreue, wucherisches Zusammenraffen, Ausbeutung der Sklaven und in schlaflosen, mit Prozeßvorbereitungen und zermürbenden Rechenarbeiten verbrachten Nächten erworben hatten, gegen eine Haselnuß von der Breite eines Fingernagels austauschten, die wie geschliffenes Glas aussah – eine Haselnuß, die, weil sie sich Diamant nannte und aus dem Zeremoniell der Grabung aus Erdentiefen hervorgegangen war, die Eigenschaft duftenden Wachses oder des Glanzes der Biene erlangt hatte und wert war, daß man sie, selbst unter Lebensgefahr, gegen Räuber verteidigte.

Hieraus folgt, daß die entscheidende Gabe im Geschenk des Weges besteht, den du einschlagen mußt, um am Fest teilzuhaben …

Und da es sich zeigt, daß du, um einem bestimmten Weg zuzustreben, einen Durst verspüren mußt, der dich in diese Richtung und keine andere führt, und daß solch ein Durst für deinen Aufstieg ausreicht, denn er wird deine Schritte leiten und deinen Geist fruchtbarer werden lassen …

Denn es zeigt sich, daß die Liebe ihrem Wesen nach Durst nach Liebe ist, daß die Kultur Durst nach Kultur ist und daß die Freude am Zeremoniell, welches der schwarzen Perle gilt, im Durst nach der schwarzen Perle besteht, die auf dem Meeresgrund ruht.

Die Stadt in der Wüste

Ein Lächeln ist oft das Wesentliche

ALLES ÖFFNET SICH

*U*nd ich kenne andere, die das Meer suchen, wenn sie langsam mit ihren Karawanen dahinziehen, und denen das Meer ein Bedürfnis ist. Und sobald sie das Vorgebirge erreicht haben und jene Weite überblicken, die von einer dichten Stille erfüllt ist und die Schätze ihrer Algen und Korallen dem Auge verbirgt, atmen sie den kräftigen Salzgeruch und erstaunen über ein Schauspiel, das ihnen im Augenblick zu nichts dient, denn das Meer läßt sich nicht greifen. Auf diese Weise aber wird die Knechtschaft von ihren Herzen fortgewaschen, in der sie die kleinen Dinge gefangenhielten. Vielleicht erlebten sie, angewidert wie hinter Gefängnisgittern, den Kochkessel, das Küchengerät, die Klagen ihrer Frauen: jene Schlacken des Alltags, die den Sinn der Dinge entschleiern können, wenn man durch sie hindurchschaut, die zuweilen aber auch zu einem Grabe werden, wenn sie sich verhärten und abschließen.

Dann nehmen sie die Schätze der Weite mit sich und bringen die Seligkeit heim, die sie hier gefunden haben. Und ihr Haus ist verwandelt, weil es irgendwo in der Welt das Meer und die Ebene in der Morgendämmerung gibt. Denn alles öffnet sich einem anderen, das weiter ist als es selber. Alles wird Weg, Straße und Fenster, die zu jenem anderen hinführen.

Denn einer, der in der Wüste stirbt, ist reich durch ein Haus in der Ferne, mag er auch sterben.
Die Stadt in der Wüste

STERNE, DIE LACHEN KÖNNEN

»*W*as wichtig ist, sieht man nicht … Du wirst in der Nacht die Sterne anschauen … Alle werden sie deine Freunde sein. Und dann werde ich dir ein Geschenk machen …«
Er lachte noch. »Ach, kleines Kerlchen, kleines Kerlchen! Ich höre dieses Lachen so gern!«
»Gerade das wird mein Geschenk sein …«
»Was willst du sagen?«
»Die Leute haben Sterne, aber es sind nicht die gleichen. Für die einen, die reisen, sind die Sterne Führer. Für andere sind sie nichts als kleine Lichter. Für wieder andere, die Gelehrten, sind sie Probleme … Aber alle diese Sterne schweigen. Du, du wirst Sterne haben, wie sie niemand hat …«
»Was willst du sagen?«
»Wenn du bei Nacht den Himmel anschaust, wird es dir sein, als lachten alle Sterne, weil ich auf einem von ihnen wohne, weil ich auf einem von ihnen lache. Du allein wirst Sterne haben, die lachen können!« Und er lachte wieder.
»Und wenn du dich getröstet hast (man tröstet sich immer), wirst du froh sein, mich gekannt zu haben. Du wirst immer mein Freund sein. Du wirst Lust haben, mit mir zu lachen. Und du wirst manchmal dein Fenster öffnen, gerade so, zum Vergnügen … Und deine Freunde werden sehr erstaunt sein, wenn sie sehen, daß du den Himmel anblickst und lachst. Dann wirst du ihnen sagen: ›Ja, die Sterne, die bringen mich immer zum Lachen!‹ Und sie werden dich für verrückt halten. Ich werde dir einen hübschen Streich gespielt haben … «
Und er lachte wieder.
»Es wird sein, als hätte ich dir statt der Sterne eine Menge kleiner Schellen geschenkt, die lachen können …«
Der kleine Prinz

Ein Lächeln ist oft das Wesentliche

SCHAUT DEN HIMMEL AN

*I*ch habe eben einen schönen Flug hinter mir, auf dem ich zweitausendfünfhundert Kilometer an einem Tag zurücklegte. Das war auf der Rückkehr vom äußersten Süden [des südamerikanischen Festlands], wo die Sonne um zehn Uhr abends untergeht, in der Nähe der Magalhaesstraße. Alles ist grün dort: Städte auf Wiesen. Seltsame Städtchen aus Wellblech. Und Leute, die – weil sie so sehr frieren und sich daher um Feuerstellen versammeln – ungemein sympathisch geworden sind.

Die Sonne entfärbte sich im Meer. Das war entzückend.

Briefe an seine Mutter

*B*ei so mildem Wetter besitzt alle Welt ein Geheimnis, aber es ist immer das gleiche. Denn man sieht sich an und lächelt. Und um zu lächeln, braucht man [in Alicante] nicht drei Worte Spanisch zu wissen, und so rede ich …

Briefe an Rinette

AUS GEDANKEN EIN KÖNIGREICH GEBAUT

*I*ch bin in der wohltuenden Abendkühle gelandet. Punta Arenas [die südlichste Stadt der Welt]! Ich lehne an einem Brunnen und folge mit den Augen den Mädchen. So nahe solcher Anmut fühle ich das Wunder Mensch doppelt. Der Mensch allein baut um sich herum eine Einsamkeit, wo doch sonst in unserer Welt Leben so leicht zu Leben findet, wo sich die Blumen im Windstrich zu Blumen gesellen und alle Schwäne einander kennen. Wie sind wir doch im Geist voneinander getrennt! Ein Jungmädchentraum scheidet sie von mir; wie soll ich daran teilhaben? Was weiß ich von dem jungen Mädchen, das mit langsamen Schritten heimgeht, die Augen niedergeschlagen, sich selbst zulächelnd, den Kopf voll von liebenswürdigen Vorstellungen und süßen Träumen? Vielleicht hat sie sich aus den Gedanken, der Stimme, dem Schweigen ihres Liebsten ein Königreich gebaut. Dann sieht sie alle Menschen außer dem einen als Wilde an. Ich spüre: sie ist in ihrem Geheimnis, in ihren Gewohnheiten, in dem singenden Nachhall ihrer Erinnerungen fester verschlossen, als wenn sie auf einem anderen Stern lebte. Gestern erst ward sie aus Vulkanen, aus grünem Gras oder aus dem Salzschaum des Meeres geboren. Mir erscheint sie schon halb mythisch.

Punta Arenas! Ich lehne an einem Brunnen. Alte Frauen kommen, Wasser zu holen. Vom Trauerspiel ihres Lebens werde ich nie etwas anderes erfahren als diese Mägdearbeit. Ein Kind weint leise vor sich hin, an die Mauer geschmiegt; von ihm wird in meiner Erinnerung nichts bleiben als das Bild eines schönen, auf ewig untröstlichen Kindes. Ich bin fremd hier. Alles ist mir unbekannt. Königreiche sind mir verschlossen.

Wind, Sand und Sterne

DAS ALTE HAUS

*F*liehen – das war das Richtige. Mit zehn Jahren fanden wir unsere Zuflucht im Gebälk des Dachbodens. Tote Vögel, alte Koffer mit geborstenen Wänden, sonderbare Kleidungsstücke: sozusagen Kulissen des Lebens. Und dann der Schatz, den wir da versteckt wähnten, der Schatz der alten Häuser, ganz wie er im Zaubermärchen vorkommt: Saphire, Opale, Diamanten. Der Schatz, von dem ein stilles Leuchten ausgeht und der jeder Mauer, jedem Balken erst den wahren Sinn gibt. Diese mächtigen Balken, die das Haus gegen Gott weiß was verteidigten. Ja freilich, gegen die Zeit. Denn das war für uns der große Feind. Man wehrte sich gegen ihn durch die Tradition, durch den Kult der Vergangenheit, durch die mächtigen Balken. Aber nur wir allein wußten, daß dieses Haus wie ein Schiff ins Weite ausgesandt war. Wir allein stiegen hinab bis in den Kiel und in die tiefsten Kojen, nur wir wußten, wo das Wasser eindrang. Wir kannten die Fugen im Dach, wo die Vögel einschlüpften, um zu sterben, und wußten, wo es Risse im Gebälk gab … Wir sahen die blaue Nacht durch den Spalt im Dach hereinfluten. Ein winziger Spalt: nur eben ein einziger Stern blinkte zu uns nieder, ein einziger vom ganzen Firmament, der sich für uns verklärte. Und das war der Stern, der die Menschen krank macht. Da wandten wir uns ab: Es war der Stern, der den Tod bringt.

Jäh schraken wir auf: Es arbeitete dumpf in den Dingen um uns, die den zersplitterten Balken einer Schatzkammer ähnelten. Bei jedem Krach untersuchten wir das Holz. Alles war ja wie reife Ähren, bereit, das Korn herzugeben, oder wie von alter Rinde umkleidet, unter der ganz gewiß etwas anderes steckte. Und wäre es nur jener Stern, dieser kleine, harte Diamant. Eines Tages werden wir ihn suchen gehen, im Norden oder im Süden, oder vielleicht in uns selbst. Fliehen!
Südkurier

Wenn sich alles verwandelt

NICHT ALLE TAGE

E's lügt der Dichter, der dir Tag und Nacht von der Trunkenheit des Gedichts erzählt. Es kommt vor, daß er an Leibschmerzen leidet und ihm dann alle Gedichte gleichgültig sind. Es lügt der Liebende, der dir vorgibt, daß Tag und Nacht das Bild seiner Geliebten in ihm wohne. Ein Floh lenkt ihn davon ab, denn der Floh sticht. Oder auch nur die Langeweile, denn dann gähnt er. Es lügt der Heilige, der dir vorgibt, daß er Tag und Nacht Gott anschaue. Gott zieht sich zuweilen von ihm zurück wie das Meer. Und dann ist er trockener als ein Sand voller Kieselsteine ...

Es lügen alle, die ihre Stunden der Dürre ableugnen, denn sie haben nichts begriffen. Und sie lassen dich an dir selber zweifeln, denn wenn du hörst, wie sie ihre Inbrunst beteuern, glaubst du an deren Beständigkeit, und so errötest du selber nun über deine Dürre und veränderst Stimme und Gesicht, wenn du um jemanden trauerst, sobald man dich anschaut.

Ich aber weiß, daß nur die Langeweile dich beständig zu begleiten vermag. Sie rührt von der Schwäche deines Geistes her, da du kein Gesicht durch seine Bestandteile hindurch lesen kannst. So ist es mit einem, der die Vorrichtungen des Schachspiels betrachtet, ohne zu ahnen, daß ein Problem darin steckt. Doch wenn dir von Zeit zu Zeit als Belohnung für die Treue, die du in der Verpuppung bewahrst, die Sekunde der Erleuchtung zuteil wird, wie sie ... der Dichter oder der ... Liebende ... erfährt, so klage nicht darüber, daß du nicht ständig das Gesicht, das begeistert, vor Augen hast. Denn es gibt deren so brennende, daß sie den verzehren, der sie anschaut. Das Fest ist nicht für alle Tage bestimmt.

Die Stadt in der Wüste

JEDES LÄCHELN, JEDE MÜDIGKEIT, ALLES

*O*bwohl es dir also durch dein Ziel, eben wegen seiner Größe, nicht erspart bleibt, dein Zimmer noch ein weiteres Mal beim Morgengrauen zu kehren oder jene Handvoll Gerste nach so vielen anderen auszusäen oder einen bestimmten Arbeitsvorgang zu wiederholen oder deinen Sohn durch ein Wort mehr oder durch ein Gebet zu belehren …, möchte ich dich dennoch im Genusse der sicheren Erkenntnis sehen, daß weder dein Mahl noch dein Gebet noch deine Ackerarbeit noch dein Kind noch dein Fest bei den Deinen noch der Gegenstand, mit dem du dein Haus ehrst, entscheidend sind, denn es handelt sich bei ihnen nur um die Voraussetzung, den Weg und den Durchgang …

Und ich erlaube dir nicht zu sagen: Wozu dient mir dieses Besenkehren, diese Bürde, die ich mitschleppen, dieses Kind das ich nähren, dieses Buch, aus dem ich lernen muß? Denn wenn es in der Ordnung ist, daß du einnickst und von der Suppe und nicht vom Reich träumst, wie die Schildwachen zu tun pflegen, so ist es auch geboten, daß du dich für den Besuch bereithältst, der sich nicht ankündigt, aber für einen Augenblick dein Auge und Ohr hell macht und dein trauriges Besenkehren in eine Kulthandlung verwandelt, die sich nicht in Worte fassen läßt …

Jedes Herzklopfen, jedes Leid, jedes Verlangen, jede Schwermut am Abend, jede Mahlzeit, jede Mühe bei der Arbeit, jedes Lächeln, jede Müdigkeit im Laufe des Tages, jedes Erwachen, jedes Wohlbehagen beim Einschlafen – sie alle erhalten ihren Sinn durch den Gott, der durch sie hindurch zu lesen ist.

Die Stadt in der Wüste

Wenn sich alles verwandelt

VERWANDELN, WIE ES DIR GEMÄSS IST

*D*u hast nichts zu erhoffen, wenn du blind bist gegenüber jenem Licht, das nicht von den Dingen, sondern vom Sinn der Dinge herrührt ... Es bedarf eines Zieles. Dein Schwimmen ist schön, wenn es dir ein Ufer erschafft, das langsam das Leichentuch des Meeres abstreift. Und schön ist die knarrende Zugwinde, die dir dein Trinkwasser heraufbringt. Desgleichen das goldene Korn, das Ufer der schwarzen Pflugerde. Desgleichen das Lächeln des Kindes, das Ufer der häuslichen Liebe. Desgleichen das Gewand mit goldenem Filigran, das langsam für das Fest genäht wurde. Und zu was wirst du innerlich, wenn du nur um des Geräuschs der Zugwinde willen die Kurbel drehst; wenn du das Kleid um des Kleides willen nähst; wenn du um der Liebe willen liebst? Schnell erschöpfen sich [diese Dinge], denn sie haben dir nichts zu geben ...

Du wirst nicht den Frieden finden, wenn du nichts verwandelst, wie es dir gemäß ist. Wenn du nicht zu Gefährt, Weg und Beförderung wirst.

Die Stadt in der Wüste

Ein Lächeln ist oft das Wesentliche

STILLE UNORDNUNG

*U*nd dann: unter all den zweifelhaften Dingen gibt es doch auch so viele, die fügsam sind. Sie [Genoveva] gebot über ihre Bücher, ihre Blumen und über ihre Freunde. Mit ihnen allen unterhielt sie Verträge. Sie kannte das Zeichen, das ein Lächeln hervorzaubert, wußte das Losungswort, das einzig wirksame: »Ah, da sind Sie ja, mein alter Astrolog …« –

Und wenn Bernis eintrat: »Setzen Sie sich, verlorener Sohn …« So war jeder mit ihr verbunden, durch ein Geheimnis, durch die zarte Gewißheit, von ihr entdeckt und erkannt zu werden. Und die harmloseste Freundschaft wurde dadurch reich und tief wie ein Verbrechen. »Genoveva«, sagte Bernis, »Sie sind Königin über alle Dinge.«

Sie rührte ein wenig an den Möbeln ihres Zimmers, rückte jenen Armsessel um ein geringes, und schon hatte der Freund das überraschende Gefühl, den Platz in der Welt gefunden zu haben, der für ihn der richtige war. War der Tag vorbei mit all dem Leben, das er gebracht hatte, so gab es allerlei stille Unordnung im Zimmer, verstreute Notenblätter, verwelkte Blumen – alles, was man hienieden liebt und doch durcheinanderbringt. Aber Genoveva verstand es, lautlos den Frieden in ihrem Königreich wiederherzustellen.

Südkurier

Wenn sich alles verwandelt

GENOVEVA (1)

Genoveva – als ich diese Worte in Bernis' Brief gelesen hatte, mußte ich die Augen schließen – und da sah ich dich wieder, kleines Mädchen. Fünfzehn Jahre, und wir, wir waren dreizehn Jahre alt. Wie hättest du auch in unserer Erinnerung älter werden sollen? Du warst für uns dasselbe schmächtige Kind geblieben, und nur dies konnten wir uns vorstellen, wenn wir später von dir hörten ...

Denn du warst eine Fee. Ich weiß es noch gut. Du wohntest in einem alten Haus mit dicken Mauern. Ich sehe dich in der tiefen Fensternische stehen, auf die Ellbogen gestützt, um nach dem aufsteigenden Mond zu schauen. Ringsum in der Ebene wurden die abendlichen Geräusche laut, die Grillen ließen ihre Flügel zirpen, die Frösche quakten drauflos, und die Glocken der heimkehrenden Kühe läuteten. Der Mond stieg höher. Manchmal klang aus dem Dorf das Totengeläute und trug über die Felder hin den Heimchen und den Zikaden das Unerklärliche zu, den Tod. Und du beugtest dich weiter vor, im Herzen bewegt, doch nur für die liebenden Brautleute, denn nichts ist bedrohter als grüne Hoffnung. Aber der Mond stieg höher. Da fingen die Nachtkäuze an, einander liebend zuzurufen, und übertönten das Totenglöckchen, und die umherschweifenden Hunde sammelten sich im Kreis und heulten zum Mond hinauf. Jeder Baum, jeder Grashalm, jedes Schilfrohr war voll heimlichen Lebens. Und der Mond stieg noch immer. Du aber nahmst uns bei den Händen und wolltest, daß wir zuhören, denn das seien die Geräusche unserer Erde, die gut sind und Zuversicht geben.

Südkurier

Ein Lächeln ist oft das Wesentliche

GENOVEVA (II)

*W*ir aber wollten wissen, ob es möglich sei, dich leiden zu machen, dich so fest in die Arme zu schließen, daß dir der Atem ausginge, denn wir fühlten in dir ein Menschliches schlummern und wollten es zum Leben wecken: eine Zärtlichkeit, ein Leid, und es sollte in deinen Augen aufleuchten. Da schlang Bernis die Arme um dich, deine Wangen wurden rot. Er umschlang dich fester, in deinen Augen glänzten Tränen, und es war doch kein häßlicher Zug um deine Lippen, wie bei alten Frauen, wenn sie weinen. Bernis aber sagte, daß deine Tränen aus dem Herzen kämen, das dir unversehens schwer geworden, daß sie kostbarer seien als Diamanten, und wer sie dir einst von den Lidern wegtränke, der würde unsterblich. Und er sagte auch, daß du in deinem Leib verborgen seist wie die Nixe unter dem Wasserspiegel und daß er vielerlei Zauberkünste wisse, um dich aus der Tiefe heraufzulocken, aber das sicherste Mittel sei, dich weinen zu machen. So also wußten wir dir Liebe abzulisten. Aber wenn wir dich freigaben, lachtest du, und dieses Lachen brachte uns in Verwirrung. Du warst wie ein Vogel, der jählings davongeflogen ist, weil die Hand, die ihn festhielt, sich ein wenig gelockert hatte.

Südkurier

Wenn sich alles verwandelt

GENOVEVA (III)

*D*u warst so wohlbehütet von diesem Hause und, rings um das Haus, von diesem lebendigen Gewand der Erde. Allerlei Bündnisse hattest du geschlossen mit den Linden, den Eichen und mit den weidenden Herden, daß wir dich ihre Königin nannten. Dein Antlitz wurde still und stiller, wenn die abendliche Welt allmählich für die Nacht in Ordnung gebracht wurde. »Der Pächter hat das Vieh heimgeführt.« Das wußtest du, wenn in den fernen Ställen die Lichter sich entzündeten. Ein dumpfer Lärm: »Man macht die Schleuse zu.« Alles war in Ordnung. Endlich der Schnellzug, der um sieben Uhr abends herandonnerte, das Land durchraste und entschwand, um deine Welt von dem zu säubern, was unruhig und beweglich war und ungewiß, wie ein Gesicht hinter dem Fenster eines Schlafwagens. Dann war das Essen in einem Speisezimmer, das zu hoch und schlecht beleuchtet war, und da warst du uns die Königin des Abends, denn wir überwachten dich ohne Unterlaß, wie zwei Spione. Da saßest du still zwischen alten Leuten, umgeben vom Holzgetäfel des Raumes, und wenn du dich vorbeugtest, bot sich nichts als dein Haar dem Goldglanz des Lichtkegels, den die Lampenschirme freiließen, du warst vom Licht gekrönt, warst Königin. Als eine Ewige erschienst du uns, denn du warst mit allen Dingen so voll vertraut, warst ihrer sicher und sicher deiner Gedanken, deiner Zukunft, du warst Königin …

Südkurier

Ein Lächeln ist oft das Wesentliche

GENOVEVA (IV)

»Genoveva, lies uns Verse vor!«
Man traf dich selten lesend, und wir meinten, du wüßtest
schon alles. Nie hatten wir dich über etwas verwundert gesehen.
»Lies uns doch Verse vor!«
Da lasest du denn, und uns war das eine richtige Unterweisung,
für die Welt, für das Leben, eine Unterweisung, die uns nicht vom
Dichter herkam, sondern aus dem eigenen Wissen. Kummer, von
Liebenden gelitten, und Tränen, von Königinnen geweint, wurden für
uns große, stille Dinge. Die Menschen starben dahin an der Liebe,
aber in deiner Stimme war eine solche Ruhe ...
»Genoveva, sag, kann man wirklich an der Liebe sterben?«
Da hieltest du im Lesen inne und dachtest ernsthaft nach. Ohne
Zweifel suchtest du Antwort bei deinen Farnkräutern, bei deinen
Grillen und Bienen, und du sagtest:»Ja, weil doch die Bienen an der
Liebe sterben.«Das war also notwendig und in Ordnung.
»Genoveva, was ist das, ein Liebhaber?«
Wir wollten dich erröten machen, aber du wurdest nicht rot. Kaum
berührt von dieser Frage, schautest du auf den Teichspiegel hinaus,
der im Mondschein glitzerte. Da dachten wir, ein Liebhaber müsse
für dich so sein wie dieser Lichtstrahl auf dem Wasser.
»Genoveva, hast du einen Liebhaber?«
Diesmal würdest du rot werden! Aber nein, du lächeltest ganz
befangen und schütteltest den Kopf. In deinem Königreich bringt die
eine Jahreszeit die Blumen, eine andere die Früchte, und wieder eine
bringt die Liebe: das Leben ist so einfach.
Südkurier

Wenn sich alles verwandelt

GENOVEVA (v)

»Genoveva, weißt du, was wir später tun werden?« (Wir wollten dich blenden und nannten dich: schwaches Weib.) »Ja, du schwaches Weib, wir werden Eroberer sein.« Und wir erklärten dir das Leben: der Eroberer kehrt ruhmbeladen heim und macht eine, die ihm lieb war, zu seiner Geliebten. »Dann werden wir deine Liebhaber sein. Sklavin du, lies uns Verse vor!«

Aber du mochtest nicht mehr und warfst das Buch fort. Auf einmal stand dein Leben so sicher vor dir, wie wenn ein junger Baum spürt, daß er wächst und Früchte trägt. Es war nichts anderes da als das, was notwendig war. Wir, wir waren Eroberer aus Fabelland, du aber standest fest inmitten deiner Farnkräuter, deiner Bienen und Ziegen und im Glanze deiner Sterne, du hörtest deine Frösche quaken und fandest deine Zuversicht in all diesem Leben, das um dich her aus der nächtlichen Stille wuchs und das aus dir selbst erblühte, aus dem Federn deines Schrittes bis hinauf zur Beuge deines Nackens, und es war eine Zuversicht in ein Geschick, das nicht in Worte zu fassen und dennoch so sicher war.

Aber der Mond stand schon hoch, es war Schlafenszeit, da schlossest du das Fenster, und weil nun das Mondlicht durch die Scheiben glänzte, sagten wir dir, du hättest den Himmel wie einen Glaskasten zugemacht, so daß der Mond und eine Handvoll Sterne darin gefangen wären – denn wir waren ja darauf aus, mittels aller möglichen Sinnbilder und aller erdenklichen Fallen dich hinter den Anschein der Dinge zu führen, hinab in die Tiefe der Meere, wohin die Unruhe unserer Herzen uns rief ...

Südkurier

WIEDERSEHEN

Das Haus schimmerte weiß zwischen den Bäumen, aber wie im Traum gesehen und wie in unerreichbarer Ferne. Sollte es nur eine Spiegelung sein, im Augenblick, da das Ziel so nahe ist? Er stieg die breiten Steinstufen der Freitreppe hinan ... Die Halle war dunkel, ein weißer Hut lag auf einem Stuhl – war es der ihre? ... Ein Schritt im Nebenzimmer brachte Leben in das Haus. Ein leiser Schritt, wie von einer Nonne, die Blumen auf den Altar stellt ... Man unterschied Stimmen, Bernis lauschte:

»Glaubst du, daß sie diese Woche noch überlebt? Der Arzt ...« Die Schritte entfernten sich. Bernis schwieg beklommen. Wer mochte da im Sterben liegen? ... Wieder Stimmen. Sie sprachen liebevoll und so ruhig. Man war sich bewußt, daß der Tod im Hause eingekehrt war, und nahm ihn wie einen guten Bekannten auf, ohne sich abzuwenden. Da war nichts Phantastisches zu spüren ...

Er mußte sie wiedersehen, stieg leise die Treppe empor und öffnete die Tür. Im Zimmer war heller Sommer. Die Wände waren licht, das Bett weiß. Durch das offene Fenster flog der Sonnentag herein. Von einem weit entfernten Kirchturm klang der Glockenschlag, ruhig und verhalten, wie ein Herz schlägt, ein Herz ohne Fieber, wie man es haben soll. Sie schlief. Kostbarer Schlummer in der tiefen Sommermitte!

»Sie wird sterben ...« Bernis schritt leise weiter auf dem gebohnerten Parkett, das die Sonne widerspiegelte. Er wunderte sich über die Ruhe, die in ihm war. Aber nun seufzte sie auf, da wagte er nicht mehr, näher zu kommen, denn er fühlte eine machtvolle Gegenwart: wo ein Kranker liegt, füllt seine Seele weithin den Raum, und das ganze Zimmer ist wie eine einzige Wunde. Da wagt man es nicht, an ein Möbelstück anzustoßen, wagt es nicht, einen Schritt zu tun. Kein Lärm. Nur die Fliegen summten. Ein Rufen in der Ferne, wie eine bange Frage.

Südkurier

Wenn sich alles verwandelt

WIE EIN STÜCK WEG, DAS GEGANGEN WERDEN MUSS

Von draußen wehte ein frischer Windhauch leise ins Zimmer. ›Es wird bald Abend‹, dachte [Jacques] Bernis, ›da werden die Fensterläden geschlossen werden, die Lampe wird brennen; bald wird die Nacht auf der Kranken lasten wie ein Stück Weg, das gegangen werden muß. Die abgeblendete Lampe zieht den Blick magisch an ...‹ »Wer ist da?« fragte Genoveva.

Bernis trat heran. Er wollte ein zärtliches Wort, ein Wort der Teilnahme sagen, sich zu ihr niederbeugen, ihr helfen, sie in die Arme schließen, ihr Halt, ihr Kraft sein.

Er nannte sich: »Jacques«. Sie sah ihn starr an. »Jacques«, wiederholte sie, und es war, als müsse sie ihn mühsam aus der Tiefe ihres Gedächtnisses heraufholen. Sie wollte sich nicht an seine Schulter lehnen, nein, sie suchte in ihrer Erinnerung nach ihm. Sie hielt seinen Rockärmel fest, wie ein Schiffbrüchiger, der sich emporziehen möchte, aber nicht um etwas festzuhalten, was da ist und Hilfe bringt, sondern wie um ein Bild heraufzubeschwören ... Und sie schaute nur immerzu ...

Allmählich aber schien er ihr fremd zu werden. Sie erkennt diese Züge, diesen Blick nicht. Sie drückt seine Finger in ihrer Hand, wie um ihn erst herbeizurufen. Er kann ihr keine Hilfe bringen, er ist ja nicht der Freund, dessen Bild sie im Herzen trägt. Schon ist sie müde von seiner Gegenwart, sie drängt ihn von sich und wendet den Kopf ab.

Bernis ist weit, unendlich weit von ihr ...

Er entfernte sich ganz leise und durchschritt wieder die Halle, als einer, der von einer langen, langen Reise wiederkehrt, von einer seltsamen Reise, an die er sich nicht mehr erinnert. Fühlte er nun Schmerz? War er traurig? Er blieb stehen. Der Abend flog still herein, wie Wasser in einen lecken Schiffsraum sickert, die Gegenstände ringsum schwanden im Dämmerlicht ...

Südkurier

Ein Lächeln ist oft das Wesentliche

Nachbarschaft mit den Sternen

Zauber und Wirklichkeit meines Berufs

WERKZEUG DER ERKENNTNIS UND
SELBSTERKENNTNIS

*D*ie Erde schenkt uns mehr Selbsterkenntnis als alle Bücher, weil sie uns Widerstand leistet. Und nur im Kampf findet der Mensch zu sich selber. Aber er braucht dazu ein Werkzeug, einen Hobel, einen Pflug. Der Bauer ringt in zäher Arbeit der Erde immer wieder eines ihrer Geheimnisse ab, und die Wahrheiten, die er ausgräbt, sind allgültig. So stellt auch das Flugzeug, das Werkzeug des Luftverkehrs, den Menschen allen alten Welträtseln gegenüber und wird uns zum Werkzeug der Erkenntnis und der Selbsterkenntnis.

Wenn ich mit solchen Gedanken vor andere Menschen trete, ersteht mein erster Nachtflug in Argentinien vor mir, das Bild einer dunklen Flugnacht, in der nur die weitverstreuten Lichter in der Ebene gleich fernen Sternen leuchteten.

Jedes von ihnen meldete in diesem Weltmeer von Finsternis das Wunder eines Bewußtseins. Dort, in diesem Heim, da las ein Mensch, da dachte ein Mensch, da gingen vertraute Mitteilungen von Mund zu Ohr. Dort, in jenem anderen, da mühte sich ein Forschergeist, in den Weltenraum zu dringen, und zerbrach sich den Kopf mit Berechnungen über den Andromedanebel. Dort drüben hatten sich zwei Menschen lieb.

In weiten Zwischenräumen leuchteten die Feuer im Lande und forderten ihre Nahrung. Selbst die kleinsten und bescheidensten riefen, beim Dichter, beim Lehrer, beim Zimmermann. Aber in dem Raum zwischen diesen lebenden Sternen, wie viele verschlossene Fenster gab es da, erloschene Sterne, schlafende Menschen!

Wind, Sand und Sterne

Nachbarschaft mit den Sternen

UNSER BLICK IST SCHÄRFER GEWORDEN

*D*as Flugzeug ist wohl eine Maschine – indes welch ein unendlich fein empfindendes Gerät! Ihm danken wir die Entdeckung des wahren Gesichts unserer Erde. Jahrhundertelang hatten uns die Straßen getäuscht. Es ging uns wie jener Kaiserin, die ihre Untertanen besuchen wollte, um sich zu überzeugen, ob sie sich unter ihrer Herrschaft wohlfühlten. Ihre Hofleute aber wußten sie zu täuschen und statteten ihren Reiseweg mit allerlei Bildern von Volksglück aus und ließen bezahlte Statisten tanzen. Jenseits des schmalen Reiseweges sah sie nichts von ihrem Reich und ahnte nicht, daß im weiten Lande ringsum die Menschen Hungers starben und sie verfluchten.

So folgen auch wir dem gewundenen Lauf der Straßen. Sie vermeiden die Wüsteneien, Steinmeere und Sandflächen. Sie fügen sich den Bedürfnissen der Menschen und führen von Brunnen zu Brunnen. Und wenn schon einmal eine Straße es wagt, eine Wüste zu durchqueren, so dreht und wendet sie sich, um auch jede Oase genießerisch mitzunehmen.

Der Betrug dieser Windungen, diese frommen Lügen haben uns lange Zeit das Bild unseres Gefängnisses verschönert. Wir kamen ja auf unseren Reisen an so vielen wohlbewässerten Landstrichen, an reichen Obstgärten und fetten Wiesen vorbei. So schien uns unser Stern voll lebenspendender Feuchte und Lieblichkeit.

Aber unser Blick ist schärfer geworden, und wir haben einen grausamen Fortschritt erfahren. Das Flugzeug hat uns die wahre Luftlinie gelehrt. Kaum ist es aufgestiegen, so verlassen wir schon die Wege, die zu Tränken und Ställen führen oder sich von Stadt zu Stadt schlängeln ... Wir ... steuern unsere fernen Ziele geradewegs an. Erst auf diesen geradlinigen Flügen entdecken wir den Unterbau der Welt, die Schicht aus Fels, Stein und Salz, auf der an wenigen Stellen das Leben wie Moos an altem Gemäuer schüchtern zu grünen wagt.

Wind, Sand und Sterne

Zauber und Wirklichkeit meines Berufs

WEIT ÜBER DAS WOLKENMEER

Straßburg, 1921

*M*eine Idee, ein ziviles Patent zu erwerben, findet [Hauptmann de Billy] gut, möchte aber zuvor:

1. daß ich morgen die ärztliche Untersuchung und Gegenuntersuchung bestehe;

2. darüber mit dem Major reden, wegen der Auskünfte über die zivile Fluggesellschaft usw. ...

Ich bin voller Hoffnung, daß alles klappen wird, und dann werde ich Dir Nachricht geben.

Ich steige eben aus einem Spad-Herbemont und bin völlig durcheinander. Meine Vorstellungen über Raum, Entfernungen, Richtung sind dort oben ganz zusammenhanglos geworden. Wenn ich den Boden suchte, blickte ich bald nach oben, bald nach unten, nach rechts oder links. Ich glaubte mich in großer Höhe und wurde auf einmal durch ein senkrechtes Trudeln auf den Boden hinuntergedrückt. Ich glaubte, wir flögen sehr niedrig, und wurde durch die 500 PS des Motors in zwei Minuten auf 1000 Meter hochgesogen. Das tanzte, stampfte, rollte ... Oh la la!

Morgen steige ich mit dem gleichen Piloten bis auf 5000 Meter weit über das Wolkenmeer ...

Du kannst Dir nicht vorstellen, wie böse und grausam ein Spad-Herbemont aussieht. Es ist ein Flugzeug, das Schrecken einflößt. Damit würde ich leidenschaftlich gern fliegen. Es hält sich in der Luft wie ein Haifisch im Wasser, und so sieht es auch aus – wie ein Haifisch! Der gleiche sonderbar glatte Leib. Die gleiche geschmeidige und schnelle Fortbewegung. Das bleibt noch in der Luft, wenn es senkrecht auf den Flügeln steht ...

Kurzum, ich lebe in großer Begeisterung, und es wäre für mich eine bittere Enttäuschung, wenn ich morgen bei der ärztlichen Untersuchung durchfallen sollte ...

Briefe an seine Mutter

UNWIDERSTEHLICH

Straßburg, 1921

*D*er Hauptmann ließ mich heute früh rufen wegen meiner Bewerbung als Flugschüler. Ich hoffe, daß es klappen wird ... Habe eben die beiden ärztlichen Untersuchungen hinter mir und wurde für tauglich befunden, als Pilot Dienst zu tun.

Ich warte auf die militärische Genehmigung, die unverzüglich eintreffen wird ...

Mama, wenn Du wüßtest – je länger es sich hinzieht –, wie unwiderstehlich mein Wunsch ist, ein Flugzeug zu führen. Wenn ich es nicht erreiche, bin ich sehr unglücklich, aber ich werde es erreichen.

Drei Lösungen: 1. Eine Dienstverpflichtung von einem Jahr oder mehr. 2. Marokko. 3. Das zivile Diplom

Eine der drei werde ich wählen, denn sobald ich jetzt mein Diplom habe, werde ich fliegen.

Nur haben die ersten beiden Möglichkeiten gewisse Nachteile, und so sind wir, mit dem Hauptmann, zu dem Schluß gekommen, daß die dritte das Wahre wäre. Wenn ich das zivile Diplom habe, erhalte ich von Rechts wegen auch das militärische Diplom, ohne eine Dienstverpflichtung eingehen zu müssen.

Dein Telegramm beunruhigt mich – offensichtlich hängt ja von Dir letztlich die Sache ab, wegen der zivilen Kosten –, sofern ich nicht einen Pump aufnehme, was ich nicht tun will. Es scheint mir, als hättest Du vor, Dich dagegen zu stemmen!

Sag doch, daß Du das nicht tun wirst! Alles ist abgemacht, der Major ist schon mit der Sache befaßt. Hätte denn der Hauptmann nach Deinem Brief seine Zustimmung gegeben, wenn es Unsinn wäre? Sag doch, Mama? ... Wenn nichts daraus würde, ginge ich die Dienstverpflichtung ein; drei Jahre auf diese Weise wären mir lieber als zwei bei solch einem Leben, durch das man verblödet.

Briefe an seine Mutter

Zauber und Wirklichkeit meines Berufs

ICH VERGÖTTERE DIESEN BERUF

Paris, 1923

*V*ielleicht gehe ich im Frühjahr oder diesen Winter nach China, denn man sucht dort Piloten, und vielleicht könnte ich eine Fliegerschule leiten. Die pekuniären Bedingungen wären großartig. Ich tue gegenwärtig alles dafür, was ich kann ... Das Wetter ist traurig. Trotzdem bin ich am Sonntag in Orly geflogen. Ich hatte einen sehr schönen Flug.

Mama, ich vergöttere diesen Beruf. Du kannst Dir nicht vorstellen, welch eine Ruhe, welch eine Einsamkeit einem in viertausend Metern zuteil wird, wenn man mit seinem Motor allein ist.

Man liegt im Gras und schläft, während man darauf wartet, bis man an der Reihe ist. Man folgt mit den Augen dem Kameraden, auf dessen Flugzeug man wartet, und erzählt sich Geschichten. Sie sind alle phantastisch. Sie handeln von Notlandungen auf freiem Feld, von kleinen unbekannten Nestern, wo der gerührte und patriotische Bürgermeister die Flieger zum Essen einlädt ... und von märchenhaften Abenteuern. Fast alle sind soeben erfunden, aber jedermann ist baß darüber erstaunt, und wenn man selber startet, ist man in Abenteuerlaune und voller Hoffnung. Doch es passiert nichts ... und so tröstet man sich nach der Landung mit einem Portwein oder indem man erzählt: »Mein Motor wurde aber heiß, Mensch, ich hatte eine Angst ...« Er wurde so wenig heiß, der arme Motor ...

Briefe an seine Mutter

Nachbarschaft mit den Sternen

SIE KENNEN DIE VORSCHRIFTEN?

*E*ndlich kam der Tag, an dem auch ich in das Zimmer des Direktors gerufen wurde. Er sagte nur:»Sie fliegen morgen.« Ich blieb stehen und wartete, daß er mich entließ. Er aber fügte nach einer Pause noch hinzu:»Sie kennen die Vorschriften?« ...

Eine langsame Stimme wiederholte denn mit sehr viel Nachdruck noch einmal die Vorschrift:»Nach Kompaß fliegen ist schon schön; in Spanien über Nebelmeere so wegsteuern, das macht sich fein, aber ...« – und da wurde die Stimme noch langsamer und nachdrücklicker – »aber ... vergessen Sie nicht: unter den Wolken wartet auf Sie ... die Ewigkeit.«

Mit einem Schlage bekam die friedliche, einfache, klare Welt, auf die man stößt, wenn man aus den Wolken hinabtaucht, ein neues Gesicht. Auch diese Friedlichkeit war nur eine Falle, die dort zu meinen Füßen lauerte. Nicht geschäftige Menschheit wogte da unten, nicht der Betrieb und der lebhafte Verkehr der Städte. Nein, da herrschte noch ein tieferes Schweigen, ein Friede ohne Wiederkehr. Das weiße Gewoge war die Grenze von Sein und Nichtsein, ein schauerlich schneller Übergang von der Welt des Bekannten in das Reich des Unwißbaren. Leise ahnte ich, daß ein Schauspiel nur dann Sinn hat, wenn man es auf eine Bestrebung, auf eine Gesittung, auf ein menschliches Tun beziehen kann. Die guten Gebirgler kennen die Wolkenmeere wohl; aber sie vermögen doch in ihnen nicht die geheimnisvolle Scheidewand zu erkennen, die sie für mich bedeuteten.

Wind, Sand und Sterne

Zauber und Wirklichkeit meines Berufs

UNFEIERLICHE WEIHE

*U*m drei Uhr früh wurde ich geweckt. Ich schlug mit raschem Griff die Gardinen zurück, sah, daß es in der Stadt regnete, und zog mich in ernster Stimmung an. Eine halbe Stunde später saß ich draußen auf meinem Köfferchen und wartete am regenglänzenden Bürgersteig auf den Autobus. So viele Kameraden hatten am Tag ihrer Flugtaufe genau so gewartet, und auch ihnen war wohl ein wenig eng ums Herz gewesen. Endlich bog er um die Ecke, ein vorsintflutliches Fahrzeug ... ich verstaute mich auf der langen Bank zwischen dem schlaftrunkenen Zollwärter und einigen Schreibern aus der Verwaltung ...

An jenem Morgen meines ersten Fluges machte ich diese unfeierliche Weihe durch wie alle anderen. Mir fehlte dabei das rechte Selbstvertrauen, wenn ich so durch die Scheiben hinaussah, wie sich die Straßenlampen auf nassem Asphalt spiegelten und auf den Pfützen kleine Wellen vom Winde hingejagt wurden ... Ich wandte mich an den Inspektor: »Schlechtes Wetter, was?« Er sah mechanisch zum Fenster hinaus und knurrte nach einer Weile: »Danach kann man nicht gehen.« ...

Wie vielen von uns hatte dieser Autobus das letzte feste Dach geboten? Sechzig, achtzig? Alle hatte derselbe schweigsame Fahrer an einem trüben Morgen gefahren. Ich sah mich um. Wie kleine Glühwürmchen standen die Zigaretten in der Dunkelheit. Hinter jeder zogen unbedeutende Gedanken durch eine angegraute Beamtenstirn. Wie vielen von uns hatten diese Leute das letzte Geleit gegeben? Ich erhaschte einige Bruchstücke von den Gesprächen, die leise geführt wurden. Da ging es um Krankheiten, Geldsorgen und allerlei häusliche Nöte. Jedes Wort ließ die kalte Gefängnismauer ahnen, hinter der diese Leute sich selbst eingeschlossen hatten.

Mir war, als sähe ich plötzlich das Antlitz des Schicksals vor mir.
Wind, Sand und Sterne

ICH LESE MEINEN WEG IN DEN STERNEN

*D*u alte Beamtenseele. Kamerad an meiner Seite! Nie hat dir jemand den Weg ins Freie gezeigt, und du kannst nichts dafür. Du hast dir deinen Frieden gezimmert, indem du wie die Termiten alle Ritzen verstopft hast, durch die das Licht zu dir drang und dich hinauslockte. Du hast dich eingerollt in deine bürgerliche Sicherheit, in deine Routine, in die erstickenden Bräuche deines abgeschirmten Lebens. Du hast dieses bescheidene Bollwerk aufgerichtet gegen Sturm und Flut und Gestirne. Du willst dich nicht mit großen Problemen belasten, du hattest genug zu tun, dein Menschentum zu vergessen. Du fühlst dich nicht als Bewohner eines Planeten, der durch den Weltraum irrt, du stellst keine Fragen, auf die du keine Antwort bekommst; nein, du bist ein braver kleiner Bürger von Toulouse. Keiner hat dich an den Schultern gepackt, als es noch Zeit war. Nun ist der Lehm, aus dem du gemacht bist, eingetrocknet und hart, und niemand könnte mehr den Musiker, den Dichter, den Sternenforscher aufwecken, die vielleicht einst in dir gewohnt haben.

Ich beklage mich nicht mehr über den peitschenden Regen. Der Zauber meines Berufs erschließt mir eine Welt, in der ich mich in knapp zwei Stunden mit den schwarzen Drachen und Bergspitzen einlassen werde, die blaue Blitze umwallen, eine Welt, in der ich in Freiheit, wenn die Nacht kommt, meinen Weg in den Sternen lese.

Wind, Sand und Sterne

Zauber und Wirklichkeit meines Berufs

KRAFT FREIGEBEN ZUM HÖHENFLUG

Toulouse 5.45 h.

*D*ie mächtigen Räder drücken die Bremsklötze nieder. Der Propeller macht Wind, daß das Gras bis auf zwanzig Meter hinwegweht. Mit einer Handbewegung entfesselt oder beruhigt Bernis diesen Sturm.

Im Auf und Ab wird der Lärm immer dröhnender und ist bald wie etwas Festes, Dichtes, das alles Körperliche umfängt. Wenn der Pilot fühlt, wie ihm daraus eine Fülle, eine Sättigung steigt, denkt er: jetzt ist's recht. Dann schaut er nach vorn, auf die schwarze Haube, die sich gegen den hellwerdenden Himmel stemmt, wie ein Geschütz. Um die Luftschraube erzittert die Landschaft im Morgengrauen.

Noch rollt das Flugzeug, langsam, bei Gegenwind; da zieht der Pilot den Gashebel. Im Bann des Propellers stößt der Apparat in die Höhe. Die ersten Sprünge wiegen sich in der elastischen Luft, dann scheint der Erdboden sich zu spannen, er leuchtet unter den Rädern auf wie ein Treibriemen, der in Gang kommt. Der Pilot prüft die Luft, die anfangs dünn ist, dann fließend wird, endlich fest genug, er stützt sich an ihr empor und steigt.

Die Bäume, die zunächst die Fahrt begleiteten, geben den Horizont frei, dann verschwinden sie. In zweihundert Meter Höhe kann man sich noch hinabbeugen wie zu einer Landschaft, die ein Kind aufgebaut hat, wo die Bäume geradestehen, bemalte Häuser dazwischen, und auch der Wald hat etwas Künstliches an sich, wie ein grüner Pelz: bewohnte Erde ...

Bernis sucht die beste Rückenhaltung, die richtige Ellbogenlage, die er braucht, um sich wohl zu fühlen ... Immer weniger bremst er seinen Apparat, der steigen will, und gibt etwas von der Kraft frei, die er mit der Hand zügelt. Jede Bewegung seines Handgelenks befreit eine Kraftwelle, die ihn mit emporhebt und in seinem Körper höher und höher flutet.

Südkurier

SCHWER UND VOLLER LEICHTIGKEIT

So nährt mich jede Minute mit ihrem Inhalt. Ich bin ebensowenig ängstlich wie eine reifende Frucht. Sicherlich werden die Flugbedingungen sich um mich ändern. Die Bedingungen und die Probleme. Aber ich bin in den Werdegang dieser Zukunft eingeschaltet. Die Zeit knetet mich nach und nach zurecht. Das Kind hat keine Angst davor, auf Dauer zum Greis zu werden. Es ist Kind und spielt mit seinem Kinderspielzeug. Auch ich spiele. Ich zähle die Zeigerstellungen, die Griffe, die Knöpfe, die Hebel in meinem Reich. Ich zähle einhundertdrei Dinge zum Nachsehen, Ziehen oder Drücken ...

Dieses ganze Gewirr von Röhren und Kabeln ist zu einem Kreislaufsystem geworden. Ich bin ein Organismus, der sich zu einem Flugzeug ausgeweitet hat. Das Flugzeug verschafft mir Wohlbefinden, wenn ich einen bestimmten Knopf drehe, der nach und nach meine Kleidung und meinen Sauerstoff aufwärmt. Der Sauerstoff ist übrigens überhitzt worden, und nun verbrennt er mir die Nase.

Dieser Sauerstoff wird je nach der Höhe durch ein kompliziertes Instrument dosiert ... Denn der Organismus spürt das Aussetzen des Sauerstoffs nicht. Es macht sich durch ein vages Wohlbefinden bemerkbar, das in einigen Sekunden zur Ohnmacht und in wenigen Minuten zum Tod führt. Die ständige Überprüfung der Sauerstoffzufuhr ist daher unbedingt erforderlich ... Ich quetsche also ruckweise die Zuleitung meiner Maske etwas, um auf meiner Nase die warmen, lebenspendenden Gasstöße zu spüren ...

Das Flugzeug nährt mich also ... Mein Gewicht hat sich nunmehr auf Unterlagen verteilt. Meine dreifach dicken Kleider übereinander, mein schwerer Fallschirm am Rücken ruhen auf dem Sitz. Meine ungeheuren Fliegerpelzstiefel stützen sich auf die Fußsteuerung. Meine Hände mit den dicken steifen Handschuhen, die auf dem Erdboden so ungeschickt sind, betätigen das Höhensteuer mit Leichtigkeit ...

Flug nach Arras

Zauber und Wirklichkeit meines Berufs

BERG, MEER UND STURM

Selbst bei ruhigstem Wetter erlebt der Verkehrsflieger, der irgendwo seinen Streckenabschnitt befliegt, kein gewöhnliches Schauspiel. Die Farben von Erde und Himmel, die Spuren des Windes auf dem Meere, die Wolken, die das Abendrot vergoldet, das alles sind für ihn nicht Gegenstände der Bewunderung, sondern des Nachdenkens. Der Bauer, der über sein Land hinschreitet, spürt aus tausend Anzeichen das Kommen des Frühlings, die Drohung des Spätfrostes und die Verheißung des Regens. Der Berufsflieger erkennt ebenso die Zeichen des Schnees, die Zeichen des Nebels, die Zeichen einer friedlichen Nacht. Die Maschine scheint uns von der Natur zu entfernen. Und gerade sie unterwirft uns mit ganz besonderer Strenge den ewigen Naturgesetzen. Mutterseelenallein vor dem gewaltigen Gerichtshof, den ein stürmischer Himmel eingesetzt hat, verteidigt der Flieger seine Post gegen drei Naturgottheiten: Berg, Meer und Sturm.

Wind, Sand und Sterne

DIE WELT IST AUSGEBREITET

*C*arcassonne, mit seinem Notlandeplatz, verschwindet tief unter [dem Piloten]. Wieder eine Welt, die so wohl geordnet ist. – Dreitausend Meter! – Geordnet wie das Kinderspielzeug in der Schachtel. Häuser, Kanäle, Straßen, alles Spielzeug der Menschen. Eingeteilte Welt, Viereck um Viereck, jedes Feld grenzt an seinen Rain, jeder Garten hat seine Mauer. Carcassonne, wo jede Krämerin das Leben ihrer Großmutter wiederlebt. Armseliges Glück, kleingepflastert. Alles Spielereien des Menschenvolks, nett aufgehoben im Glaskasten.

Ja, diese Welt im Glaskasten, viel zu sehr zur Schau gestellt, zu ordentlich ausgebreitet, die Städte abgezirkelt auf der offenen Karte; die Erde entrollt sich langsam und bringt ihm alles so pünktlich dar wie Flut und Ebbe. Es fällt ihm ein, daß er allein ist. Auf dem Zifferblatt des Höhenmessers spielt die Sonne. Eine helle, kalte Sonne. Jetzt ein Hebelgriff, das Seitensteuer wirkt: die ganze Landschaft verrinnt. Das Licht wird plötzlich schimmernd, der Erdboden scheint zu leuchten: alles, was den Zauber, den Duft, die Weichheit der lebendigen Dinge ausmacht, ist weggeweht.

Und doch – unter dem Lederrock ist Fleisch, warm und – vergänglich, Bernis! In den dicken Handschuhen leben Hände, wunderbare Hände – weißt du, Genoveva, Hände, die es verstanden, mit dem Rücken ihrer Finger ganz leicht über deine Wangen zu gleiten …

Südkurier

VON DER SONNE IN GLANZ GEHÜLLT

*N*un ist der Himmel klar. Die Wetterwarte hatte es vorhergesagt: »Himmel zu einem Viertel mit Zirruswolken bedeckt ...« Jawohl, ein Himmel wie für Volksfeste, wie für den 14. Juli. Es müßte heißen:»In Malaga ist heute Feiertag!« Jeder Bewohner hat zehntausend Quadratmeter Himmel über sich, klaren Himmel, der bis zu den Zirruswolken reicht. Und das Aquarium da unten war noch nie so groß und leuchtend. Wie daheim im Golf, an einem Regattenabend: blauer Himmel, blaues Meer, die Matrosenkragen sind blau und die Augen des Kapitäns auch. Urlaub in Freuden!

Fertig: dreißigtausend Briefe sind herübergebracht. Die Fluggesellschaft hat gut reden: der Kurier ist wertvoll, viel wertvoller als das Leben. Jawohl, Lebenselixier für dreißigtausend Verliebte ... Geduld, ihr Liebenden! Wenn der Abend seine Lichter aufsteckt, sind wir bei euch. – Die schweren Wolken, vom Wirbelsturm wie in einen einzigen Riesenzuber zusammengepeitscht, liegen hinter [dem Piloten] Bernis. Vor ihm ein Land, von der Sonne in Glanz gehüllt; bekleidet mit dem hellen Gewand der Wiesen und der dunklen Wolle der Wälder, weiterhin schwebt der gekräuselte Schleier des Meeres. Über Gibraltar wird es schon Nacht sein. Dann löst eine Linkskurve, gegen Tanger zu, Bernis völlig von Europa – mag es hinter ihm wie ein riesiger Eisberg zerrinnen ...

Noch einige Städte, die aus braunem Lehm wachsen, dann Afrika. Und wieder einige Städte, aus schwarzem Lehm, dann die Sahara. Bernis darf heute abend zusehen, wie die Erde sich sacht entkleidet.

Südkurier

MAN MUSS ETWAS AUFS SPIEL SETZEN

*I*ch liebe meinen Beruf. Und daß man dabei etwas aufs Spiel setzt, denn ich glaube nicht, daß es noch härter sein könnte. Es gefällt mir, wenn manchmal ein Pilot bei uns durchkommt und man ihn nicht zu seiner Gewandtheit oder seiner Ausdauer, sondern zu seinem Mut beglückwünschen muß. Und daß man ihm dann mit einem zögernden »Gut gemacht!« den Dank dafür abstattet, daß er seine Haut zu Markte getragen oder Passagieren das Leben gerettet hat ... Ich übertreibe nicht, das schwöre ich Ihnen. Ich hätte nicht gedacht, daß ein Flugzeug solche Stürme aushalten kann. Ich mußte mir erst sagen: ›Die anderen gehen auch nicht entzwei‹, damit ich weitermachen konnte. Ich glaubte nicht, daß einen der Sturm so hinunterdrücken kann und daß man, obwohl man sich mit dem auf vollen Touren laufenden Motor dagegen stemmt, von dreitausend auf zwanzig Meter hinabgerissen wird, um erst in zwanzig Meter Höhe ein Luftpolster zu finden. Man hatte mir vorher gesagt, daß ich die Maschine knapp über dem Boden wieder fangen könnte. Sonst hätte ich den Dingen ihren Lauf gelassen. Ich fühlte mich derart zum Spielball geworden. Ich frage mich aber, welch ein Gesicht der erste Pilot gemacht haben muß, falls er das nicht nach und nach herausgefunden hat.

Und der Nebel! Ein Kamerad, der heute abend zurückkam und dabei völlig in den Nebel hineingeriet, mußte sich an das sichtbare Dach eines Bauernhofs halten und eine Stunde fünfundzwanzig Minuten darüber kreisen, bis er nicht mehr blind war. Er konnte nicht anders, denn er befand sich mitten in einem Tal. Und wenn man es riskieren will, im Nebel eine Gegend zu überfliegen, in der die Berggipfel von Wolken umhüllt sind, so ist das ja, wie man mich gelehrt hat, »recht nett«, aber darunter verbirgt sich die Ewigkeit.

Briefe an Lucie-Marie Decour

ES IST MEIN FLUGZEUG

*D*er kleine Prinz, der viele Fragen an mich richtete, schien die meinen nie zu hören. Zufällig aufgefangene Worte haben mir nach und nach sein Geheimnis enthüllt. So fragte er, als er zum erstenmal mein Flugzeug sah (ich werde mein Flugzeug nicht zeichnen, das ist eine viel zu komplizierte Sache für mich): »Was ist das für ein Ding da?«

»Das ist kein Ding. Das fliegt. Das ist ein Flugzeug. Es ist mein Flugzeug.«

Und ich war stolz, ihm sagen zu können, daß ich fliege. Da rief er: »Wie! Du bist vom Himmel gefallen?«

»Ja«, sagte ich bescheiden.

»Ah! Das ist ja lustig ...«

Und der kleine Prinz bekam einen ganz tollen Lachanfall, der mich ordentlich ärgerte. Ich lege Wert darauf, daß meine Unfälle ernstgenommen werden. Er aber fuhr fort:

»Also auch du kommst vom Himmel! Von welchem Planeten bist du denn?«

Da ging mir ein Licht auf über das Geheimnis seiner Anwesenheit, und ich fragte hastig: »Du kommst also von einem anderen Planeten?«

Aber er antwortete nicht. Er schüttelte nur sanft den Kopf, indem er mein Flugzeug musterte:

»Freilich, auf dem Ding da kannst du nicht allzuweit herkommen ...«

Und er versank in eine Träumerei, die lange dauerte. Dann nahm er mein Schaf aus der Tasche und vertiefte sich in den Anblick seines Schatzes.

Der kleine Prinz

BLANK VOR ANGST

*G*estern war ich sehr weit fort. So weit, daß ich noch nicht ganz wieder da bin und mir etwas fern, etwas nachsichtig vorkomme. Ich glaubte, diesmal wäre es wirklich aus mit mir; so sicher war ich noch nie, selbst nicht bei meinem großen Unfall. Ich ging von dreitausend herunter, da spürte ich einen Stoß – ich hielt es für den Bruch einer Fläche –, und dann geriet meine Maschine allmählich ganz durcheinander. Bei zweitausend hatte ich alle Knöpfe durchgedrückt, mir blieb kein Spielraum mehr … Fast verwundert betrachtete ich die Felder, auf denen ich zerschellen sollte. Das war für mich etwas Neues. Ich fühlte mich ganz weiß, ganz blank vor Angst werden. Es war eine uferlose, aber nicht widerwärtige Angst. Eine neue, undefinierbare Erkenntnis.

Es war kein Bruch, und ich konnte bis zum Boden durchhalten. Doch nicht eine Sekunde hatte ich das geglaubt. Als ich aus dem Flugzeug sprang, sagte ich kein Wort. Ich war über alles voller Verachtung und dachte, man würde mich niemals verstehen. Jedenfalls nicht das Wesentliche. In welch eine Welt ich mich eingeschmuggelt hatte. Eine Welt, von der man nicht oft zurückkehrt, um sie zu beschreiben. Und wie unvermögend sind Worte, wie kann man diese Felder und diese ruhige Sonne wiedergeben! Wie kann man sagen: ›Ich habe die Felder, die Sonne verstanden …‹ Und doch war es so. Einige Sekunden lang spürte ich die strahlende Ruhe dieses Tages in ihrer ganzen Fülle. Eines Tages, fest gebaut wie ein Haus, in dem ich mich heimisch fühlte, in dem es mir gut ging, aus dem ich verstoßen werden sollte. Eines Tages mit seiner Morgensonne, seinem hohen Himmel und dieser Erde, in die man friedlich feine Furchen hineinwirkte. Welch liebliches Geschäft.

Briefe an Rinette

EINFAHRT IN DIE NACHT

*I*ndessen stieg die Nacht herauf wie dunkler Rauch und füllte schon die Täler. Die Formen der Ebene unterschied man nicht mehr. Aber dafür blitzten jetzt die Dörfer auf, Sternbilder, die einander antworteten. Und auch er (der Pilot) ließ mit dem Finger seine Positionslichter blinken zur Antwort. Die ganze Erde war übersponnen von Lichtgrüßen, jedes Haus zündete seinen Stern an vor der unendlichen Nacht, gleichwie man das Feuer eines Leuchtturms gegen das Meer wendet. Alles, was Menschenleben barg, glitzerte … Wie in einen Hafen war diesmal die Einfahrt in die Nacht, sacht und schön.

Das Radium der Zeiger begann zu leuchten. Eine nach der andern prüfte der Pilot die Ziffern und war zufrieden … Er tippte mit dem Finger an einen Stahlspanten und fühlte das Leben durch das Metall rieseln: Dieser Stahl vibrierte nicht, er lebte. Die fünfhundert Pferdekräfte des Motors erweckten in der Materie einen ganz leisen Strom, der ihre Eishärte in samtenes Fleisch verwandelte. Wieder einmal empfand der Pilot im Flug weder Schwindel noch Rausch, sondern nur das geheimnisvolle Arbeiten einer lebendigen Substanz.

Nachtflug

HUNGER NACH LICHT

*E*r hätte noch immer kämpfen, seine Chance versuchen können: es gibt kein äußeres Verhängnis. Aber es gibt ein inneres Verhängnis: es kommt ein Augenblick, in dem man entdeckt, daß man verwundbar ist; dann wird man zu falschen Entschlüssen hingezogen wie der Schwindlige in den Abgrund.

Und in ebendiesem Augenblick war es, daß über seinem Kopf in einer Lücke des Gewölks ein paar Sterne sichtbar wurden, wie ein tödlicher Köder am Grund einer Reuse.

Er sagte sich wohl, daß das eine Falle sei: man sieht drei Sterne in einem Loch, man steigt zu ihnen hinauf, dann kann man nicht wieder hinunter und mag da oben bleiben und Sterne beißen ...

Aber sein Hunger nach Licht war so stark, daß er aufstieg, ... die Schwankungen nun besser ausgleichend, dank dem Halt, den sein Blick an den Sternen hatte. Ihr blasser Schein zog ihn magnetisch an. Er hatte so lange auf der Suche nach einem Licht geschmachtet, daß er auch von dem dürftigsten nicht wieder abgelassen hätte, sondern hungrig darumgekreist wäre, wie um einen Herbergsschimmer, bis an seinen Tod. Und hier stieg er zu ganzen Gefilden von Licht hinauf.

Er erhob sich nach und nach in dem Brunnenschacht, der sich über ihm geöffnet hatte und sich unter ihm wieder schloß. Und die Wolken verloren, je höher er stieg, ihre schmutzige Düsternis, glitten wie immer reinere und weißere Wogen auf ihn zu. Fabien tauchte empor.

Staunen überwältigte ihn: die Helligkeit war so, daß sie ihn blendete. Er mußte sekundenlang die Augen schließen. Er hätte nie zuvor geglaubt, daß Wolken bei Nacht blenden könnten. Aber der volle Mond und alle Sternbilder verwandelten sie in ein gleißendes Meer.

Das Flugzeug war mit einem Schlage, mit der Sekunde, in der es hervortauchte, in eine Stille geraten, die wie ein Wunder schien.

Nachtflug

Zauber und Wirklichkeit meines Berufs

ZAUBERSPHÄREN

*E*s war Fabien zumute, als sei er in Zaubersphären geraten, denn alles wurde leuchtend, seine Hände, seine Kleider, seine Tragdecke, und das Licht kam nicht von den Gestirnen herab, sondern löste sich, unter ihm und rings um ihn her, aus dieser weißen Fülle. Die Wolken drunten strahlten allen Schnee wider, den sie vom Monde empfingen. Die rechts und links, hoch wie Türme, desgleichen. Eine Milch von Licht floß und schwamm allenthalben, in der das Flugzeug badete. Fabien sah sich um und sah, daß der Funker lächelte …

»Ich bin vollkommen wahnsinnig!« dachte Fabien, »daß ich hier lächle: wir sind verloren.«

Sie irrten unter Sternen umher, die dichtgehäuft waren wie ein Schatz … Gleich jenen Dieben im Märchen, die in die Schatzkammer eingemauert sind, aus der sie nicht wieder herauskommen werden. Unter eisfunkelndem Geschmeide irren sie umher, unermeßlich reich, doch zum Tode verurteilt.

Nachtflug

TRÜGERISCHE LEUCHTFEUER

*A*uch ich erinnere mich an eine der Stunden, in denen man die Grenzen der wirklichen Welt überschreitet. Eines Nachts hatten uns die Peilungen, die uns von den Flugplätzen um die Sahara zukamen, ständig irregeleitet. Wir hatten uns weit verflogen, der Funker Néri und ich, bis ich plötzlich durch einen Riß im Nebel tief unten Wasser leuchten sah. Natürlich wendete ich hastig in der Richtung auf die Küste. Aber wir konnten nicht wissen, wie lange wir schon meerein geflogen waren. Wir mußten damit rechnen, die Küste nicht mehr zu erreichen, da der Treibstoff dem Ende zuging ...

Plötzlich, als wir schon alle Hoffnung aufgeben wollten, erschien links vorn im Blickfeld ein leuchtender Punkt. Ich fühlte, wie mich die Freude durchbrauste ... Es konnte ja nur der Flughafen mit seinen Leuchtbaken sein. Die Sahara zeigt nämlich nachts kein einziges Licht und ist ein riesenhaftes totes Gebiet. Da aber zuckte das Licht ein wenig und erlosch gleich darauf. Wir hatten einen Stern angesteuert, der kurz vor dem Untergehen für einige Minuten am Blickrande zwischen den Wolken und der Nebelschicht sichtbar wurde.

Nun aber sahen wir andere Lichter und steuerten sie in dumpfer Hoffnung eins nach dem anderen an. Wenn einmal eines nicht beim Nahen entschwand, machten wir den Versuch, der über unser Leben entscheiden konnte:»Wir sehen Leuchtfeuer«, meldete Néri dem Flughafen Cisneros und befahl:»Löscht euer Leuchtfeuer dreimal hintereinander!« Dreimal löschte Cisneros sein Feuer und zündete es dreimal wieder an. Das einsame Licht aber, das wir scharf beobachteten, zwinkerte nicht einmal; es blieb ein menschenunzugänglicher Stern.

Wenn auch der Betriebsstoff zu Ende ging, wir schnappten doch jedesmal nach dem leuchtenden Köder. Jedesmal schien es das unverkennbare Licht eines Leuchtfeuers – und jedesmal mußten wir den Stern wechseln.

Wind, Sand und Sterne

SUCHE NACH DEM EINZIGEN WAHREN STERN

*W*ir fühlten uns verloren im Raum zwischen den Welten, unter lauter unerreichbaren Planeten, auf der Suche nach dem einzigen wahren Stern, nach dem einen, der unsere vertrauten Gegenden beherbergt, freundliche Häuser und alles, woran unser Herz hing, dem unsern … Ich will euch sagen, was für ein Bild in meiner Phantasie erschien, ihr werdet es vielleicht kindisch finden. Aber man bleibt sehr menschlich auch inmitten der Gefahr. Und ich hatte Durst, und ich hatte Hunger. Wenn wir Cisneros fänden, würden wir gleich weiterfliegen, sobald wir aufgetankt hatten. In Casablanca würden wir im kühlen Morgengrauen landen. Arbeitsschluß! Néri und ich würden in die Stadt gehen; da findet man kleine Bistros, die beim ersten Tageslicht aufmachen. Wir würden uns an einen Tisch setzen, schön in Sicherheit, und würden über die vergangene Nacht lachen, vor uns warme Croissants und Milchkaffee. Néri und ich, wir würden dieses Morgengeschenk des Lebens empfangen. So erreicht die alte Bäuerin ihren Gott nur durch ein gemaltes Bild, eine naive Medaille, einen Rosenkranz: man muß zu uns in einer schlichten Sprache sprechen, um von uns verstanden zu werden. So sammelte sich alle Lebensfreude für mich in diesem ersten Schluck des duftenden, heißen Getränks, in diesem Gemisch aus Milch, Kaffee und Korn, durch das man mit friedlichen Weiden, überseeischen Pflanzungen und heimischen Ernten, mit der ganzen Erde kommunizierte. Unter allen Sternen gab es nur einen, der diese duftende Schale des morgendlichen Mahles für uns bereithielt.

Wind, Sand und Sterne

Nachbarschaft mit den Sternen

MITVERANTWORTUNG

*E*s gibt eine Eigenschaft, die keinen Namen hat. Vielleicht ist es der »Ernst«, aber dieses Wort befriedigt mich keineswegs. Denn die Eigenschaft, die ich meine, kann mit strahlender Fröhlichkeit gepaart sein. Es ist die Eigenschaft des Zimmermanns, der sich seinem Stück Holz gewissermaßen Mann gegen Mann stellt, der es betastet und abschätzt und, weit davon entfernt, damit leichtfertig umzugehen, ihm gegenüber seine ganzen Fähigkeiten zusammennimmt.

Wind, Sand und Sterne

*N*ur das Unbekannte ängstigt die Menschen. Sobald man ihm die Stirn bietet, ist es schon kein Unbekanntes mehr, besonders wenn man es mit hellsichtigem Ernst beobachtet. Guillaumets [ein Pilot und Kamerad] Mut besteht vor allem in seinem geraden und offenen Blick.

Aber das ist gar nicht seine besondere Größe; die fließt aus seinem Verantwortungsgefühl. Er fühlt sich verantwortlich für sich selbst, seine Post und die Kameraden, die auf ihn warten. An seiner Entscheidung liegt es, ob sie sich freuen dürfen oder sich sorgen müssen. Er trägt Mitverantwortung für alles, was lebt und was wird und woran er mitbauen soll, also im Rahmen seiner Arbeit für das Schicksal der Menschheit.

Er gehört zu den Wesen, die sich nicht scheuen, ihre Wurzeln und Zweige weit auszubreiten.

Wind, Sand und Sterne

*I*ch bewundere keineswegs Menschen, weil sie der Postbeförderung dienen, aber ich lege Wert auf den Mythos der Postbeförderung, weil er solche Menschen formt. Und diese Menschen bewundere ich, weil sie sind, wie sie sind.

Carnets

Zauber und Wirklichkeit meines Berufs

WEISSGRAUE FLAMMEN

*E*r strengte sich innerlich an, um sich zu erinnern. Er flog friedlich über die Kette der Anden dahin. Die Schneelasten des Winters ruhten auf ihnen mit der ganzen Wucht ihrer Stille … Auf zweihundert Kilometer hin kein Mensch, kein Lebenshauch, keine Regung … nur Felsmäntel, in steilen Falten hinab, nur furchtbare Stille … Im Gebiet des Pik Tupungato war es geschehen … Jawohl, dort war es geschehen, das Mirakel, das er plötzlich mit eigenen Augen geschaut … Obwohl er ganz ruhig flog, krampfte er die Hände um das Steuer. Irgend etwas bereitete sich vor, das er nicht begriff. Er straffte seine Muskeln wie ein Tier, das zum Sprung ansetzt, aber wohin er auch schaute, alles war ruhig. Ja, ruhig, aber mit einer rätselhaften Gewalt geladen.

Dann hatte sich alles geschärft, gespitzt. Die Schroffen, die Piks, alles wurde scharf und spitz: man fühlte sie wie Schiffschnäbel durch den harten Wind stoßen. Und dann schien es ihm, als ob sie rings um ihn her sich in Bewegung setzten und wendeten und manövrierten, gleich Riesenschiffen, die sich zum Kampf ordnen. Und dann war plötzlich in der Luft ein Staub da, der glitt den Schneeflächen entlang und wehte sacht wie Schleier empor. Er wandte den Kopf nach rückwärts, um einen Ausweg zu suchen für den Fall, daß er zum Rückzug genötigt sein würde, und das Herz zitterte ihm: die ganzen Kordilleren hinter ihm schienen in Gärung. ›Ich bin verloren.‹

Von einem Pik geradeaus vor ihm schoß der Schnee auf: ein Vulkan von Schnee. Dann von einem zweiten etwas rechts. Und so entflammten sich alle die Gipfel einer nach dem andern, wie von einem unsichtbaren Läufer der Reihe nach in Brand gesetzt … Heftiges Geschehen und angespanntes Handeln hinterlassen wenig Spuren: er fand keine Erinnerung mehr in sich an die gewaltigen Stöße, die ihn hin und her geschleudert hatten. Er wußte nur noch, daß er sich wütend herumgeschlagen hatte in diesen weißgrauen Flammen.

Nachtflug

DAS MUSSTE EINES TAGES KOMMEN

*E*s war, als ob auch die Materie sich empörte. Bei jedem Heruntersacken vibrierte der Motor so stark, daß das ganze Flugzeug ins Zittern geriet wie vor Zorn. Fabien wandte seine ganze Kraft auf, um es zu beherrschen, den Kopf zum Schaltbrett gebeugt, den Blick auf den künstlichen Horizont gerichtet, denn draußen konnte er Erde und Himmel nicht mehr unterscheiden in diesem Urweltsdunkel. Aber die Zeiger der Instrumente schwankten immer schneller, ließen sich immer schwerer verfolgen. Schon machte er, von ihnen getäuscht, falsche Bewegungen, verlor seine Höhe, geriet immer mehr in Verwirrung. Er las die Höhe ab: fünfhundert Meter. Das war die Höhe der Hügel. Er fühlte ihre schwindligen Wogen gegen sich anrollen. Es war ihm, als ob all diese Massen Erdreichs, deren geringste genügt hätte, ihn zu zerschmettern, von ihrem Grunde losgerissen wären, losgeschraubt, und um ihn zu kreisen begännen wie betrunken, eine Art Abgrundstanz begännen um ihn her, der sich enger und enger um ihn zusammenzog.

Da faßte er seinen Entschluß. Auf die Gefahr hin, zu zerschellen, wollte er landen, gleichviel wo. Und um wenigstens die Höhen zu vermeiden, schoß er seine einzige Leuchtrakete ab. Sie flammte auf, drehte sich, beleuchtete eine Fläche, in der sie verlosch: es war das Meer.

Er dachte sehr rasch: ›Verloren. Um vierzig Grad versetzt. Das ist ein Zyklon. Wo ist das Land?‹ Er drehte voll nach Osten. Er dachte: ›Ohne Leuchtrakete jetzt ist es mein sicherer Tod.‹ Das mußte eines Tages kommen. Und sein Kamerad da hinten …
Nachtflug

Zauber und Wirklichkeit meines Berufs

VERZWEIFELT VON STERN ZU STERN

*R*ivière sitzt in Gedanken. Er hat keine Hoffnung mehr: diese zwei werden zugrunde gehen irgendwo in der Nacht. Rivière denkt an Fabiens Frau, die jetzt in zärtlicher Angst wartet: ihre Liebe war ihr nur eben für eine Weile geliehen, wie ein Spielzeug einem armen Kinde.

Rivière denkt an Fabiens Hand, die noch für ein paar Minuten sein Schicksal am Steuer hält. Diese Hand, die geliebkost hat. Die sich auf eine Brust gelegt und einen Aufruhr darin erweckt hat. Die sich auf ein Gesicht gelegt und dieses Gesicht verwandelt hat. Wunder wirkende Hand.

Fabien irrt über dem Glanz eines Wolkenmeeres umher, aber tiefer unten ist die Ewigkeit. Er ist verloren zwischen den Sternenbereichen, deren einziger Bewohner er ist. Er hält die Welt, noch in den Händen und gegen seine Brust gewiegt. Er umkrampft in seinem Steuer allen Lebensbesitz und führt den nutzlosen Schatz, den er bald hingeben muß, verzweifelt von Stern zu Stern.

Irgendeine Funkstelle hört ihn vielleicht noch. Das einzige Band zwischen Fabien und der Welt ist eine summende Welle, ein kleines Getön in Moll. Keine Klage. Kein Schrei. Der reinste Laut, den Verzweiflung je hören ließ.

Nachtflug

WIEDERGESCHENKTE SCHÄTZE

*D*as Wesentliche? Das sind vielleicht nicht die starken Freuden des Berufs, nicht sein Elend, nicht die Gefahr, sondern der Gesichtspunkt, zu dem dies alles emporführt. Wenn der Flieger jetzt mit fortgenommenem Gas, mit eingeschläfertem Motor zur Landung ansetzt und die Stadt betrachtet, in der die Miseren der Menschen zu Hause sind: ihre Geldsorgen, ihre Niedertracht, ihre Neidgefühle, ihre Ränke, dann fühlt er sich rein und unberührt. Er genießt ganz einfach, wenn er eine schlechte Nacht hinter sich hat, die Freude am Leben. Er ist nicht der Sträfling, der sich nach getaner Arbeit in seinem Vorort einschließen wird, sondern er ist der Prinz, der mit langsamen Schritten zu seinen Gärten zurückkehrt.

Grüne Wälder, blaue Flüsse, rosa Dächer, das sind die Schätze, die ihm wiedergeschenkt sind.

Vorwort zu einem Buch von Maurice Bourdet

*Z*wei Minuten danach stand ich im Grase, ich fühlte mich so jung, wie auf einen Stern versetzt, auf dem das Leben neu beginnt. In einem neuen Klima. Auf diesem Boden, unter diesem Himmel fühlte ich mich wie ein junger Baum. Und ich streckte mich nach der Reise und war so herrlich hungrig. Ich machte lange, elastische Schritte, um mich vom weiten Flug zu erholen, und mußte darüber lachen, daß ich meinen Schatten wieder hatte – das war die Landung.

Südkurier

Zauber und Wirklichkeit meines Berufs

TEILHABE AM WESENTLICHEN

*E*lend und Größe des Fliegerberufs, gewiß – aber es gibt auch noch etwas anderes! Jener Flieger, der sich in der Nacht niedergelassen hat und der nach Casablanca zurückfliegt, während die dunkle Motorhaube sachte wie ein Schiffssteven zwischen den Sternen schaukelt – jener Flieger hat wieder teil am Wesentlichen. Dieses entscheidende Ereignis: den Übergang von der Nacht zum Tage, überrascht er in seinem Geheimnis. Er überrascht den Tag an seinem Ursprung. Er wußte wohl, daß der Himmel im Osten lange bleicht, bevor die Sonne auftaucht, aber nur im Fliegen entdeckt er diesen Lichtbrunnen. Hätte er tausendmal die Morgendämmerung erlebt, so wüßte er, daß der Himmel hell wird, nicht aber, daß das Licht wie aus einem Quell entspringt und sich ausdehnt: er hätte nicht diesen artesischen Brunnen des Tages entdeckt. Der Tag, die Nacht, das Gebirge, das Meer, das Gewitter …

Inmitten der elementaren Gottheiten, von einer einfachen Moral geleitet, findet der Linienflieger zur Weisheit des Bauern zurück.

Der alte Landarzt, der abends von Hof zu Hof geht, um in den Augen das Licht wieder anzuzünden, der Gärtner in seinem Garten, der sich auf die Geburtshilfe bei Rosen versteht, alle, deren Beruf sich dem Leben annähert und dem Tode, erlangen in ihm die gleiche Weisheit. Da ist auch der Adel, den die Gefahr verleiht. Wie fern liegt uns das Prunken mit der Gefahr, das literarische Gefallen am Wagnis oder jene Devise, die früher einmal auf ein Flugzeug gemalt war und deren Doppelsinn gleichzeitig die Kurtisane und den Tod verherrlichte.

Vorwort zu einem Buch von Maurice Bourdet

NICHT DIE GEFAHR – DAS LEBEN

*M*ir tut nichts leid, als daß ihr nun traurig sein müßt. Genaugenommen habe ich es besser gehabt ... In den Städten gibt es kein menschenwürdiges Dasein. Mir geht es nicht um die Sache der Fliegerei. Für mich ist das Flugzeug kein Zweck, es ist ein Mittel. Mein Leben schlage ich nicht für die Fliegerei in die Schanze, so wenig wie der Bauer für den Pflug arbeitet. Aber mit dem Flugzeug verläßt man die Städte und findet auf anderem Wege die bäuerliche Wahrheit wieder. Man lebt mit Winden, Sternen, Nacht und Sand, arbeitet als Mensch und sorgt sich als Mensch. Man mißt sich mit den Kräften der Natur und wartet auf den neuen Tag wie der Gärtner aufs Frühjahr. Man ersehnt den Flughafen wie ein gelobtes Land und sucht seine Wahrheit in der Sternenwelt ...

Ich bereue nichts. Ich habe gespielt und verloren. Aber ich habe den Wind auf freier See atmen dürfen. Das vergißt niemand, dem es einmal vergönnt war. Nicht wahr, Kameraden? Wir suchen ja nicht die Gefahr, das ist Wichtigtuerei; mit den Stierkämpfern habe ich nichts gemein. Nein, ich suche nicht die Gefahr; ich weiß, was ich suche: Ich suche das Leben.

Wind, Sand und Sterne

　　　　　　Zauber und Wirklichkeit meines Berufs

TRAURIG UND GLÜCKLICH

*R*inette, weißt Du, daß die Fliegerei etwas Schönes ist? Und daß sie hier kein Spiel ist, und gerade so liebe ich sie. Sie ist auch kein Sport, wie in Le Bourget, sondern etwas anderes, Unerklärliches, eine Art Kampf. Schön ist der Start eines Kurierflugzeugs beim ersten Morgengrauen, im Regen. Und die schläfrige Nachtbesatzung, der über Spanien angekündigte Sturm, der den Piloten aufwecken wird, der Nebel über den Pyrenäen. Dann, nach dem Abflug, während er seine Probleme anpackt, geht man im Dreck auseinander ... Rinette, wäre ich doch schon fort!

So ist das. Gern hätte ich telefoniert. Es stimmt schon, ich kann nicht reden, und so hätte ich »Hallo, hallo« gesagt, um mir ein Air zu geben. Traurig, wenn man stumm ist. Ich wäre gerne ein schöner Gigolo, mit einer schönen Krawatte und einer großartigen Sammlung von Grammophonplatten. Ich hätte mich dazu abrichten müssen, als ich noch jünger war; jetzt ist es zu spät. Und ich bereue es bestimmt ... Jetzt, da ich bald eine Glatze bekomme, lohnt sich ein Versuch nicht mehr. Vor den Auslagen der Hemdenmacher und Schuster hänge ich traurigen Träumen nach. Meine Erfahrungen werden mir nur etwas nützen, wenn es eine Seelenwanderung gibt. Das tröstet mich wenig.

Ich hätte so gern, wenn man mich lieb hätte und meine Nägel bewunderte. Meine ölbeschmierten Hände – ich bin der einzige, der sie schön findet. Ich glaube, mein Monolog langweilt Dich. Ich bin traurig und glücklich zugleich, und das läßt sich nicht klar und logisch ausdrücken. Und da ich fern bin von allen meinen Freunden, und in einer großen Einsamkeit, komme ich mir vor wie ein Urgroßvater.

Du solltest mir wirklich schreiben, weißt Du?

Briefe an Rinette

Nachbarschaft mit den Sternen

ALS WÄRE ICH MEIN LEBEN LANG EIN DUMMKOPF GEWESEN

*I*ch habe einige Flüge auf der »P 38« hinter mir. Es ist eine schöne Maschine … Heute, mit dreiundvierzig, nachdem ich an die sechstausendfünfhundert Stunden an allen Himmeln der Welt geflogen bin, stelle ich melancholisch fest, daß ich an diesem Spielzeug keinen großen Gefallen mehr finden kann. Es ist nur noch ein Instrument der Fortbewegung – in diesem Falle ein Kriegsinstrument. Wenn ich mich, in einem für solch ein Geschäft patriarchalischen Alter, der Schnelligkeit und der Höhe unterwerfe, so tu ich das mehr, um den Plackereien meiner Generation nichts zu versagen, als in der Hoffnung, ich könnte die Freuden von ehedem wiederfinden.

Das ist vielleicht melancholisch, aber vielleicht auch nicht. Zweifellos täuschte ich mich, als ich zwanzig war. Im Oktober 1940, als ich von Nordafrika heimkam, wohin die Gruppe 2/33 ausgewandert war, und als mein Wagen blutleer in irgendeiner staubigen Garage stand, da entdeckte ich Dogcart und Pferd. Und durch sie das Gras auf den Wegen. Schafe und Ölbäume. Diese Ölbäume erfüllten eine andere Aufgabe, als hinter Glasscheiben bei hundertdreißig Kilometern in der Stunde den Takt zu schlagen. Sie zeigten sich in ihrem wahren Rhythmus, der darin besteht, daß sie langsam Oliven hervorbringen. Die Schafe waren nicht ausschließlich zu dem Zweck da, die Durchschnittsgeschwindigkeit herabzumindern. Sie wurden wieder lebendig. Sie produzierten wirklichen Kot und brachten wirkliche Wolle hervor. Und auch das Gras hatte einen Sinn, denn sie weideten es ab.

Und so fühlte ich, wie ich wieder auflebte in diesem einzigen Erdenwinkel, in dem der Staub parfümiert ist (ich bin ungerecht, er ist das ebenso in Griechenland wie in der Provence). Und es kam mir so vor, als wäre ich mein Leben lang ein Dummkopf gewesen …

Brief an einen Ausgelieferten

Zauber und Wirklichkeit meines Berufs

MAI

Ich habe die Wüste immer geliebt

Wind, Sand und Sterne

HIER IST DIE WÜSTE

*E*inmal auf der Erde, wunderte sich der kleine Prinz, niemanden zu sehen. Er fürchtete schon, sich im Planeten geirrt zu haben, als ein mondfarbener Ring sich im Sande bewegte.

»Gute Nacht«, sagte der kleine Prinz aufs Geratewohl.

»Gute Nacht«, sagte die Schlange.

»Auf welchen Planeten bin ich gefallen?« fragte der kleine Prinz.

»Auf die Erde, du bist in Afrika«, antwortete die Schlange.

»Ah! … Es ist also niemand auf der Erde?«

»Hier ist die Wüste. In den Wüsten ist niemand. Die Erde ist groß«, sagte die Schlange.

Der kleine Prinz setzte sich auf einen Stein und hob die Augen zum Himmel:

»Ich frage mich«, sagte er, »ob die Sterne leuchten, damit jeder eines Tages den seinen wiederfinden kann. Schau meinen Planeten an. Er steht gerade über uns … Aber wie weit ist er fort!«

»Er ist schön«, sagte die Schlange.

Der kleine Prinz

Ich habe die Wüste immer geliebt

EIN BISSCHEN EINSAM

*W*o sind die Menschen?« fuhr der kleine Prinz endlich fort.
»»Man ist ein bißchen einsam in der Wüste ...«
»Man ist auch bei den Menschen einsam«, sagte die Schlange.

Der kleine Prinz sah sie lange an:
»Du bist ein drolliges Tier«, sagte er schließlich,»dünn wie ein Finger ...«
»Aber ich bin mächtiger als der Finger eines Königs«, sagte die Schlange.

Der kleine Prinz mußte lächeln:
»Du bist nicht sehr mächtig ... Du hast nicht einmal Füße ... Du kannst nicht einmal reisen ...«
»Ich kann dich weiter wegbringen als ein Schiff«, sagte die Schlange. Sie rollte sich um den Knöchel des kleinen Prinzen wie ein goldenes Armband.

»Wen ich berühre, den gebe ich der Erde zurück, aus der er hervorgegangen ist«, sagte sie noch.»Aber du bist rein, du kommst von einem Stern ...«

Der kleine Prinz antwortete nichts.

»Du tust mir leid auf dieser Erde aus Granit, du, der du so schwach bist. Ich kann dir eines Tages helfen, wenn du dich zu sehr nach deinem Planeten sehnst. Ich kann ...«

»Oh, ich habe sehr gut verstanden«, sagte der kleine Prinz,»aber warum sprichst du immer in Rätseln?«

»Ich löse sie alle«, sagte die Schlange.

Und sie schwiegen.

Der kleine Prinz

MAN SIEHT NICHTS, MAN HÖRT NICHTS

*I*ch habe die Wüste immer geliebt. Man setzt sich auf eine Sand-
düne. Man sieht nichts. Man hört nichts. Und währenddessen
strahlt etwas in der Stille.

»Es macht die Wüste schön«, sagte der kleine Prinz, »daß sie
irgendwo einen Brunnen birgt.«

Ich war überrascht, dieses geheimnisvolle Strahlen des Sandes
plötzlich zu verstehen. Als ich ein kleiner Knabe war, wohnte ich in
einem alten Haus, und die Sage erzählte, daß darin ein Schatz versteckt sei. Gewiß, es hat ihn nie jemand zu entdecken vermocht, vielleicht hat auch nie jemand gesucht. Aber er verzauberte dieses ganze
Haus. Mein Haus barg ein Geheimnis auf dem Grunde seines
Herzens …

»Ja«, sagte ich zum kleinen Prinzen, »ob es sich um das Haus, um
die Sterne oder um die Wüste handelt, was ihre Schönheit ausmacht,
ist unsichtbar!«

Der kleine Prinz

Ich habe die Wüste immer geliebt

EIN BRUNNEN REICHT WEIT

*D*as aber ist sie: Heute haben wir Durst gelitten. Und von diesem Brunnen, den wir doch kannten, wissen wir heute erstmals, daß er ausstrahlt auf die ganze weite Landschaft. Eine unsichtbare Frau kann ein ganzes Haus verzaubern. Ein Brunnen reicht weit, weit, so weit wie die Liebe.

Das aber ist sie: die Sandmassen schienen erst so öde! Eines Tages aber fürchten wir einen Kriegszug der Aufständischen, und plötzlich entdecken wir, daß der Sand ein weiter, faltiger, verhüllender Mantel ist. Schleichende Streifscharen von aufständischen Berbern geben der Wüste ein neues Gesicht.

Diese Spielregeln haben wir angenommen und uns danach formen lassen. Nun ist die Sahara in uns, und da erst zeigt sie sich. Ihr nahekommen, das bedeutet nicht, eine Oase besuchen. Vielmehr bedeutet es, an einen Brunnen tief und inbrünstig zu glauben.

Wind, Sand und Sterne

*D*enn die Wüste ist nicht da, wo man glaubt. Die Sahara ist lebendiger als eine Hauptstadt, und die volkreichste Stadt wird leer, wenn die wesentlichen Pole des Lebens ihre Kraft einbüßen.

Brief an einen Ausgelieferten

IM VERLORENSTEN WINKEL VON AFRIKA

Dakar, 1927

*W*as für ein Mönchsleben führe ich doch! Im verlorensten
Winkel von ganz Afrika, mitten in der spanischen Sahara.
Ein Fort auf dem Strand, unsere Baracke daneben, und dann kommt
nichts mehr über Hunderte und Hunderte von Kilometern.

Die Sahara liebe ich sehr und auch diese schönen Seen, die einen
umgeben, wenn man landen muß, und in denen sich die Dünen spie-
geln. (Was übrigens recht ärgerlich ist, wenn man Durst hat ...) Mir
geht es ausgezeichnet. Meine kleine Mama, Du hast einen Sohn, der
sehr glücklich ist und seinen Weg macht.

Sobald die Flut kommt, umspült uns das Meer ganz und gar, und
wenn ich nachts an meinem Fensterchen stehe – es hat Gitterstäbe
wie im Gefängnis; wir befinden uns ja in aufständischem Gebiet –,
habe ich das Meer unter mir, genau so nah wie in einem Boot. Und es
pocht die ganze Nacht an meine Wand.

Auf der anderen Seite sieht man auf die Wüste.

Die Entäußerung von allem Komfort ist vollständig: ein Bett, das
aus einem Brett und einem dünnen Strohsack besteht, ein Wasch-
becken, ein Krug. Ich vergesse noch die Nippsachen: die Schreib-
maschine und die Paperassen des Flugplatzes. Eine Mönchszelle.

Die Flugzeuge kommen alle acht Tage durch. Dazwischen liegen
drei Ruhetage. Und wenn meine Flugzeuge starten, sind sie wie
meine Küchlein. Und ich bin in Sorge, bis ich die funktelegrafische
Meldung erhalte, daß sie die nächste Etappe erreicht haben – in tausend Kilometer Entfernung. Und ich bin dafür gerüstet, mich nach
den Vermißten auf die Suche zu machen.

Einen Haufen gerissener und charmanter kleiner Araber beschenke ich täglich mit Schokolade ...

Briefe an seine Mutter

Ich habe die Wüste immer geliebt

ICH WÜRDE IHN GERN IN EIN FLUGZEUG EINSCHMUGGELN

Juby, Dezember 1927

*E*s geht mir gut. Das Leben ist nicht sehr kompliziert, und es läßt sich nicht viel darüber berichten. Freilich wird es jetzt etwas bewegter, weil die Mauren hier mit einem Angriff anderer maurischer Stämme rechnen, so daß man sich auf den Krieg vorbereitet. Das Fort gerät dadurch kaum in größere Unruhe als ein sanftmütiger Löwe, aber während der Nacht läßt man alle fünf Minuten Raketen steigen, die die Wüste in eine wunderbare Opernbeleuchtung tauchen ... Als Handarbeiter verwenden wir Mauren und einen Sklaven. Dieser Unglückliche ist ein Schwarzer, der vor vier Jahren aus Marrakesch entführt wurde, wo seine Frau und seine Kinder leben. Da die Sklaverei hier geduldet wird, arbeitet er für Rechnung des Mauren, der ihn gekauft hat, und liefert ihm allwöchentlich seinen Lohn ab. Sobald er so verbraucht sein wird, daß er nicht mehr arbeiten kann, läßt man ihn sterben, so will es der Brauch. Die Spanier können nichts für ihn tun, da es sich um einen Aufständischen handelt. Ich würde ihn gern in ein Flugzeug einschmuggeln, das nach Agadir fliegt, aber dann würde man uns alle umbringen. Er kostet zweitausend Francs. Falls Du jemanden kennen solltest, den dieser Zustand empört und der mir das Geld schicken könnte, so würde ich ihn auslösen und ihn zu seiner Frau und seinen Kindern expedieren. Er ist ein braver Kerl und sehr unglücklich ...

Das Wetter ist trüb heute. Meer, Himmel, Sand gehen ineinander über. Es ist eine Wüstenlandschaft der Urzeit. Manchmal stößt ein Meervogel einen schrillen Schrei aus, und dann wundert man sich über diese Spur des Lebens. Ich bin ganz wunschlos. Ich habe entschieden eine Anlage zum Mönchsleben ...

Heute abend ist Weihnachten. Das fällt wirklich gar nicht auf in diesem Sand. Die Zeit verrinnt hier ohne Merkzeichen.

Briefe an seine Mutter

BADEN IM WESEN DER LANGEWEILE

*I*ch riskierte, eine richtige Wüste kennenzulernen, und begann ein Geheimnis zu verstehen, auf das ich schon lange neugierig gewesen war.

Ich habe drei Jahre lang in der Sahara gelebt. Wie so viele andere habe ich über ihren Zauber nachgedacht. Jeder, der das Leben in der Sahara, wo alles nur Armut und Einsamkeit zu sein scheint, kennengelernt hat, weint diesen Jahren als den schönsten des Lebens nach. Die Worte »Heimweh nach dem Sande«, »Heimweh nach der Einsamkeit«, »Heimweh nach dem Raume« sind nur literarische Formeln und erklären nichts. Aber dort an Bord eines Dampfers, der von sich drängenden Passagieren wimmelte, schien es mir zum erstenmal, daß ich die Wüste verstand.

Gewiß, die Sahara ist unabsehbar weit, nur einförmiger Sand, – oder genauer, da die Dünen selten sind – ein kieselreicher Strand. Man badet da dauernd im Wesen der Langeweile selbst. Indessen bauen ihre unsichtbaren Gottheiten ein Netz von Richtungen, Neigungen und Zeichen, eine geheimnisvolle und lebendige Muskulatur. Es gibt keine Einförmigkeit mehr. Alles nimmt Richtung an. Keine Stelle gleicht mehr der andern.

Brief an einen Ausgelieferten

Ich habe die Wüste immer geliebt

STILLE

*E*s gibt eine Stille des Friedens, wenn die Stämme versöhnt sind, der Abend wieder seine Frische spendet und einem zumute ist, als halte man in einem stillen Hafen mit eingezogenen Segeln Rast. Es gibt eine Stille des Mittags, wenn in der Sonne Gedanken und Bewegungen aussetzen. Es gibt eine falsche Stille, wenn der Nordwind innehält und das Auftauchen von Insekten, die den Oasen des Innern wie Blütenstaub entwehen, den sandführenden Oststurm ankündigt. Es gibt eine Stille der Verschwörung, wenn man von einem entfernten Stamme weiß, daß es in ihm gärt. Es gibt eine geheimnisvolle Stille, wenn sich zwischen den Arabern ihre verschwiegenen Beziehungen anknüpfen. Es ist gespannte Stille, wenn sich die Rückkehr des Boten verzögert.

Eine zugespitzte Stille, wenn man nachts seinen Atem anhält, um zu lauschen. Eine schwermütige Stille, wenn man sich an die erinnert, die man liebt.

Brief an einen Ausgelieferten

STERNE

*A*lles wird Pol. Jeder Stern bedeutet eine wirkliche Richtung. Es sind alles Sterne der drei Weisen. Sie dienen alle ihrem eigenen Gott. Dieser da bezeichnet die Richtung eines entfernten, schwer erreichbaren Brunnens. Und die Strecke die dich von diesem Brunnen trennt, ist so gewichtig wie ein Wall. Jener Stern bezeichnet die Richtung eines versiegten Brunnens. Und der Stern selbst sieht nach Trockenheit aus. Und ... die Strecke, die dich von dem versiegten Brunnen trennt, ist kein lockender Hang. Ein anderer Stern dient als Führer zu einer unbekannten Oase, von der dir die Nomaden gesungen haben, die dir aber des Krieges wegen versperrt ist. Und der Sand, der dich von der Oase trennt, ist eine Märchenwiese. Dieser Stern bezeichnet die Richtung einer weißen Stadt im Süden, einer köstlichen, scheint es, köstlich wie eine Frucht, in die man die Zähne schlägt. Und jener die Richtung des Meeres.

Brief an einen Ausgelieferten

Ich habe die Wüste immer geliebt

FELD DER KRÄFTE

Und schließlich wirken von weit her die Kräfte fast irrealer Pole wie Magnete in dieser Wüste: ein Haus der Kindheit, das in der Erinnerung lebt. Ein Freund, von dem man nichts weiß, als daß es ihn gibt.

So fühlst du dich gespannt und belebt von dem Feld der Kräfte, die dich anziehen und abstoßen, dich treiben und dir widerstreben. So bist du gut gegründet, gut bestimmt, genau eingesetzt in den Mittelpunkt der Himmelsrichtungen.

Und da die Wüste keinerlei greifbaren Reichtum bietet, da es in ihr nichts zu sehen, nichts zu hören gibt, drängt sich die Erkenntnis auf, daß der Mensch vor allem aus unsichtbaren Anreizen lebt, denn das innere Leben, weit entfernt davon, einzuschlafen, nimmt an Kräften zu. Der Mensch wird vom Geist geleitet. In der Wüste bin ich das wert, was meine Gottheiten wert sind.

Brief an einen Ausgelieferten

NACHT

*E*in Himmel, klar wie Wasser, wusch die Sterne rein und ließ sie hell aufleuchten. Dann war es Nacht. Düne um Düne entfaltete sich die Sahara unter dem Schein des Mondes. Sein Lampenlicht, das keinen Gegenstand bloßstellt, aber alle richtig einordnet, umspielte unsere Stirnen und breitete einen zarten Schleier über alle Dinge. Unter unseren lautlosen Schritten dehnte sich die Pracht des dichtesten Sandes. Und wir zogen unbedeckten Hauptes dahin, befreit vom Druck der Sonnenstrahlen. Die Nacht: welche Heimstatt ...

Durften wir aber dem Frieden trauen? Die Passatwinde glitten ohne Unterlaß gegen Süden. Sie strichen über den Dünensand, daß es raschelte wie Seide. Das waren keine europäischen Winde, die sich drehten, die bisweilen aussetzten; nein, sie lasteten auf uns, unaufhörlich wie der Luftstrom eines Schnellzugs. Besonders nachts wehten sie uns oft so hart an, daß wir uns, nach Norden gewandt, gegen sie stemmen mußten und doch das Gefühl hatten, von ihnen fortgetragen zu werden, einem unbekannten Ziele zu. Welche Hast, welche Unruhe!

Südkurier

NICHTS AUF DER WELT IST SO KOSTBAR
WIE DIESE STUNDE

*W*ir hatten nur noch zwei Stunden bis Sonnenuntergang. Schon als ich Tunis anflog, brauchte ich keine Sonnenbrille mehr. Der Sand wurde golden und die Welt leer, so leer. Befruchtende Flüsse, angenehmer Schatten und Heimstätten von Menschen schienen mehr denn je Zufälligkeiten. Welche Massen von Felsen und Land dehnten sich vor uns aus! Aber dies alles wurde mir fremd und immer fremder. Ich lebte in der Luft und fühlte das Nahen der Nacht. Sie führte uns nach den Regeln eines feierlichen Gottesdienstes in ein Nachdenken ohne Ausweg wie in einer Kirche. Die unheilige Welt verblaßte schon und wollte ganz verschwinden. Noch hatte das Land im blonden Abendlicht einen Körper, aber er begann sich zu verflüchtigen. Nichts, aber auch nichts auf der Welt ist so kostbar wie diese Stunde. Alle werden mir zustimmen, die die unerklärliche Leidenschaft für das Fliegen mit mir teilen.

Wind, Sand und Sterne

DIE SAHARA

*I*ch habe die Sahara von jeher geliebt. Ich habe manche Nacht im Aufruhrgebiet zugebracht und war schon öfters in dieser blonden Weite erwacht, der der Wind ihre Dünung gegeben hat wie dem Meer ... Aber so war es noch nie gewesen ... Wir gingen an den Hängen geschlängelter Hügelreihen hin. Der Boden war völlig mit einer Schicht glänzender schwarzer Kiesel bedeckt, die wie Metallschuppen aussahen ...

Nach fünfstündigem Marsch veränderte die Landschaft ihr Gesicht. Ein Sandstrom schien in einem Tale dahinzufließen, und dieses Flußbett nahmen wir zum Wege ...

Kaum waren wir über die erste Kette hinaus, als sich schon eine zweite, ebensolche zeigte, glänzend und schwarz ... Die Hitze stieg, und mit ihr begannen die Luftspiegelungen. Zunächst waren sie noch ganz harmlos. Große Seen bildeten sich und verschwanden, wenn wir uns ihnen näherten. Wir beschlossen, das Sandtal zu queren und die höchste Kuppe zu ersteigen, um recht weit ausschauen zu können. Wir waren schon sechs Stunden unterwegs ... Es war Zeit zur Umkehr. Wir setzten uns auf den Gipfel des schwarzen Rückens und schwiegen. Zu unseren Füßen mündete unser Sandtal in eine Sandwüste ohne Steine, deren blendende Helle uns in den Augen brannte. So weit man sehen konnte, breitete sich hoffnungslose Leere. Nur an der Grenze des Himmels führte uns das Spiel des Lichts seine Spiegelungen vor. Die waren jetzt ernsthafter, nahmen die Gestalt von Festungen an, von Minaretten in streng geformten Maßen mit senkrechter Linienführung. Ich bemerkte sogar einen großen schwarzen Flecken, der Pflanzenwuchs zu sein schien. Aber über ihm lagerte die letzte der Wolken aus der vergangenen Nacht. Der schwarze Fleck in der Landschaft war also nur der Schatten einer Haufenwolke. Ein Weitergehen war zwecklos.

Wind, Sand und Sterne

Ich habe die Wüste immer geliebt

AUSGELIEFERT

*D*ie Wüste bietet keine Deckung. Tags schenkte sie keinen
Schatten, nachts lieferte sie einen nackt dem Wind aus. Kein
Baum, keine Hecke, kein Stein bot mir Schutz. Der Wind griff mich
an wie Reiterei im freien Gelände. Ich sah mich überallhin nach
Fluchtgelegenheiten um, ich legte mich hin und stand wieder auf.
Liegend wie stehend empfing ich die Schläge der eisigen Peitsche.
Laufen konnte ich nicht mehr, die Kräfte versagten. Ich konnte den
Mördern nicht mehr entrinnen und warf mich auf die Knie, das
Gesicht in den Händen vergraben, des Todesstreiches gewärtig.

Dann riß ich mich zusammen, stand auf und ging kältebebend immer
geradewegs vor mich hin ... noch immer vom Zittern geschüttelt, das
den ganzen Körper herumwarf. Ich mußte mir sagen: »Das ist nicht
die Kälte, das ist schon etwas anderes; es ist das Ende.« Ich war eben
schon zu ausgetrocknet, und ich war zu weit gegangen, vorgestern,
gestern allein und heute! ...
Der Westwind weht, der den Menschen in neunzehn Stunden
ausdörrt. Noch ist mein Schlund offen, aber schon hart und schmerz-
haft. Ein leises Rasseln kann ich auch schon vernehmen. Bald kommt
der Husten, den man mir beschrieben hat und auf den ich schon lange
warte. Meine Zunge ist mir im Wege. Das Schlimmste aber ist, daß
ich leuchtende Flecken sehe. Wenn diese zu Flammen werden, stürze
ich zusammen.
Wind, Sand und Sterne

Wind, Sand und Sterne

IM SAND DIE WUNDERBAREN
FUSSABDRÜCKE VON MENSCHEN

*E*ben noch waren wir abgeschnitten vom Menschengeschlecht, mit unserer Art zerfallen, allein auf der Welt, vergessen bei einer allgemeinen Abwanderung. Und da finden wir im Sand abgedrückt die wunderbaren Füße von Menschen ... Wir sind noch gar nicht gerettet. Wir können ja nicht einfach warten, denn schon in wenigen Stunden kommt jede Hilfe zu spät ... Nein, ich glaube an diese Karawane, die irgendwo durch die Wüste schwankt.

Wir haben uns zum Gehen gezwungen, und plötzlich höre ich den Hahn krähen ... Noch eine Täuschung sucht mich heim. Ich sehe drei Hunde herumjagen. Prévot sieht hin und kann nichts wahrnehmen. Aber nun strecken wir beide Arme dem Beduinen entgegen, beide holen wir den letzten Atem aus unserer Brust, und beide lachen wir vor Glück. Aber unsere Stimmen tragen keine dreißig Meter mehr. Die Stimmbänder sind vertrocknet ... Der Beduine und sein Kamel, die hinter dem Hügel hervorgekommen sind, wollen sich entfernen. Langsam, langsam ziehen sie weiter ... Vielleicht hat ein grausamer Teufel uns diesen Menschen gezeigt, um ihn uns wieder zu nehmen ...

Da erscheint ein anderer Araber auf der Düne, mit der linken Seite uns zugewandt. Wir schreien – aber ganz leise. Wir schwenken die Arme und füllen nach unserer Meinung den Himmel mit riesigen Signalen. Aber der Beduine sieht immer nach rechts.

Jetzt aber, ganz langsam, macht er eine Viertelwendung nach links. Sobald er das Gesicht uns zugewendet hat, ist es auch schon geschehen: Durst, Tod und Luftspiegelungen sind verwischt in dem Augenblick, in dem er uns erblickt. Eine kleine Viertelwendung verwandelt unsere Welt. Eine Bewegung des Körpers, ein rascher Blick schaffen Leben, und er scheint mir nicht von dieser Welt.

Ein Wunder! Er kommt auf uns zu wie ein Gott über das Meer!

Wind, Sand und Sterne

Ich habe die Wüste immer geliebt

WASSER!

*D*er Araber hat uns ins Gesicht gesehen, hat uns die Hände auf die Schultern gedrückt, und wir haben ihm gehorcht und uns hingelegt. Hier gibt es keine Rassen mehr, Sprachen, Parteien ... Ein armer Wanderhirte hat Engelshände auf unsre Schultern gelegt. Wir haben gewartet, die Stirn in den Sand gepreßt. Und nun trinken wir, auf dem Bauche liegend, den Kopf im Becken, wie die Kälber. Der Beduine erschrickt und zwingt uns alle Augenblicke einzuhalten. Aber kaum läßt er uns frei, so tauchen wir auch schon das ganze Gesicht unter Wasser. Wasser!

Wasser, du hast weder Geschmack noch Farbe noch Aroma. Man kann dich nicht beschreiben. Man schmeckt dich, ohne dich zu kennen. Es ist nicht so, daß man dich zum Leben braucht: du selber bist das Leben! Du durchdringst uns als Labsal, dessen Köstlichkeit keiner unserer Sinne auszudrücken fähig ist. Durch dich kehren uns alle Kräfte zurück, die wir schon verloren gaben. Dank deiner Segnung fließen in uns wieder alle bereits versiegten Quellen der Seele. Du bist der köstlichste Besitz dieser Erde. Du bist auch der empfindsamste, der rein dem Leib der Erde entquillt. Vor einer Quelle magnesiumhaltigen Wassers kann man verdursten. An einem Salzsee kann man verschmachten. Und trotz zwei Liter Tauwasser kann man zugrunde gehen, wenn sie bestimmte Salze enthalten.

Du nimmst nicht jede Mischung an, duldest nicht jede Veränderung. Du bist eine leicht gekränkte Gottheit! Aber du schenkst uns ein unbeschreiblich einfaches und großes Glück.

Wind, Sand und Sterne

UNSER RETTER

*D*u aber, unser Retter, Beduine aus Libyen, du wirst mir aus dem Gedächtnis schwinden! Deines Gesichts kann ich mich nicht entsinnen. Du bist der Mensch und du erscheinst mir mit dem Antlitz aller Menschen. Du hattest uns nie zuvor gesehen und hast uns doch erkannt. Du bist mein geliebter Bruder, und ich werde dich in allen Menschen wiedererkennen.

Du erscheinst mir voll Adel und Wohlwollen, ein großer Herr, in dessen Macht es stand, Wasser zu reichen. Alle meine Freunde, alle meine Feinde kommen mir in deiner Person entgegen, und ich habe keinen einzigen Feind mehr auf der Welt.

Wasser! Wie viele Tagesmärsche braucht man hier, um den nächsten Brunnen zu erreichen. Wie viele Stunden lang muß man dann den Sand herausschippen, der ihn überweht hat, um zu einer schlammigen Masse mit einer deutlichen Beimischung von Kamelharn zu gelangen. Da heißt es: ›Gib mir ein wenig Wasser!‹ – ›Ja, aber geh fein säuberlich damit um!‹

In der Wüste ist Wasser sein Gewicht in Gold wert. Der kleinste Tropfen lockt aus dem Sande den grünen Funken eines Grashalms. Wenn es irgendwo geregnet hat, belebt eine wahre Völkerwanderung die Sahara. Die Stämme ziehen dreihundert Kilometer weit, um zur Stelle zu sein, wenn das Gras wächst.

Wind, Sand und Sterne

Ich habe die Wüste immer geliebt

SÜSS WIE EIN FEST

*D*er Brunnen, den wir erreicht hatten, glich nicht den Brunnen der Sahara. Die Brunnen der Sahara sind einfache, in den Sand gegrabene Löcher. Dieser da glich einem Dorfbrunnen. Aber es war keinerlei Dorf da, und ich glaubte zu träumen.

»Das ist merkwürdig«, sagte ich zum kleinen Prinzen, »alles ist bereit: die Winde, der Kübel und das Seil …«

Er lachte, berührte das Seil, ließ die Rolle spielen. Und die Rolle knarrte wie ein altes Windrad, wenn der Wind lange geschlafen hat.

»Du hörst«, sagte der kleine Prinz, »wir wecken diesen Brunnen auf, und er singt …«

Ich wollte nicht, daß er sich abmühte:

»Laß mich das machen«, sagte ich zu ihm, »das ist zu schwer für dich.«

Langsam hob ich den Kübel bis zum Brunnenrand. Ich stellte ihn dort schön aufrecht. In meinen Ohren war noch immer der Gesang der Zugwinde, und im Wasser, das noch zitterte, sah ich die Sonne zittern.

Ich hob den Kübel an seine Lippen. Er trank mit geschlossenen Augen.

Das war süß wie ein Fest. Dieses Wasser war etwas ganz anderes als ein Trunk. Es war entsprungen aus dem Marsch unter den Sternen, aus dem Gesang der Rolle, aus der Mühe meiner Arme. Es war gut fürs Herz, wie ein Geschenk. Genau so machten, als ich ein Knabe war, die Lichter des Christbaums, die Musik der Weihnachtsmette, die Sanftmut des Lächelns den eigentlichen Glanz der Geschenke aus, die ich erhielt.

Der kleine Prinz

LEERE UND SCHWEIGEN

*D*er Aufstand der Einheimischen verstärkte die Wirkung der Wüste. In die stillen Nächte von Cap Juby klang alle Viertelstunde eine eigenartige Glocke: die Wachen riefen einander mit dem vorgeschriebenen lauten Rufe an. So sicherte sich die spanische Festung Cap Juby gegen die schleichenden Gefahren, die sich niemals ins Gesicht sehen ließen. Und wir, Fahrgäste auf diesem blindgesteuerten Schiff, wir lauschten dem Anruf, der von Posten zu Posten weitergegeben wurde und um uns kreiste wie der Schrei der Möwen.

Und dennoch liebten wir die Wüste.

Zuerst ist sie nur Leere und Schweigen, denn sie gibt sich nicht zu Liebschaften von einem Tage her. Schon in der Heimat hält sich das stille Dorf scheu zurück. Niemand kann es kennen, der nicht ihm zuliebe auf die ganze übrige Welt verzichtet, sich in seine Überlieferungen, seine Sitten, seine Streitigkeiten einlebt; und dabei ist es für so viele Menschen Heimat und Weltall zugleich. Noch tiefer einsam freilich ist der Mensch neben uns, der sich in seine Klausur eingemauert hat und nach Regeln lebt, die wir nicht kennen. Kein Lamakloster, keine erdenweite Entfernung kann eine solche Einsamkeit bieten, in die nicht einmal ein Flugzeug dringt. Und wenn wir schon gelegentlich die Zelle des Einsamen zu sehen bekommen, so ist sie leer und verrät uns nichts von dem inneren Reich ihres Bewohners. So ist auch die Wüste nicht aus Sand gemacht und nicht aus verschleierten Tuaregs und nicht einmal aus gewehrtragenden Beduinen.

Wind, Sand und Sterne

Ich habe die Wüste immer geliebt

EIN WÜSTENERLEBNIS (I)

Gleich auf meinem ersten Fluge sollte ich erfahren, was Wüste heißt. Wir, das heißt Riguelle, Guillaumet und ich, mußten bei dem Vorposten Nuatchott notlanden. Diese winzige Festung in Mauretanien war damals so einsam und fern von allem Leben wie eine Insel im Weltmeer. Ein älterer Unteroffizier lebte dort weltabgeschieden mit seinen fünfzehn Senegalschützen. Er empfing uns wie Abgesandte des Himmels:»Kinder, was das für mich bedeutet, daß ich mit euch reden kann ...!«

Und ob es für ihn etwas bedeutete – er weinte.

»Seit bald einem halben Jahr seid ihr die ersten. Alle halben Jahre werden nämlich meine Vorräte ergänzt. Einmal kommt der Leutnant, einmal der Hauptmann. Das letzte Mal war es der Hauptmann.«

Wir waren bestürzt. Zwei Stunden vor Dakar, wo man schon das Essen für uns kocht, bricht eine Pleuelstange, und schon wartet ein ganz anderes Schicksal auf uns: wir spielen die Rolle einer wundersamen Erscheinung bei einem alten Unteroffizier, der darüber weinen muß.

»Trinkt, Kinder, es macht mir ja solche Freude, einschenken zu können! Denkt euch nur, wie der Hauptmann das letzte Mal durchgekommen ist, da hatte ich keinen Wein zum Zutrinken ... Ich habe mich so geschämt, daß ich um meine Versetzung bat.«

Ja, anstoßen muß man können, kräftig anstoßen mit dem Ankömmling ... Ein halbes Jahr hat man auf diese Minute gewartet. Seit einem Monat schon wurden die Waffen geputzt und der Posten vom Keller bis zum Boden gereinigt. Seit mehreren Tagen lagerte über allem das Vorgefühl des herrlichen Tages, und unermüdlich hatte das Auge oben von der Terrasse des kleinen Festungswerkes das ganze Blickfeld abgesucht, um die Staubwolke zu entdecken, aus der sich dann die fliegende Schwadron von Atar entpuppte.

Wind, Sand und Sterne

EIN WÜSTENERLEBNIS (II)

*A*ber es fehlt an Wein: das Fest kann nicht gefeiert werden. Man kann nicht anstoßen. Man fühlt sich entehrt ...
»Nun muß der Hauptmann aber bald wiederkommen. Ich warte schon sehr.« »Und wo ist denn dein Hauptmann, Unteroffizier?« Er zeigt auf die weiten Sandwellen: »Das weiß man nie. Der Hauptmann ist überall.«

... Wir haben die Nacht auf der Terrasse des befestigten Postens erlebt, auf der wir von den Sternen sprachen. Etwas anderes gab es ja auch nicht zu bewachen. Dafür waren sie auch so vollzählig da wie im Flugzeug, nur standen sie still.

Im Flugzeug tun sie das nämlich nicht. Da kann es einem Flieger vorkommen, daß er in einer gar zu schönen Nacht zu steuern vergißt. Das Flugzeug legt sich etwas auf die linke Seite. Der Flieger freilich meint, daß es noch immer waagerecht liegt. Da entdeckt er unter dem rechten Flügel die Lichter eines Dorfes; in der Wüste aber gibt es keine Dörfer. Dann ist es wohl eine Fischerflotte beim nächtlichen Fischfang? Aber mitten in der Wüste fahren keine Fischerboote. Was ist es dann, fragt sich der Flieger. – Ja dann, dann muß er über den Irrtum lächeln, behutsam richtet er sein Flugzeug wieder gerade. Das »Dorf« kommt wieder an seinen Platz, und er hängt das Sternbild wieder ans Himmelsgewölbe, von dem er es hatte herunterfallen lassen, sein Sternendorf.

Oben von unserer Festung aus gesehen war die Wüste erstarrt, und ihre Wogen standen unbewegt. Die Sternbilder aber hingen fest am Himmel, und unser Unteroffizier sagte von ihnen: »Glaubt mir's, ich kenne meine Himmelsrichtungen ...«

Wind, Sand und Sterne

Ich habe die Wüste immer geliebt

EIN WÜSTENERLEBNIS (III)

»*F*liegt nur einmal auf den Stern dort drüben zu, dann kommt ihr nach Tunis!«»Du bist wohl von dort?«»Ich nicht, aber meine Kusine.« Nach diesen Worten trat eine lange Pause im Gespräch ein. Aber der Unteroffizier konnte uns nichts verschweigen: »Ich gehe auch einmal nach Tunis, irgendeinmal.«

Nun, dazu wirst du dir schon einen anderen Weg wählen als den, immer einem Stern zu folgen. Es sei denn, daß dich eines Tages auf einem Wüstenmarsch ein versiegter Brunnen der Verzückung des Durstfiebers in die Arme treibt. Da würdest du wohl gar Kusine und Stern und Tunis für eines halten. Dann würdest du jenen von wahnsinniger Erleuchtung getriebenen Marsch antreten, den nur die für qualvoll halten, die es nicht besser wissen.

Doch er sprach weiter: »Einmal habe ich den Hauptmann um Urlaub nach Tunis gebeten, eben wegen dieser Kusine. Und da hat er mir geantwortet ...«

»Was hat er dir geantwortet?«

»Er hat mir geantwortet: ›Kusinen gibt es überall.‹ Und weil es weniger weit war, hat er mich nach Dakar geschickt.«

»War deine Kusine schön?«

»Die in Tunis? O gewiß; sie war blond.«»Nein, die in Dakar!«

Ach, guter Unteroffizier, wir wären dir fast um den Hals gefallen wegen deiner Antwort, die halb verdrossen und betrübt herauskam: »Die war eine ...«

Was war die Sahara für dich, Unteroffizier? Ein Gott, der stets zu kommen versprach, und eine sanfte blonde Kusine hinter fünftausend Kilometer Sand.

Und was war sie für uns? Das, was in uns reifte, was wir über uns selbst erfuhren. Wir haben gleich dir in jener Nacht eine tiefe Liebe empfunden zu einer Kusine und zu einem Hauptmann.

Wind, Sand und Sterne

UNSICHTBARE SCHÄTZE

*U*m keinen Preis der Welt möchte ich auch die Nacht im Aufstandsgebiet in Spanisch-Marokko missen, an die ich gerade denken muß … Wir begannen eine Nachtwache, die leicht unsere letzte sein konnte.

Wir richteten uns für die Nacht ein. Aus den Laderäumen holten wir fünf oder sechs Warenkisten, leerten sie und zündeten in der Höhlung einer jeden wie in einem Schilderhäuschen eine ärmliche Kerze an, die dort notdürftig vor dem Wind geschützt war. So bauten wir uns mitten in der Wüste auf der nackten Rinde unseres Planeten, in einer Einsamkeit wie zur Stunde der Schöpfung, ein Menschendorf.

Und wir warteten auf dem Hauptplatz unseres Dorfes, auf dem Stückchen Sand, auf das unsere Kisten ihr zitterndes Licht warfen. Wir warteten auf das rettende Frührot oder auf die Mauretanier. Und bis heute weiß ich nicht, was dieser Nacht eine solche Weihnachtsstimmung gab. Wir erzählten einander alte Geschichten, wir neckten uns und wir sangen.

Wir genossen dieselbe leicht gehobene Stimmung wie mitten in einem wohlvorbereiteten Fest. Dabei waren wir unendlich arm. Wir besaßen nur Wind, Sand und Sterne. Das wäre selbst für Trappisten ein wenig zu hart gewesen. Und doch teilten auf dieser schlecht beleuchteten Fläche sieben Menschen, die nichts besaßen als die Erinnerungen, unsichtbare Schätze untereinander aus.

In dieser Stunde fanden wir uns.

Wind, Sand und Sterne

Ich habe die Wüste immer geliebt

ICH ZIEHE GERADE EINEN WÜSTENFUCHS AUF

An die Schwester Didi, Juby 1928

*A*uf der Suche nach zwei Kurierflugzeugen, die in der Wüste verlorengegangen sind, habe ich für meine Person etwa achttausend Kilometer über der Sahara in fünf Tagen zurückgelegt. Ich wurde von Mauren, etwa dreihundert Kerlen, beschossen wie ein Kaninchen. Ich habe aufregende Tage hinter mir; ich bin viermal in aufständischem Gebiet gelandet und habe eine Nacht dort nach einer Notlandung verbracht.

In solchen Augenblicken riskiert man sehr großzügig seinen Kopf.

Bisher wissen wir, daß die Besatzung des ersten Kurierflugzeugs gefangen ist; aber die Mauren verlangen als Lösegeld eine Million Gewehre, eine Million Peseten, eine Million Kamele. (Eine Kleinigkeit!)

Und die Sache steht nicht gut, denn die Stämme fangen schon an, sich darum zu balgen.

Was die Besatzung des zweiten Kurierflugzeugs angeht, so hat sie sich offenbar irgendwo im Süden umbringen lassen, denn wir haben keinerlei Nachricht von ihr.

Ich denke, daß ich im September nach Frankreich zurückkomme; ich habe es sehr nötig. Ich möchte nicht früher heimfahren, da ich ein paar Sous für meinen Urlaub brauche und noch nicht genug habe.

Ich ziehe gerade einen Fenek oder Wüstenfuchs auf. Er ist kleiner als eine Katze und hat riesige Ohren. Er ist ganz reizend. Leider ist er wild wie ein Raubtier und brüllt wie ein Löwe. Ich habe einen Roman von 170 Seiten abgeschlossen, ich weiß nicht recht, was ich davon halten soll. Du wirst ihn im September zu sehen bekommen.

Ich möchte möglichst bald wieder ein zivilisiertes, menschliches Leben beginnen; von meinem Dasein hier könnt Ihr nichts verstehen, und das Eure kommt mir so fern vor. Ich empfinde es als solch einen Luxus, glücklich zu sein …

Briefe an seine Mutter

EINE LIBELLE UND EIN GRÜNER SCHMETTERLING

*J*etzt ist es elf Uhr abends. Lucas kommt aus der Funkstation und meldet mir für Mitternacht das Flugzeug aus Dakar. »Alles wohl an Bord.« Da kann die Post bis zehn nach Mitternacht in mein Flugzeug umgeladen sein und ich nach Norden abfliegen. Ich rasiere mich vor einem zerkratzten Spiegel … In der Zeit, in der die Passatwinde nach monatelangem Wehen sich zur Ruhe begeben, gibt es nicht selten große Unordnung am Himmel. Wie wird es heute nacht? Ich schirre mich an: Notlampen am Gürtel, Höhenmesser und Bleistifte in die Taschen. Ich gehe zu Néri, der in dieser Nacht mein Bordfunker sein soll. Er rasiert sich auch.

»Alles in Ordnung?«

Für den Augenblick ja. Diese vorbereitenden Handlungen sind ja schließlich das wenigste am ganzen Flug. Doch da höre ich ein leises Schwirren. Eine Libelle schlägt an meine Lampe. Ohne daß ich weiß warum, geht mir das nahe. Ich trete nochmals vor die Tür und halte Ausschau. Die Luft ist rein. Ein Steilhang am Ende des Flugplatzes hebt sich so scharf vom Himmel ab wie am hellen Tage. Über der Wüste liegt tiefe Stille wie über einem Haus, in dem alles in Ordnung ist. Aber schon wieder prallen zwei Libellen und ein grüner Schmetterling an meine Lampe. Und erneut regt sich in mir das dunkle Gefühl, gemischt aus Freude und Besorgnis, als ob jemand von sehr weit her mit mir redete. Ist das Instinkt? Er treibt mich nochmals hinaus. Nun ist es ganz windstill und ebenso kühl wie vorher. Und doch habe ich eine Warnung erhalten. Ich ahne, oder glaube zu ahnen, was mich erwartet. Habe ich recht? Weder Himmel noch Sand geben mir ein noch so leises Anzeichen. Aber Libellen und ein grüner Schmetterling haben mir etwas zugeflüstert.

Wind, Sand und Sterne

Ich habe die Wüste immer geliebt

BALD WIRD SAND DIE LUFT ERFÜLLEN

*I*ch klettere auf eine Düne und setze mich hin, das Gesicht ostwärts gewendet. Und ich habe recht gehabt, ja, es wird recht bald losgehen. Was täten denn auch sonst diese Libellen hier? Hunderte von Kilometern von den Oasen im Landinnern entfernt? Kleine Trümmer, die die Brandung an den Strand wirft, berichten von dem Taifun, der auf hoher See gewütet hat. Diese Insekten beweisen, daß ein Sandsturm naht, ein Oststurm, der die fernen Palmenwälder, die Heimat der grünen Schmetterlinge, heimgesucht hat. Schon hat der Schaum bis zu mir gespritzt. Ganz leise setzt sich der Ostwind in Bewegung; feierlich naht er, denn er ist ein Beweis, er ist eine furchtbare Drohung; feierlich naht er, denn in sich birgt er einen schweren Sturm. So leise kommt er zuerst, daß ich sein Ächzen nicht hören kann. Ich bin die äußerste Grenze, bis zu der seine Wellen branden. Wenige Meter hinter mir hätte ein Wimpel unbeweglich gehangen. Nur ein einziges Mal hat mich sein heißer Atem berührt, ein einziges Mal hat er mich mit lebloser Hand gestreichelt. Aber ich weiß genau: jetzt holt die Wüste einige Minuten lang tief Atem. Und dann wird sie zum zweiten Male seufzen. Ehe dann noch drei Minuten vergangen sind, wird sich der Luftsack über unserem Flugzeugschuppen blähen. Dann noch zehn Minuten, und Sand wird die Luft erfüllen. Wir werden im prasselnden Feuer aufsteigen, Néri und ich, in den Flammen der windgepeitschten Wüste!

Das bringt mich nicht aus der Ruhe. Aber etwas ganz anderes erfüllt mich mit wilder Freude. Ich habe die geflüsterten Worte einer Geheimsprache verstanden. Ich habe wie ein Indianer eine Fährte gewittert, in der sich die Zukunft meldete. Ich habe aus dem Flügelschlag einer Libelle die Kunde vom nahenden Wüstensturm gelesen.

Wind, Sand und Sterne

INEINANDER VON HIMMEL UND ERDE

So ist dieses Erlebnis: langsam begebe ich mich der Sonne und der großen Flächen, die mich im Falle einer Notlandung aufgenommen hätten. Ich begebe mich der Richtpunkte, die mir einen Weg hätten zeigen können, der Schattenlinien der Berge gegen den Himmel, die mich an drohenden Klippen vorbeiführen konnten. Ich tauche in die Nacht und ziehe meine Bahn. Nur noch die Sterne gehören mir. Ganz allmählich vollzieht sich der Weltuntergang, ganz allmählich schwindet mir das Licht. Himmel und Erde verschwimmen ineinander, als ob die Erde emporstiege und wie Rauch die Luft erfüllte. Die ersten Sterne zittern noch wie durch grünliches Wasser. Erst viel später werden sie zu harten Diamanten, erst sehr viel später kommt zu mir das stumme Spiel der Meteore.

Wind, Sand und Sterne

VERGÄNGLICHKEIT

*I*ch habe die Einsamkeit kennengelernt. Drei Jahre Dienst in der Wüste [als Verkehrsflieger der Saharalinie] haben sie mir ausgiebig zu kosten gegeben. Da schreckt es einen nicht, daß die Jugendjahre in einem öden Steinland dahingehen; es kommt einem vielmehr so vor, als ob weit draußen die Welt alt würde ... Die Zeit fliegt, man müßte heimkehren! Die Zeit fliegt – und man wird in der Ferne zurückgehalten. Die Güter der Welt gleiten uns durch die Finger wie der Sand der Dünen. Den Ablauf der Zeit empfinden die meisten Menschen für gewöhnlich gar nicht; sie sind von der Vergänglichkeit vorläufig auf freien Fuß gesetzt. Wir aber empfanden ihn, denn auf uns drückten ohne Unterlaß die ewigen Passatwinde. Es ging uns wie dem Reisenden im Schnellzug, dem der Lärm der Schienenstöße, die ihren Takt in die Nacht hinaussenden, die Ohren erfüllt. Er sieht durch seine Fensterscheibe hinaus ins Dunkle und ahnt an den zerstreuten Lichtern, daß Felder, Dörfer und stille Winkel an ihm vorüberfliegen, von denen er nichts behalten darf; er ist ja auf Reisen. Auch wir fühlten uns trotz der Stille der Flughäfen ständig unterwegs. Ein leichtes Fieber machte einen überwach, und die Ohren waren noch immer erfüllt vom Motorengeräusch. Wir hatten das Gefühl, einer unbekannten Zukunft entgegenzureisen, denn pausenlos trug uns der Schlag unseres Herzens im Zug der steten, nie rastenden Winde.

Wind, Sand und Sterne

Wind, Sand und Sterne

DIE KARAWANE

*D*as Wesentliche der Karawane aber entdeckst du, wenn sie sich abnutzt. Vergiß den eitlen Lärm der Worte und schau: Wenn der Abgrund ihrem Wege widersteht, umgeht sie den Abgrund; wenn der Fels sich erhebt, weicht sie ihm aus; wenn der Sand zu fein ist, sucht sie anderswo festen Sand, doch stets schlägt sie wieder die gleiche Richtung ein. Wenn eine verborgene Salzschicht unter dem Gewicht ihrer Lasten knirscht, siehst du sie unruhig werden, die Tiere aus dem Schlamm zerren, sich vortasten, um einen sicheren Untergrund zu finden, aber bald ordnet sie sich von neuem und zieht wieder in der ursprünglichen Richtung weiter. Wenn ein Tragtier zusammenbricht, wird angehalten; man sammelt die zerbrochenen Kisten auf, belädt ein anderes Tragtier damit und reißt am Knoten des ächzenden Stricks, um sie gut zu verschnüren; dann nimmt man den gleichen Weg wieder auf. Zuweilen stirbt einer, der als Führer diente. Man umringt ihn. Man verscharrt ihn im Sande. Man streitet sich. Dann bestellt man einen andern zum Führer und richtet abermals den Kompaß auf das gleiche Sternbild. So bewegt sich die Karawane notwendig in einer Richtung, die sie beherrscht; sie gleicht einem Steine, der einen unsichtbaren Hang hinabrollt.

Die Stadt in der Wüste

Ich habe die Wüste immer geliebt

IN DEM EINEN STERN

*M*ein Kamerad ...
Hier also ist der Schatz gewesen: du hast ihn so lange gesucht!

Auf dieser Düne, die Arme gekreuzt, das Gesicht dem dunkelblauen Golf zugewandt, über dir all das Sternenvolk – in dieser Nacht hast du nicht schwer gewogen ...
Als du hinabflogst, nach dem Süden, da lösten sich leise alle Taue, die dich hielten: ein Luftgeist warst du schon, Bernis, ein einziger Freund war dir geblieben, aber kaum noch band dich dieser Sommerfaden ...
In dieser Nacht wogst du noch leichter. Ein Schwindel hat dich erfaßt. In dem einen Stern, der lotrecht über dir, du Entflohener, stand, hat der Schatz gefunkelt!

Der Sommerfaden meiner Freundschaft hat dich nicht festhalten können: ich war ein ungetreuer Hirt, in Schlaf gesunken.

Südkurier

EINE ANDERE ART WÜSTE

*I*ch habe nun endlich erfahren, was ich tun soll ... Ich bin zum Direktor der Aeroposta Argentina ernannt, einer Tochtergesellschaft der Compagnie Générale Aéropostale (mit Bezügen von etwa 225 000 Francs jährlich). Ich denke, Du wirst zufrieden sein; ich bin etwas traurig darüber. Mein früheres Dasein gefiel mir gut. Ich habe das Gefühl, daß ich dadurch älter werde. Ich werde übrigens noch fliegen, aber nur für Inspektionen und zur Erkundung neuer Flugstrecken.

Erst heute abend wurde ich über mein Schicksal unterrichtet, und vorher wollte ich Dir nichts davon sagen ...

Ich kann Dir nicht sagen, was für eine Freude mir Dir zuliebe meine Stellung macht! Das ist doch eine schöne Revanche für Deine Erziehung, findest Du nicht? Man hat Dir deswegen solche Vorwürfe gemacht. Das ist gar nicht so übel, wenn man mit neunundzwanzig Jahren Direktor eines so großen Unternehmens ist, nicht wahr? ...

Ich machte die Bekanntschaft reizender Leute, Freunde der Vilmorins (zwei Brüder sind übrigens in Südamerika). Ich werde bestimmt noch andere finden, die Musik und Bücher lieben und mich etwas über die Sahara trösten können. Und auch über Buenos Aires, das eine andere Art von Wüste ist, ... diese Stadt, in der man derart gefangen ist. Stell Dir vor, daß es in Argentinien keine Landschaft gibt. Nichts. Man kommt nie aus der Stadt heraus. Draußen gibt es nur quadratische Felder, ohne Bäume, mit einer Baracke und einem eisernen Wasserrad in der Mitte.

Über Hunderte von Kilometern sieht man aus dem Flugzeug nichts anderes. Unmöglich zu malen. Unmöglich spazierenzugehen. Ich möchte auch gern heiraten.

Briefe an seine Mutter

JUNI

Ja oder nein?

Vom Hoffen und Zweifeln

HAT DAS SCHAF DIE BLUME GEFRESSEN ODER NICHT?

*I*ch habe vergessen, an den Maulkorb, den ich für den kleinen Prinzen gezeichnet habe, einen Lederriemen zu machen! Es wird ihm nie gelungen sein, ihn dem Schaf anzulegen. So frage ich mich: Was hat sich auf dem Planeten wohl ereignet? Vielleicht hat das Schaf doch die Blume gefressen …

Das eine Mal sage ich mir: Bestimmt nicht! Der kleine Prinz deckt seine Blume jede Nacht mit seinem Glassturz zu, und er gibt auf sein Schaf gut acht. Dann bin ich glücklich. Und alle Sterne lachen leise. Dann wieder sage ich mir: Man ist das eine oder das andere Mal zerstreut, und das genügt! Er hat eines Abends die Glasglocke vergessen, oder das Schaf ist eines Nachts lautlos entwichen … Dann verwandeln sich die Schellen alle in Tränen! …

Das ist ein sehr großes Geheimnis …

Nichts kann auf der Welt unberührt bleiben, wenn irgendwo, man weiß nicht wo, ein Schaf, das wir nicht kennen, eine Rose vielleicht gefressen hat oder vielleicht nicht gefressen hat …

Schaut den Himmel an. Fragt euch: Hat das Schaf die Blume gefressen oder nicht? Ja oder nein? Und ihr werdet sehen, wie sich alles verwandelt …

Der kleine Prinz

Ja oder nein?

WEG UND DURCHGANG

*D*as Samenkorn könnte sich betrachten und sagen: Wie bin ich doch schön und mächtig und kräftig! Ich bin Zeder. Mehr noch: Ich bin das innerste Wesen der Zeder.

Ich aber sage, daß es noch gar nichts ist. Es ist Gefährt, Weg und Durchgang. Es bewirkt. Es soll nur erst seine Wirkung tun! Es soll nur erst langsam die Erde dem Baum zuführen! Es soll nur erst die Zeder emporwachsen lassen zum Ruhme Gottes! Dann werde ich es nach deren Astwerk einschätzen.

Denn das Samenkorn ist nichts, das seinen Ausdruck noch nicht gefunden hat und für den Baum Bewunderung heischt, für dessen Aufstieg es noch nichts getan hat.

Gewiß strebst du Gott entgegen. Doch schließe nicht aus dem, was du werden könntest, auf das, was du bist. Deine Rülpser teilen nichts mit. Wenn der Mittag brennt, spendet mir das Samenkorn keinen Schatten, mag es auch Samenkorn einer Zeder sein.

Die Stadt in der Wüste

*I*ch möchte nicht im Rundfunk sprechen, das ziemt sich nicht, wenn man den Menschen keine Bibel zu bieten hat.

Kriegsbriefe an einen Freund

SCHÖNHEIT UND GLÜCK

*I*m Schweigen meiner Liebe habe ich mich lange damit abgegeben, in meinem Volke die Menschen zu beobachten, die glücklich zu sein schienen. Und ich habe stets wahrgenommen, daß ihnen das Glück, gleich wie der Statue die Schönheit, zuteil wurde, weil sie es nicht gesucht hatten.

Und es erschien mir das stets als ein Anzeichen ihrer Vollkommenheit und der Güte ihres Herzens. Nur der Frau, die dir sagen kann: »Ich fühle mich ja so glücklich«, sollst du dein Haus für die Dauer deines Lebens öffnen, denn das Glück, das aus ihrem Gesichte spricht, ist Zeichen ihres Wertes, da es einem belohnten Herzen entspringt.

Verlange daher nicht von mir, dem Herrn eines Reiches, ich solle das Glück für mein Reich erobern. Verlange nicht von mir, dem Bildhauer, ich solle der Schönheit nachlaufen: ich würde mich niedersetzen, da ich nicht wüßte, wohin ich laufen sollte. Die Schönheit wird, und ebenso das Glück. Verlange nur von mir, daß ich den Menschen eine Seele bilde, in der ein solches Feuer zu brennen vermag.

Die Stadt in der Wüste

GLÜCK ALS LOHN,
NICHT ALS ZIEL VERSTEHEN

*W*enn du vom Glück sprichst, sprichst du entweder von einem Zustand des Menschen, in dem er glücklich ist, so wie er gesund ist, oder du sprichst von einem erreichbaren Gegenstand, dessen Besitz ich wünschen könnte. Und wo ist er zu finden? Der eine Mensch ist im Frieden glücklich, der andere im Kriege, der eine wünscht sich die Einsamkeit, die ihn beflügelt, der andere bedarf eines festlichen Gedränges, um sich zu begeistern; der eine sucht seine Freude in den Überlegungen der Wissenschaft, die auf die gestellten Fragen eine Antwort gibt; der andere findet seine Freude in Gott, vor dem keine Frage mehr einen Sinn hat.

Wenn ich das Glück umschreiben wollte, würde ich vielleicht sagen, es bestehe für den Schmied im Schmieden, für den Seemann in der Seefahrt, für den Reichen in der Mehrung seines Reichtums – und so hätte ich nichts gesagt, was dir etwas Neues mitteilte. Und im übrigen bestünde das Glück für den Reichen zuweilen in der Seefahrt, für den Schmied in der Mehrung des Reichtums und für den Seemann im Nichtstun. So entschlüpft dir dieses Hirngespinst ohne Inhalt, das du vergebens zu greifen suchst.

Wenn du das Wort Glück begreifen willst, mußt du es als Lohn und nicht als Ziel verstehen, denn sonst hat es keine Bedeutung.

Die Stadt in der Wüste

Vom Hoffen und Zweifeln

KEINE FRUCHT OHNE SCHALE

So habe ich jenen bemerkt, der Musik hört und nicht das Bedürfnis verspürt, in sie einzudringen. Er läßt sich wie auf einer Sänfte in die Musik hineintragen und will ihr nicht entgegenschreiten; er verzichtet auf die Frucht, deren Schale bitter ist. Ich aber sage: es gibt keine Frucht ohne Schale. Und ihr verwechselt das Glück mit eurem eigenen Mangel. Denn ein Reicher ist nicht dazu da, aus seinem Reichtum Vorteil zu ziehen; solcher Reichtum ist eitel. Und von den Gipfeln der Berge erschließt sich dir keine Landschaft, wenn du nicht ihre Hänge erklommen hast, denn die Landschaft ist nicht in erster Linie Anblick, sondern Beherrschung. Und wenn man dich in der Sänfte dort hinaufgetragen hat, siehst du nur ein Nebeneinander mehr oder weniger abgeschmackter Gegenstände, wie aber vermöchtest du sie durch deine eigene Substanz zu verdichten? Denn für einen, der die Arme befriedigt über der Brust kreuzt, ist die Landschaft eine Mischung von Atemzügen und Erholung der Muskeln nach der Anstrengung, wozu sich das Blauen des Abends gesellt. Sie besteht auch aus Befriedigung über die geschaffene Ordnung, denn ein jeder seiner Schritte hat jene Flüsse ein wenig ausgerichtet, jene Gipfel geordnet und den Kies auf der Dorfstraße fester getreten. Diese Landschaft ist aus ihm geboren, und die Freude, die wir an ihm gewahren, ist eben die Freude des Kindes, das seine Steine aufgereiht und seine Stadt gebaut hat, das sich an ihr begeistert und sie mit seinem Wesen erfüllt. Aber welches Kind wäre glücklich beim Anblick eines Steinhaufens, der nur ein müheloses Schauspiel ist?

Die Stadt in der Wüste

Ja oder nein?

SAGE NICHT, DU SEIST ARM

*W*enn sich einer beklagt, daß die Welt ihn verfehlt habe, so heißt das, daß er die Welt verfehlt hat. Wenn sich einer beklagt, daß ihn die Liebe nicht glücklich gemacht habe, so heißt das, daß er sich über die Liebe täuscht: die Liebe ist kein Geschenk, das man empfangen könnte.

An Gelegenheit, zu lieben, mangelt es dir nicht. Du kannst Soldat einer Königin werden. Die Königin braucht dich nicht zu kennen, um dich glücklich zu machen. Ich habe gesehen, wie mein Mathematiker in die Sterne verliebt war. Er verwandelte einen Lichtstrahl in ein Gesetz für den Geist. Er war Gefährt, Weg und Durchgang. Er war Biene eines blühenden Sterns, aus dem er seinen Honig gewann. Ich habe gesehen, wie er starb, glücklich um einiger Zeichen und Figuren willen, in die er sich ausgetauscht hatte. So war es auch mit dem Gärtner meines Gartens, der eine neue Rose zum Blühen brachte. Ein Mathematiker kann den Sternen fehlen. Ein Gärtner kann dem Garten fehlen. Aber es fehlt dir weder an Sternen noch an Gärten noch an runden Kieselsteinen auf den Lippen der Meere. Sage mir nicht, du seist arm.

Die Stadt in der Wüste

Vom Hoffen und Zweifeln

ES GIBT KEINE VERSÄUMTEN GELEGENHEITEN

*W*enn ich dir ein abgerundetes Vermögen schenkte, so wie es bei einer unerwarteten Erbschaft der Fall ist, worin würde ich dich dann bereichern? Wenn ich dir die schwarze Perle vom Meeresgrund schenkte, ohne das Zeremoniell der Tauchversuche zu wahren, worin würde ich dich dann bereichern? Reicher wirst du nur durch das, was du verwandelst, denn du bist Same.

Deshalb will ich dich beruhigen, dich, der du wegen der versäumten Gelegenheiten verzweifelst. Es gibt keine versäumten Gelegenheiten. Der eine schnitzt das Elfenbein und verwandelt das Elfenbein in das Gesicht einer Göttin oder einer Königin, welches das Herz ergreift. Ein anderer zieliert reines Gold, und vielleicht ist der Gewinn, den er daraus zieht, weniger herzbewegend für die Menschen. Weder dem einen noch dem anderen sind das Gold oder das unbearbeitete Elfenbein geschenkt worden. Der eine wie der andere waren nur Weg und Straße und Durchgang. Es gibt für dich nur Baustoffe einer Basilika, die es zu bauen gilt. Und es fehlt dir nicht an Steinen. So fehlt es auch der Zeder nicht an Erde. Aber der Erde kann es an Zedern fehlen, und so kann sie eine steinige Steppe bleiben.

Worüber beklagst du dich? Es gibt keine versäumten Gelegenheiten, denn deine Aufgabe besteht darin, Same zu sein. Wenn du nicht über Gold verfügst, schnitze das Elfenbein. Wenn du nicht über Elfenbein verfügst, schnitze das Holz. Wenn du nicht über Holz verfügst, hebe einen Stein auf.

Die Stadt in der Wüste

Ja oder nein?

ES BRAUCHT DIE HILFE DER GÖTTER

*W*ir wußten schon von jenen Bäumen, die man stutzen muß, damit sie Früchte hervorbringen; wir wußten schon von jenen Menschen, die in der Gefangenschaft ihres Klosters die geistige Weite entdecken und, von Entsagung zu Entsagung schreitend, die Fülle gewinnen ...

Doch es bedarf auch der Hilfe der Götter ... Es genügt nicht, das Herz des Menschen zu stutzen, um ihn zu retten: die Gnade muß ihn anrühren. Es genügt nicht, den Baum zu stutzen, damit er Blüten trägt; der Frühling muß noch hinzukommen. Es genügt nicht, das Flugzeug von seinem Ballast zu befreien, damit es starten kann; es braucht dazu einen Windstoß vom Meere her.

Vorwort zu einem Buch von Anne Morrow-Lindbergh

DEN GRUND LEGEN

*W*enn ich in die Vergangenheit zurückgehe, zerlege ich den Tempel in seine einzelnen Steine. Und dieses Verfahren ist einfach und voraussehbar … Schreite ich aber auf die Zukunft zu, muß ich stets mit der Entstehung neuer Wesenheiten rechnen, die zu den Baustoffen hinzutreten und sich nicht vorausbestimmen lassen, da sie von anderer Beschaffenheit sind. Diese Wesenheiten nenne ich einheitlich und nicht zusammengesetzt, da sie sterben und verschwinden, wenn man sie zerlegt. Denn die Stille ist etwas, was zu den Steinen hinzutritt, was aber stirbt, wenn man diese voneinander trennt. Denn das Gesicht ist etwas, was zu dem Marmor oder zu den Elementen des Gesichts hinzutritt, das aber stirbt, wenn man den Marmor zerschlägt oder die Elemente scheidet …

Ich kann nicht voraussehen, aber ich kann zu etwas den Grund legen. Denn die Zukunft baut man. Wenn ich die Zusammenhanglosigkeit meiner Zeit in einem einzigen Gesicht zusammenfassen kann, wenn mir die begnadeten Hände des Bildhauers eignen, wird mein Verlangen Wirklichkeit werden. Und ich würde mich täuschen, wenn ich dann sagte, ich hätte vorausgesehen. Denn ich hätte etwas begründet. In der Zusammenhanglosigkeit rings umher hätte ich ein Gesicht gewiesen und ich hätte ihm Geltung erzwungen und es wird die Menschen beherrschen …

So offenbarte sich mir eine neue Wahrheit, die lautet: Es ist sinnlos und trügerisch, sich mit der Zukunft zu befassen. Hingegen kommt es allein darauf an, der heutigen Welt Ausdruck zu verleihen. Und Ausdruck verleihen bedeutet, aus der zusammenhanglosen Gegenwart das eine Gesicht zu formen, das sie beherrscht; es bedeutet, mit Hilfe der Steine die Stille zu erschaffen.

Die Stadt in der Wüste

IM GLEICHGEWICHT MIT DER GEGENWART

*D*ie Zukunft bauen, heißt die Gegenwart bauen. Es heißt, ein Verlangen erzeugen, das dem Heute gilt. Das dem Heute angehört und auf die Zukunft gerichtet ist. Und nicht eine Wirklichkeit von Handlungen, denen nur für das Morgen ein Sinn innewohnt. Denn wenn sich dein Organismus von der Gegenwart losreißt, so stirbt er. Das Leben, das aus Anpassung an die Gegenwart und Fortdauer in der Gegenwart besteht, beruht auf unzähligen Bindungen, die die Sprache nicht zu erfassen vermag. Das Gleichgewicht besteht aus tausend Gleichgewichten. Und wenn du im Verlauf einer abstrakten Beweisführung ein einziges Glied abtrennst, geht es damit wie mit dem Elefanten, der ein gewaltiges Gebilde ist und doch sterben wird, wenn du ein einziges seiner Glieder von ihm abtrennst.

Es handelt sich nicht darum, daß du wünschen sollst, du möchtest nichts verändern. Denn du kannst alles verändern. Und eine rauhe Ebene kannst du in eine Zedernpflanzung verwandeln. Aber es kommt darauf an, daß du keine Zedern konstruierst, sondern Samenkörner aussäst. Und immer wird das Samenkorn selber oder was aus dem Samenkorn entsteht, im Gleichgewicht mit der Gegenwart sein.

Die Stadt in der Wüste

BEQUEMLICHKEIT UND ANSTRENGUNG

*I*ch dachte an jenen, der sein Leben mit der Morgenröte beginnt und sich unter dem Strahl der eisigen Sonne im kalten Wasser badet, um sich sodann im Lichte der ersten Tagesstunden zu wärmen. Oder es kam mir auch noch ein anderer in den Sinn, der zum Brunnen geht, wenn er Durst hat und selber die knirschenden Seile zieht und den schweren Eimer auf den Brunnenrand hinaufhebt und so den Gesang des Wassers mit all seinen kreischenden Tönen kennenlernt. Sein Durst hat seinen Gang und seine Arme und Augen mit Bedeutung erfüllt, und der Weg dieses durstigen Menschen zu seinem Brunnen gleicht einem Gedicht. Andere aber geben ihrem Sklaven ein Zeichen, und der Sklave führt ihnen das Wasser zum Munde, und so lernen sie seinen Gesang nicht kennen. Ihre Bequemlichkeit ist nichts als Mangel. Sie glauben nicht an das Leid, und die Freude hat nichts von ihnen wissen wollen ...

Ich habe sie gesehen, die an Durst litten – Durst, dieser Eifersucht auf das Wasser, die schwerer zu ertragen ist als eine Krankheit. Denn der Körper kennt seine Medizin; er verlangt danach, wie er nach einer Frau verlangen würde, und sieht im Traum die anderen trinken. So siehst du die Frau, die den anderen zulächelt. Nichts ist sinnvoll, wenn ich nicht meinen Leib und Geist hineingemischt habe. Es entsteht kein Abenteuer, wenn ich mich nicht einsetze.

Ich sage euch: Nur um einer anderen Anstrengung willen habt ihr das Recht, eine Anstrengung zu vermeiden, denn ihr sollt wachsen.

Die Stadt in der Wüste

STREBEN

*H*err, ich weiß, daß jedes Streben schön ist. Das Streben nach Freiheit und das nach Zucht. Das Streben nach Brot für die Kinder und nach dem Opfer des Brotes. Das Streben nach der prüfenden Wissenschaft und nach der Ehrfurcht, die bejaht und erschafft. Das Streben nach der geheiligten Ordnung, die vergöttlicht, und nach der Aufspaltung, die ausgleicht. Das Streben nach der Zeit, die das Nachsinnen ermöglicht, und nach der Arbeit, die die Zeit ausfüllt. Das Streben nach der Liebe durch den Geist, der das Fleisch züchtigt und den Menschen wachsen läßt, und nach der Barmherzigkeit, die die Wunden verbindet. Das Streben nach der Zukunft, die es zu bauen, und nach der Vergangenheit, die es zu bewahren gilt …

Herr, leihe mir ein Stück Deines Mantels, damit ich alle Menschen mit der Last ihrer großen Sehnsucht darunter berge! Doch als ich heute abend in der Einöde meiner Liebe einherging, begegnete ich einem kleinen Mädchen in Tränen. Ich bog seinen Kopf zurück, um in seinen Augen zu lesen. Und sein Kummer hat mich geblendet. Wenn ich es ablehne, Herr, ihn kennenzulernen, lehne ich einen Teil der Welt ab und habe mein Werk nicht vollendet. Es geht nicht darum, daß ich mich von meinen großen Zielen abwende, aber es gilt, dieses kleine Mädchen zu trösten! Denn nur dann geht alles gut in der Welt. Auch das kleine Mädchen ist Sinnbild der Welt.

Die Stadt in der Wüste

Vom Hoffen und Zweifeln

EINE FLAMME

*I*ch habe es erlebt, daß ein Kamerad – Henri Guillaumet – im
Winter mitten in die Kordilleren der Anden verschlagen wurde, in
4000 Meter Höhe und unter solchen Kälte- und Schneeverhältnissen,
bei denen seit Menschengedenken ein erfahrener Bergsteiger noch
niemals davongekommen ist. Guillaumet schaffte es, marschierte
hundertfünf Stunden lang (fünf Tage und vier Nächte), ohne ein
Recht auf Schlaf oder Ruhe zu haben, denn bei vierzig Grad Kälte
und 4000 Meter Höhe gibt eine Ruhepause keinen Pardon. Allein,
ohne Pickel, ohne Seil, ohne Proviant erreichte Guillaumet die Ebene.
Als er dort anlangte, war er durch seinen Kampf gegen das Gebirge
verbrannt, ausgeglüht, zu einem gespenstischen alten Bauernweib
zusammengeschrumpft, aber trotz allem lebendig. Er brachte kaum
noch mit, was er an Fleisch und Blut und was er an Atem zum Leben
und zur allmählichen Wiederherstellung seiner Kraft brauchte, aber er
brachte es mit. Und zwar dank einer Zuversicht, einer geistigen
Robustheit ... Und so war ich nahezu davon überzeugt, daß eine
gewisse Flamme den Menschen unverwundbar macht und ihm Macht
über das Geschehene verleiht – jenen Glauben, der Berge versetzt –
und daß die Niederlagen, wenn sie mit solcher Zuversicht ertragen
werden, keine Niederlagen mehr sind, sondern Lehren, sondern ein
Unterpfand des Erfolges. Solche Menschen weichen nicht zurück: ihr
Vorantasten, ihre Umwege sind solcher Art, daß sie bei jedem Hindernis den Spalt suchen und ihn auch finden. Und ich glaube an eine
so edle Vitalität.

Vorwort zu einem Buch von José Le Boucher

Ja oder nein?

MIT DER ERDE VERKNÜPFT

*E*inmal war ich mitten im Sand notgelandet und wartete auf den Morgen. Die goldgelben Hügel boten dem Mond ihre leuchtenden Seiten, und die Schattenseiten stiegen schwarz bis zu der Lichtscheide empor. In dieser Riesenhalle aus Licht und Schatten herrschte der Friede der Arbeitsruhe, aber auch ein tückisches Schweigen, in dessen Mitte ich einschlief.

Beim Erwachen sah ich nichts als das tiefe Becken des Nachthimmels, denn ich lag mit ausgebreiteten Armen rücklings auf einem Dünengrat und sah ins Sternengewimmel. Ich war mir noch nicht klar, welches diese Tiefen waren, und so faßte mich der Schwindel, als ich plötzlich hineinsah. Da war keine Wurzel, an die ich mich klammern konnte, und kein Dach und kein Zweig waren zwischen diesem Abgrund und mir. Ich war schon losgelöst und begann hineinzufallen wie ein Taucher ins Meer.

Aber ich fiel nicht. Ich fand mich vom Kopf bis zu den Fersen mit der Erde verknüpft. Es war beruhigend, ihr mein Gewicht zu überlassen. Die Schwerkraft erschien mir allgewaltig wie die Liebe.

Ich fühlte, daß die Erde meinen Rücken stützte, mich hielt, mich hob, mich durch den nächtlichen Raum mit sich führte ...

Ich wußte, ich war verloren in der Wüste und furchtbar bedroht, nackt zwischen Sand und Sternen, den Polen meines Lebens entrissen durch ein Übermaß an Stille. Ich würde Tage, Wochen, Monate brauchen, wenn mich nicht ein Flugzeug fand oder gleich morgen die Mauretanier umbrachten. Hier besaß ich nichts auf der Welt. Ich war nichts als ein verirrter Sterblicher zwischen Sand und Sternen, der wohlig fühlte, daß er atmete.

Wind, Sand und Sterne

Vom Hoffen und Zweifeln

UM WESSENTWILLEN?

*E*in Ingenieur hatte einmal zu Rivière [Betriebsdirektor der Flug-
linie] gesagt, als sie sich über einen Verwundeten beugten, der
beim Bau einer Brücke verunglückt war: ›Ist die Brücke da ein zer-
störtes Gesicht wert?‹ Nicht einer von den Landbewohnern, für die
diese neue Straße sich öffnete, wäre bereit gewesen, ein menschliches
Gesicht zu verstümmeln, nur um sich den Umweg über die nächste
Brücke zu ersparen. Und trotzdem baute man Brücken. ›Das allgemeine Interesse‹, hatte der Ingenieur hinzugefügt, ›ist nur die Summe
der Einzelinteressen: darüber hinaus berechtigt es zu nichts.‹ – ›Und
dennoch‹, hatte Rivière ihm später erwidert, ›obwohl das Menschenleben unbezahlbar ist, handeln wir immer wieder so, als ob es etwas
gäbe, das das Menschenleben an Wert übertrifft … Aber was?‹

Das Herz preßte sich ihm [Rivière] zusammen, wenn er an die
beiden Männer da oben dachte. Die Tat, die Leistung – schon ein
ganz alltäglicher Brückenbau – forderten Opfer an Glück. ›Im Namen
wessen?‹ fragte Rivière sich immer eindringlicher.

›Diese zwei Menschen‹, dachte er ›die vielleicht schon heute aus
der Welt verschwinden werden, hätten glücklich leben können.‹ Er
sah Gesichter, in die goldene Geborgenheit des Lampenscheins gesenkt. ›Im Namen wessen habe ich sie herausgerissen? Im Namen
wessen sie ihrem privaten Glück entzogen? Ist es nicht erstes Gesetz,
solches Glück zu behüten? – Und dennoch: eines Tages, unvermeid-
lich, schwinden diese goldenen Glücksbereiche ohnedies dahin wie
Luftspiegelungen. Alter und Tod zerstören sie unbarmherziger als
ich. Vielleicht gibt es etwas anderes, Dauerhafteres, das es zu bewahren gilt? Vielleicht ist es dieses Teil des Menschen, um dessentwillen
ich arbeite?‹

Nachtflug

Ja oder nein?

DAHINSCHWINDEN

*L*ieben, nur lieben – was für eine Sackgasse!‹ Rivière hatte die
› dunkle Empfindung von einer Pflicht, höher als Liebe. Oder
vielleicht handelte es sich auch dabei um ein Liebesgefühl, nur so ganz
anderer Art. Ein Satz kam ihm in den Sinn: ›Es handelt sich darum,
sie [zwei vermißte Piloten] unsterblich zu machen ...‹ Wo hatte er das
gelesen? ›Was man für sich selber erstrebt, stirbt.‹ Das Bild eines
Tempels kam ihm in den Sinn. Tempel des Sonnengottes der alten
Inkas von Peru. Diese steilen Blöcke hoch im Gebirge. Was wäre ohne
sie verblieben von einer Kultur, so machtvoll, daß selbst ihre Trümmer
noch wie ein Vorwurf lasten auf den Menschen von heute? ›Im Namen welcher Härte oder welcher seltsamen Liebe zwang der Führer
der Völker von einst seine Massen dazu, diesen Tempel ins Gebirge
hinaufzuschleppen und ihre eigene Unvergänglichkeit hier aufzurich-
ten?‹ Er sah träumend wieder die Menge in den Kleinstädten vor sich,
die abends um ihren Musikpavillon kreist: ›Die Art Glück‹, dachte er,
›dieses Karussell ...‹ Der Führer der Völker von einst – wenn er auch
vielleicht kein Mitleid hatte mit dem Leiden des Menschen, so hatte
er doch unendliches Mitleid mit seinem Tode. Nicht mit dem Tod des
einzelnen, aber Mitleid mit der Gattung und ihrem Dahinschwinden
in einem Meer von Sand. Und so ließ er sie wenigstens Steine aufrich-
ten, die die Wüste nicht verschlingen konnte.

Nachtflug

Vom Hoffen und Zweifeln

DEM ZUCHTHAUS ENTFLIEHEN

*F*ür den Menschen gibt es nur eine Wahrheit, das ist die, die aus ihm einen Menschen macht ... Wahrheit ist eine Sprache, die Allgültiges sagt. Newton hat nicht etwa ein lange unerkanntes Gesetz »entdeckt«, wie man etwa ein Rätsel löst, in dem die Antwort schon steckt. Seine Tat ist viel schöpferischer. Er hat ein Stück menschlicher Sprache geschaffen, das den Fall eines Apfels und den Lauf der Sonne zu erfassen erlaubt. Wahrheit besteht nicht in Beweisen, sie besteht im Zurückführen auf die letzte Einfachheit.

Was nützt es, Ideologien zu erörtern? Alle lassen sich beweisen, aber alle widersprechen einander. Weltanschauliche Aussprachen können einen am Heil der Menschheit verzweifeln lassen, wo doch alle Menschen ringsum das gleiche ersehnen.

Wir wollen befreit werden, das ist es. Wer einen Spatenstich tut, will wissen wofür. Der Spatenstich des Strafgefangenen ist entehrend und hat nichts gemein mit dem Spatenstich des Goldsuchers, der ihn adelt. Das Zuchthaus ist nicht überall, wo Spaten in die Erde getrieben werden – körperliche Arbeit ist kein Schrecknis –, es ist nur da, wo Spatenstiche ohne Sinn getan werden, Spatenstiche, die den Menschen nicht an die Gemeinschaft der Menschen binden.

Dem Zuchthaus wollen wir entfliehen.

Wind, Sand und Sterne

Ja oder nein?

NUN QUÄLT MICH DAS LOS ALL DERER, DIE ICH LIEBE

So stellt sich für einen, der das Meer befährt, ein Kontinent als das stille Blinken einiger Leuchttürme dar. Ein Leuchtturm ist kein Maß für die Entfernung. Sein Licht ist ganz einfach in den Augen gegenwärtig. Und alle Wunder des Kontinents leben in diesem Stern. – Und nun, da Frankreich infolge der totalen Besetzung mit seiner Fracht völlig in das Schweigen eingetreten ist, wie ein Schiff mit gelöschten Feuern, von dem man nicht weiß, hat es die Gefahren des Meeres überlebt oder nicht, nun quält mich das Los all derer, die ich liebe, ärger als eine Krankheit, die sich in mir festgesetzt hätte. Ich sehe mich durch ihre Gefährdung in meinem Wesen bedroht.

Der diese Nacht meine Gedanken heimsucht, ist fünfzig Jahre alt. Er ist krank. Und er ist Jude. Wie wird er den deutschen Terror überstehen? Um mir vorzustellen, daß er noch lebt, bedarf es des Glaubens, daß ihn der Eindringling hinter dem schönen Wall des Schweigens übersehen hat, mit dem ihn die Bauern seines Dorfes schützten. Nur dann glaube ich, daß er noch lebt. Nur dann, wenn ich mich, fern von ihm, im Reich seiner Freundschaft ergehe, das keine Grenzen hat, ist es mir erlaubt, mich nicht als Emigrant zu fühlen, sondern als Wanderer.

Brief an einen Ausgelieferten

WARUM EIGENTLICH?

*I*ch lebe in Villa Cisneros, in der spanischen Wüste … Um 6 Uhr früh werde ich mich über diesem seltsamen, nicht unterworfenen Lande in der Luft befinden … Von der zweitausend Kilometer langen Sahara-Avenue gehören tausend zum Aufständischengebiet … Die Gefahr ist nicht sehr groß, denn die Mauren können sich nicht auf ein Flugzeug einschießen; wenn aber der Motor zu stottern anfängt, wird es bedrohlicher. Wenn man gezwungen ist, sich in die Bärengrube hinabzubegeben …

Manchmal komme ich mir vor wie ein Dummkopf. Das um so mehr, als ich wahrscheinlich in ein oder zwei Monaten eine kleine, sich über mehrere Wochen erstreckende Expedition unternehmen werde, die eben in diese Bärengrube führen soll … Doch ich frage mich, was ich eigentlich in alldem suche, ob nicht das gescheiteste Leben darin besteht, glücklich zu sein! Und ich schwitze auf diesem Bett wie ein Schwamm; das macht der Ostwind in diesem Land des ewigen Sandes, während es in Frankreich schöne, grüne Wiesen gibt, mit Bächen und Kühen. Und Straßen in Paris, die voller Frauen sind … Und ich entscheide mich für das härteste und ungewisseste Dasein, weil ich der Meinung bin, daß man anderenfalls ein Nichts ist; wenn ich mich aber täuschen sollte? … Und dann, wissen Sie: … Ich weiß nicht einmal, ob ich eigentlich mutig bin oder nicht. Das einzig Wirkliche, was sich mir darbietet, besteht aus Tourenzählern, dem Manometer, dem Höhenmesser. Diese Dinge funktionieren gut oder schlecht. Und darunter befinden sich die Mauren, die schießen, aber das mutet einen unwirklich an, wie von einer anderen Welt. So brauche ich nicht einmal gegen mich selber anzukämpfen und weiß nicht, was ich wert bin …

Heut abend bin ich voller Pessimismus. Ich schwöre, daß ich Ihnen mit nächster Post schreiben werde, was mir an diesem Leben gefällt. Meine Sahara … zuweilen bete ich sie an.

Briefe an Lucie-Marie Decourt

Ja oder nein?

WENN ICH NACHTS WACH LIEGE ...

*E*s ist erst ein Uhr früh. In fünf Stunden geht es los, aber ich finde keinen Schlaf. Und doch liege ich brav im Bett. Ich glaube, es würde mir Spaß machen, Dir zu schreiben ... Es stürmt. Mein Fenster schlägt in einem seltsamen Rhythmus. Das ist genau die Sprache der Funker oder der Geister. Ich bemühe mich, sie zu entziffern, es gelingt mir nicht. Und doch würde ich gern mancherlei wissen. Die wenigen Taxis machen einen unheimlichen Lärm in einer schlafenden Stadt. Ich liebe auch diese Schritte auf der Straße nicht. Alles, was mich von ferne streift, beunruhigt mich, ich könnte so glücklich sein. Ich habe ein sehr schönes Zimmer. Schade, daß ich meine Schuhe auf den Tisch gestellt habe. Das verdirbt meine Landschaft.

Rinette, des Nachts bin ich nicht der gleiche. Ich habe manchmal etwas Angst, wenn ich mit offenen Augen in meinem Bett liege. Es gefällt mir nicht, daß man mir Nebel angekündigt hat. Ich will mir nicht morgen den Hals brechen. Die Welt würde nicht viel dadurch verlieren, ich aber alles. Stell Dir nur vor, was ich alles an Freundschaften und Erinnerungen und an Sonne in Alicante besitze. Und dazu den arabischen Teppich, den ich heute gekauft habe, der mich mit einer Besitzerseele beschwert – mich, der ich so leicht war, der nichts zu eigen hatte.

Rinette, ich habe einen Kameraden, dem wurden die Hände verbrannt. Ich will nicht, daß mir die Hände verbrennen. Ich schau sie an und habe sie gern ... Nachts kommt mir alles gebrechlich vor. Auch das, was mich mit allen verbindet, die ich liebhabe. Die schlafen. Ich bin sorgenvoller als ein Krankenwärter, wenn ich nachts wach liege. Ich hüte so schlecht all meine Schätze, wenn ich über sie wache.

Ich bin ein wenig töricht. Am Tage ist alles ganz einfach. Aufbruch und Wagnis liebe ich sehr. Ich liebe das am Tage, aber nicht in der Nacht.

Briefe an Rinette

Vom Hoffen und Zweifeln

DAS INNERE LEBEN IST SCHWER IN WORTE ZU FASSEN

*I*ch bin so verschieden von dem, was ich sein könnte. Es genügt mir, daß Du das weißt und mich etwas schätzt. Du hast meinen Brief ... falsch verstanden. Es sprach Abscheu daraus und kein Zynismus. Wenn man müde ist, wird man so am Abend. Jeden Abend ziehe ich die Bilanz meines Tages: ob er als persönliche Erziehung unfruchtbar war, ob ich gegen die Menschen häßlich gewesen bin, die ihn mir verdorben haben und in die ich Vertrauen setzen konnte. Du mußt mir nicht böse sein, weil ich fast nicht mehr schreibe. Das alltägliche Leben ist ja so unwichtig und gleicht sich so sehr. Das innere Leben ist schwer in Worte zu fassen, es besteht da eine gewisse Scham ... Du kannst Dir nicht vorstellen, wie sehr das die einzige Sache ist, die für mich zählt; alle Werte werden dadurch verändert, sogar in den Urteilen über andere ... Will man wissen, wie ich bin, muß man mich in dem suchen, was ich schreibe und was das gewissenhafte und durchdachte Ergebnis meiner Gedanken und Beobachtungen darstellt. Da: in der Ruhe meiner Stube oder eines Bistros kann ich mich so recht mir selber gegenübersetzen, kann jede billige Formulierung, jede literarische Mogelei vermeiden und mich mühsam ausdrücken. Da habe ich dann ein ehrliches und verantwortungsbewußtes Gefühl. Alles ist mir unerträglich, was nur frappieren soll und die Blickrichtung verfälscht, um auf die Phantasie einzuwirken. Viele Autoren, die ich gern hatte, weil sie mir ein allzu billiges geistiges Vergnügen verschafften ... verabscheue ich ehrlich. Du kannst wirklich nicht mehr von mir verlangen, daß ich am Neujahrstag Neujahrsbriefe schreiben soll.

Wie soll ich denn schreiben, daß ich ein Bad genommen ... oder bei den Jacques' diniert habe! In dieser Hinsicht ist mir alles so gleichgültig. Denn es ist fast ein Mangel an Würde, wenn man sich allen Leuten hingibt.

Briefe an seine Mutter

GRAU IN GRAU

*D*ie Temperatur in Dakar ist immer noch erträglich, und ich bin wohlauf. Die Flugreisen finden weiter in regelmäßigen Abständen statt, aber das sind die einzigen Augenblicke, die Abwechslung in mein Leben hineinbringen. Dakar ist der bürgerlichste aller Provinzorte.

Wie geht es Dir? Es tut gut, eine reizende Familie, einen Neffen und Dich zu haben. Hier sind die Leute derart bedrückend, denken an nichts, sind weder traurig noch zufrieden. Das Senegal hat sie innerlich ausgelaugt. Und so träume ich von Menschen, die an etwas denken und Freuden, Leiden, Freundschaften haben.

Hier herrscht eine so sauertöpfische Mentalität.

Es ist ein sehr enttäuschendes Land, ohne Spannweite, ohne Vergangenheit, ohne Haltung, ein törichtes Land. Träume nicht von Senegal!

Es gibt so gar keine Stunde des Tages, die angenehm ist. Kein Morgenrot, keine Abenddämmerung ... ein drückender Tag, Grau in Grau, und dann, ohne Übergang, die feuchte Nacht.

Und in der Gesellschaft Klatschereien, schlimmer als in Lyon.

Ich erhielt ein Wort von Dir, aber ohne Adresse. Ich habe nicht viel zu erzählen, außer daß ich tanze wie ein kleiner Gigolo und daß ich selber diesen Brief morgen nach Juby bringe.

Dakar bleibt sich immer gleich. Es hat sich bestimmt nicht gelohnt, daß man mitten in den Tropen auf die Suche ging nach einer farblosen Lyoneser Vorstadt ...

Hoffentlich kann ich aber nach meiner Rückkehr aus Juby mit einem Kameraden eine kleine Expedition ins Innere unternehmen und auf Krokodiljagd gehen. Das wäre ganz lustig.

Doch der Beruf ist mein größter Trost.

Briefe an seine Mutter

Vom Hoffen und Zweifeln

GEFÄNGNIS DER GEWOHNHEITEN

*P*erpignan ist heute abend vollkommen trostlos. Ich bin in den bergansteigenden Gäßchen herumgebummelt. Sie waren angefüllt mit Kramwaren. Ich kenne nichts Traurigeres als Kramwaren. Die Kramhändlerinnen verkaufen Nähgarn für drei Sous, Nadeln für zwei Sous, sie haben keinerlei Aussicht auf ein Luxusauto. Die davon leben, verbringen ihr Leben hinter ihren Gardinen. Spitzengardinen. Und in ihrer Stube gibt es eine Kamingarnitur, die ewiger ist als ein Gefangenenwärter. Und ihr ganzes Leben besteht aus Gewohnheiten. Es ist ein solches Gefängnis! Ich fürchte mich so sehr vor Gewohnheiten. Allerdings spenden sie etwas Wärme, und die fehlt mir zu sehr. Morgen schlafe ich in Toulouse, übermorgen in Alicante, und niemals finde ich mich zurecht. Das höchste Glück der Erde besteht doch darin, daß man ein braver Dummkopf ist, der von der Jagd heimkommt, sich vor dem Kamin die Hände reibt und »Sapperlot« ruft! Worauf man eine Viertelstunde braucht, um sich die Pfeife zu stopfen. Das ist noch besser, als wenn man ein Gigolo ist. Heute abend ist mir das klargeworden. Der ganze Schnee der Pyrenäen war rosa von oben. Die Narbonner Teiche ebenfalls von weitem. Kannst Du Dir das vorstellen? Mit abgedrosseltem Motor ließ ich mich auf Perpignan zutreiben – auf Perpignan, das blau war. Das war reizend. Aber es klingt so kitschig, wenn man es beschreibt. Du kannst Dir nicht vorstellen, welch ein Genuß das ist, wenn man hinuntergeht und nichts mehr zu befürchten hat: weder von einer Panne noch vom Nebel noch von den niedrigen Wolken, die sich unter einem geschlossen haben, über den Bergen, »unter denen die Ewigkeit liegt«. Der Motor kann ruhig aussetzen, das ist einem gleich, man ist sicher, daß man das grüne Rechteck erreichen wird.
Briefe an Rinette

ZU ALLEIN IN DIESER STUBE

*I*ch war mit Ascot im Kino. Ein schlechter Film mit geschwindelten Gefühlen, ohne untergründigen Zusammenhang. So was widert mich an, wie auch allein schon die Begegnung mit einer Menschenmenge am Abend, aber es geschieht, weil ich allein bin. Ich kampiere nur kurz in Paris wegen eines Ärgers mit dem Wagen. Meine Ankunft erinnert etwas an die Rückkehr eines Forschers aus Afrika. Ich rufe diesen und jenen an. Ich gehe meine Freundschaften durch. Der eine ist verabredet, der andere nicht zu Hause. Ihr Leben geht weiter seinen Gang, ich komme aus der Ferne. Da melde ich mich bei Ascot, der ein einsames Leben führt, und so gehen wir zusammen ins Kino. Das ist alles.

Mama, das ist es, was ich von einer Frau verlange: daß sie diese Unruhe stillt. Danach habe ich ein so großes Bedürfnis. Du kannst Dir nicht vorstellen, wie schwerfällig ich bin und wie ich meine Jugend als nutzlos empfinde. Du kannst Dir nicht vorstellen, was eine Frau mir zu geben vermag, was sie mir geben könnte.

Ich bin zu allein in dieser Stube.

Glaube nicht, Mama, daß mein Trübsinn unüberwindlich wäre. Das ist immer so, wenn ich die Tür aufmache, meinen Hut hinwerfe und spüre, daß ein Tag zu Ende ist, der mir zwischen den Fingern zerrann.

Wenn ich täglich schreiben würde, wäre ich glücklich, denn dann bliebe etwas zurück.

Briefe an seine Mutter

Vom Hoffen und Zweifeln

ETWAS UNRUHIG SEIN, UM WAHRNEHMEN ZU KÖNNEN

Nichts verwundert mich so sehr, als wenn ich sagen höre: »Wie jung Du noch bist!«, denn ich habe ein solches Bedürfnis danach, jung zu sein.

Nur liebe ich nicht die Menschen, die das Glück satt gemacht hat wie S. und die sich nicht mehr entwickeln werden. Man muß etwas unruhig sein, um rings um sich her Dinge wahrnehmen zu können. So habe ich Angst vor der Ehe. Das hängt von der Frau ab.

Eine Menschenmenge, an der man entlanggeht, ist immerhin voller Verheißungen. Aber sie entschlüpft einem, und außerdem setzt sich die Frau, die man braucht, aus zwanzig Frauen zusammen. Ich verlange zuviel von ihr, um nicht sofort zu ersticken.

Draußen herrscht eine eisige Kälte. Das Licht auf den Fensterscheiben ist hart. Man könnte, glaube ich, aus solchen Straßenimpressionen einen recht schönen Film machen. Diese Filmleute sind Schwachköpfe. Sie können nicht sehen. Sie begreifen nicht einmal ihre Begeisterung. Wenn ich daran denke, daß man zehn Gesichter, zehn Bewegungen festhalten muß, um dichte Eindrücke wiedergeben zu können: doch sie sind unfähig zu solch einer Synthese und produzieren Fotografien.

Mama, ich hätte gern Mut zum Arbeiten. Ich habe vieles zu sagen. Nur werfe ich am Abend den Ballast des Tages ab und schlafe. Ich werde bald wieder abfahren, ich weiß noch nicht wann, vielleicht tausche ich den Wagen um.

Briefe an seine Mutter

Ja oder nein?

DIESE DÄMMERUNG

*B*ernis schritt am Ufer der Seine entlang. Die Bäume standen, von keinem Hauch bewegt; ihre Äste verschwammen in der Abenddämmerung. Bernis schritt weiter. In ihm war Ruhe eingekehrt, wie sie das Stillwerden des Tages bringt, daß wir meinen, wir hätten endlich die Lösung eines Problems gefunden.

Aber diese Dämmerung – nichts als ein recht theaterhafter, leinwandener Hintergrund, der schon oft gedient hat, wenn Kaiserreiche untergingen, wenn Schlachten zu Niederlagen wurden, wenn eine armselige Liebe am Erlöschen war, der auch morgen wieder dienen wird, wenn es andere Komödien gibt. Ein leinwandener Hintergrund, der uns beunruhigt, wenn der Abend still ist, wenn das Leben schleppend wird, denn wir wissen nicht, welches Drama sich abspielen will. Oh, gäbe es etwas, das Rettung brächte aus all der menschlichen Unrast …

Südkurier

Vom Hoffen und Zweifeln

AUF LEBEN UND TOD

*W*ir sollen befehlsgemäß in siebenhundert Meter Höhe die Panzerwagenansammlungen in der Gegend von Arras auf dem Rückweg von einem langen Rundflug in zehntausend Meter Höhe erkunden ... Ich sage mir: ›Ein Auftrag auf Leben und Tod.‹ Ich denke ... denke so vielerlei. ›Wenn ich am Leben bleibe, will ich die Nacht abwarten zum Überlegen‹ ...
Dutertre und ich sehen durchs Fenster einen ruhigen Himmel. Ich höre die Hühner gackern, denn das Geschäftszimmer des Kommandeurs ist in einem Bauernhof ... Ich kann den Sommer, die Früchte, die reifen, die Küken, die wachsen, das Korn, das sich streckt, nicht gegen den Tod anführen, der uns naht. Ich verstehe nicht, wieso die sommerliche Ruhe zum Sterben nicht passen will, auch nicht, wieso das süße Leben zur Ironie wird. Doch eines wird mir undeutlich bewußt: dies ist ein Sommer, der aus dem Geleise geriet, der eine Panne bekam ... Ich habe verlassene Dreschmaschinen, verlassene Mähbinder gesehen. In den Straßengräben aufgegebene Wagen, die eine Panne hatten. Verlassene Dörfer. Dort lief in einem menschenleeren Dorf der Brunnen weiter. Das klare Wasser wurde zur Pfütze und hatte die Menschen doch soviel Mühe gekostet. Plötzlich kommt mir ein absurdes Bild: die Uhren, die stehengeblieben sind. Alle die Uhren, die nicht mehr gehen. Kirchturmuhren in den Dörfern, Bahnhofsuhren, Wanduhren über dem Kamin in den leeren Häusern. Auch im Schaufenster des Uhrmachers, der geflüchtet war, all die Gerippe toter Uhren. So ist der Krieg ... Keiner zieht die Uhren mehr auf. Keiner erntet die Rüben, keiner setzt die Wagen instand. Und das Wasser, das aufgespeichert wurde, um den Durst zu löschen oder herrliche Spitzen vom ländlichen Sonntagsstaat zu bleichen, wird zur Pfütze vor der Kirche. Und es heißt sterben, jetzt zur Sommerszeit ...
Flug nach Arras

Ja oder nein?

HOFFNUNG AUF RUHE?

*W*enn du deine Vorräte angesammelt hast, kannst du eine Zeitlang von deinem Honig leben. Wer einen Berg erstiegen hat, kann eine Zeitlang von der Landschaft leben, die im bezwungenen Aufstieg besteht. Er gedenkt der Steine, die er überklettert hat. Schon bald aber stirbt die Erinnerung. Und dann entleert sich auch die Landschaft ...

Mit einem Geschenk weißt du bald nichts anzufangen und verbannst es in den Speicher, nachdem du seine Macht aufgebraucht hast, die in der Freude am Geschenk besteht und nicht ein Gegenstand ist, über den du verfügen könntest.

– So habe ich denn niemals Hoffnung auf Ruhe?

– Nur dort, wo die Vorräte zu etwas dienen. Allein im Frieden des Todes, wenn Gott seine Ernte einbringt.

Die Stadt in der Wüste

*I*ch bin traurig, wegen dieses sonderbaren Planeten, den ich bewohne. Wegen all der Dinge, die ich nicht begreifen kann.

Kriegsbriefe an einen Freund

Vom Hoffen und Zweifeln

WEITE UND SCHWEIGEN

*U*nd freilich hasse ich das Gewöhnliche, das dir nichts gibt. Und ich achte das, was Weite und Schweigen den Menschen schenken. Nützlicher als der Besitz eines weiteren Speichers scheint mir der Besitz der Sterne am Himmel – und des Meeres –, obwohl du mir nicht zu sagen weißt, wodurch sie dein Herz erbauen. Doch in dem Elendsviertel, in dem du erstickst, wünschst du sie herbei. Sie rufen dich zu einer wunderbaren Wanderung. Was tut's, daß du sie nicht ausführen kannst! Sehnsucht nach Liebe ist Liebe. Und siehe, du bist schon gerettet, wenn du versuchst, der Liebe entgegenzuwandern.

Die Stadt in der Wüste

Ja oder nein?

DIE SEHNSUCHT DER GAZELLEN

*I*ch habe in Juby Gazellen aufgezogen. Wir alle zogen dort Gazellen auf. Wir sperrten sie im Freien in ein vergittertes Häuschen ein, denn die Gazellen brauchen den freien Durchzug der Winde, und es gibt nichts Empfindlicheres als sie. Wenn du sie aber jung einfängst, bleiben sie am Leben und fressen dir aus der Hand …

Doch es kommt der Tag, an dem sie ihre kleinen Hörner gegen das Gitter pressen, zur Wüste hin. Sie werden magnetisch angezogen. Sie wissen nicht, daß sie dich fliehen; sie trinken die Milch, die du ihnen bringst, sie lassen sich weiter streicheln, sie bohren noch zärtlicher als bisher ihre Muffeln in deine offene Hand … Doch kaum läßt du sie los, so wirst du gewahr, daß sie nach einem anscheinend glücklichen Galopp wieder zum Gitter zurückgekehrt sind. Und wenn du nicht eingreifst, bleiben sie dort, versuchen nicht einmal, gegen das Hindernis anzukämpfen, sondern drücken bloß mit gesenkten Nacken ihre kleinen Hörner dagegen, so lange, bis sie sterben.

… Das, was sie suchen, du weißt es, ist die Weite, die sie vollenden wird. Sie wollen Gazellen werden und ihren Tanz tanzen. Mit hundertdreißig Kilometern in der Stunde wollen sie die geradlinige Flucht kennenlernen, die von kurzen Sprüngen unterbrochen wird, als wenn hie und da Flammen aus dem Sand hervorbrächen.

Was kommt es auf die Schakale an, wenn die Wahrheit der Gazellen darin besteht, die Angst zu kosten, die sie lediglich dazu zwingt, über sich hinauszugehen, und ihnen die höchsten Kapriolen entlockt! Was kommt es auf den Löwen an, wenn die Wahrheit der Gazellen darin besteht, daß sie sich einem Tatzenschlag in der Sonne darbieten! Du blickst sie an und denkst: »Jetzt hat sie das Heimweh gepackt …« Das Heimweh ist die Sehnsucht nach etwas Unbestimmtem. Es gibt ihn, den Gegenstand der Sehnsucht, aber es gibt keine Worte, um ihn auszusprechen.

Frieden oder Krieg?

Vom Hoffen und Zweifeln

.

Man sehnt sich danach, heimzukommen

Verlangen nach Geborgenheit

MAN SEHNT SICH DANACH, HEIMZUKOMMEN

Kairo, 3. Januar 1936

*M*eine kleine Mama

Ich habe geweint, als ich Deinen kleinen, so besonnenen Brief las, denn in der Wüste [nach einem Absturz mit dem Flugzeug am 29. Dezember 1935 in der Libybischen Wüste, wo Saint-Exupéry erst am Abend des 1. Januar 1936 aufgefunden wurde] hab ich nach Dir gerufen. Ich war in großem Zorn entbrannt gegen die Trennung von allen Menschen, gegen dieses Schweigen, und ich rief nach meiner Mama. Es ist schrecklich, wenn man jemanden zurückläßt, der einen braucht wie Consuelo [seine Frau, mit der er seit 1931 verheiratet war]. Man sehnt sich gewaltig danach heimzukommen, um zu behüten und Schutz zu gewähren, und man reißt sich die Nägel aus an diesem Sand, der einen hindert, seine Pflicht zu tun, und man möchte Berge versetzen. Dich aber brauchte ich; es war an Dir, mich zu behüten und mir Schutz zu gewähren, und ich rief nach Dir mit der Selbstsucht einer kleinen Ziege.

Ein wenig Consuelo zuliebe bin ich heimgekommen, aber durch Dich, Mama, kommt man heim. Die Du so schwach bist, wußtest Du Dich so sehr als Schutzengel und stark und weise, daß man zu Dir betet, allein, in der Nacht?

Briefe an seine Mutter

MIR IST ZUM HEULEN HEUTE ABEND

Camp d'Avord, Oktober 1922

*M*eine kleine Mama
Ich brauche Dich ebensosehr wie damals, als ich ganz klein war. Die Feldwebel, die militärische Disziplin, die Kurse über Taktik, was ist das alles für trockenes und sprödes Zeug! Ich sehe Dich vor mir, wie Du die Blumen im Salon ordnest und bekomme eine Wut auf sie: auf die Feldwebel. Wie konnte ich Dich nur manchmal zum Weinen bringen? Wenn ich daran denke, bin ich so unglücklich. Ich ließ Dich an meiner Zärtlichkeit zweifeln. Und doch: wenn Du nur von ihr wüßtest, Mama...
Mir ist wahrhaftig zum Heulen heute abend. Du bist der einzige Trost, wenn man traurig ist. Als ich ein kleiner Junge war, kam ich mit meinem dicken Ranzen auf dem Rücken nach Hause, schluchzend, weil ich bestraft worden war – Du erinnerst Dich doch an Le Mans; und nur durch einen Kuß von Dir war alles vergessen. Du warst ein allmächtiger Schutz gegen die Aufpasser und den Pater Präfekten. Man fühlte sich geborgen in Deinem Hause, man gehörte nur Dir; wie gut war das ...

Briefe an seine Mutter

Verlangen nach Geborgenheit

WENN MAN SICH DRÜCKEN WILL

*J*a ... So als kleiner Junge auf dem Gymnasium steht man frühzeitig auf. Morgens um sechs geht es heraus. Es ist kalt. Man reibt sich die Augen, und schon im voraus drückt einen die böse Grammatikstunde. Deshalb träumt man vom Krankwerden, um im Krankenhaus aufzuwachen, wo einem die Schwestern mit den weißen Flügelhauben gesüßten Tee ans Bett bringen. Tausend Trugbilder malt man sich von diesem Paradies aus. Ganz klar, wenn ich dann eine leichte Erkältung hatte, hustete ich etwas mehr als nötig. Und von der Krankenstube, in der ich aufwachte, hörte ich die Glocke für die andern schlagen. Wenn ich ein wenig zu stark gemogelt hatte, strafte mich diese Glocke ordentlich: sie verwandelte mich in ein Gespenst.

Draußen schlug sie die eigentliche Zeit für die strengen Unterrichtsstunden, für das Tollen in den Pausen und die Wärme im Speiseraum. Für die Lebendigen draußen schuf sie eine dichte Existenz, reich an Elend, Ungeduld, Jubel und Kummer. Ich allein war dem entzogen, war vergessen, angeekelt von dem faden Teegebräu, dem feuchten Bett und den ausdruckslosen Stunden.

Es kommt nichts dabei heraus, wenn man sich um einen erhaltenen Auftrag drücken will.

Flug nach Arras

IN DER FERNE

*U*nsere Bräuche, Konventionen und Gesetze, kurz, alle diese Dinge, deren Notwendigkeit du nicht recht fühlst und denen du dich entzogen hast, sie sind es, die dem Leben seinen Rahmen geben. Um bestehen zu können, brauchen wir um uns herum ... dauerhafte, wirkliche Dinge.

Südkurier

*I*n der Ferne träumt man gern. Das Rührende, das der Abschied gebracht hat, läßt man hinter sich, mit einem Stich im Herzen, aber auch mit dem seltsamen Bewußtsein von einem Schatz, der unter der Erde verborgen bleibt.

Südkurier

Verlangen nach Geborgenheit

DÄMME, OHNE DIE SICH NICHT LEBEN LÄSST

*E*ine junge Frau, die irgendein Verbrechen begangen hatte, verurteilten die Richter der Stadt einstmals dazu, die zarte Hülle ihrer Haut in der Sonne abzustreifen; so ließen sie sie einfach in der Wüste an einen Pfahl binden...
Und ich hörte ihre Klage. In dieser Nacht ohne Grenzen gefangen, rief sie die abendliche Lampe in ihrem Hause herbei und die Kammer, in der sie sich hätte sammeln können, und die Tür, die sich fest hinter ihr geschlossen hatte. Dem gesamten Weltall preisgegeben, das keinerlei Gesicht zeigte, rief sie nach dem Kinde, das man vor dem Einschlafen küßt und das die Welt in sich zusammenfaßt. Auf dieser wüsten Ebene dem Vorüberzug des Unbekannten unterworfen, besang sie des Gatten Schritt, der des Abends auf der Schwelle ertönt, und der vertraut ist und beruhigt. Der Unendlichkeit zur Schau gestellt, in der es nichts Greifbares mehr für sie gab, flehte sie, man möge ihr die festen Dämme zurückgeben, ohne die sich nicht leben läßt: jene Lage Wolle zum Kämmen, jenen Napf zum Abspülen –, eben nur diesen da –, jenes Kind, um es in den Schlaf zu wiegen, und kein anderes. Sie rief nach der Ewigkeit des Hauses, das mit dem ganzen Dorfe unter dem gleichen Abendgebet geborgen ist.
Die Stadt in der Wüste

Man sehnt sich danach, heimzukommen

NAHRUNG FÜR DEIN HERZ

*D*er wird ein besseres Heim haben, der aus Wassermangel in der Wüste vertrocknet und dabei von einem Brunnen träumt, den er kennt und von dem er in seinen Fieberträumen das Knarren der Zugwinde und das Knirschen des Seiles hört, als der andere, der keinen Durst verspürt und daher gar nicht weiß, daß es zärtliche Brunnen gibt, zu denen die Sterne hinführen.

Ich ehre nicht deshalb deinen Durst, weil er deinem Wasser eine sinnhafte Bedeutung verleiht, sondern weil er dich zwingt, die Sterne und den Wind und die Spuren deines Feindes im Sande zu lesen. Deshalb ist es wesentlich für dich, zu begreifen, daß es ein Zerrbild des Lebens wäre, wollte ich dir das Recht zum Trinken verweigern, um dich zu beleben – denn dann steigerte ich lediglich das Verlangen nach Wasser in deinem Leib –, sondern daß es, wenn du deinen Durst stillen möchtest, allein darauf ankommt, dich dem Zeremoniell der Wanderung unter den Sternen und der verrosteten Kurbel zu unterwerfen, denn diese singt einen Hymnus, der deinem Tun die Bedeutung eines Gebetes verleiht, damit die Nahrung für deinen Leib zur Nahrung für dein Herz werde.

Du bist nicht Vieh im Stall. Wenn du den Stall mit einem anderen vertauschst, bleiben Krippe und Streu sich gleich. Und das Vieh lebt darin weder besser noch schlechter. Bei dir aber ist das Mahl, mag es auch deinem Leib dienen, zugleich für dein Herz bestimmt. Und wenn du Hungers stirbst und der Freund dir seine Tür öffnet und dich an seinen Tisch nötigt und den Milchkrug für dich füllt und das Brot bricht, so trinkst du sein Lächeln, denn die Mahlzeit hat die Macht eines Zeremoniells. Gewiß bist du dadurch gesättigt, doch zugleich blüht der Dank für den guten Willen der Menschen in dir auf.

Die Stadt in der Wüste

Verlangen nach Geborgenheit

DAS REICH, DEM DU DIENST

*D*a liebt einer sein Haus. Es ist unscheinbar. Er aber hat dafür gelitten und die Nächte durchwacht. Es fehlt indes ein Teppich aus langhaariger Wolle. Oder die Silberschale, die dem Tee bei der Liebsten vor dem Liebesspiel dienen soll. Und nachdem er gelitten, sich abgemüht und die Nächte durchwacht hat, tritt er daher eines Abends beim Kaufmann ein und wählt den schönsten Teppich, die schönste Silberschale aus, wie man einen Kultgegenstand auswählt. Und so kommt er vor Stolz errötend heim, denn er wird heute abend ein wirkliches Haus bewohnen. Und er lädt all seine Freunde ein, damit sie mit ihm trinken und die Silberschale feiern. Und er, der Schüchterne, spricht während des Banketts, und ich sehe darin nichts, was mich aufbringen könnte. Denn dieser Mann ist sicherlich gereift und wird seinem Hause noch größere Opfer bringen, da es schöner ist.

Wenn es aber kein Reich gibt, dem du dienst, wenn die Huldigung oder die Ehrung oder der Gegenstand nur für dich bestimmt sind, so ist es das gleiche, als wenn man sie in einen leeren Brunnen geworfen hätte. Denn du verschlingst sie. Und so wirst du immer gieriger, weil du immer weniger gesättigt und getränkt bist. Und du begreifst nicht die Bitterkeit, die des Abends über dich kommt, angesichts der Leere all der Dinge, die du so sehr begehrt hast. Eitelkeit aller Güter, sagst du, Eitelkeit ...!

Und wenn einer so klagt, heißt das, daß er sich selber zu dienen suchte.

Und freilich hat er sich nicht gefunden.

Die Stadt in der Wüste

Man sehnt sich danach, heimzukommen

DEIN KOSTBARES GUT

*I*ch wünsche dich beständig und festgegründet. Ich wünsche dich treu. Denn Treue ist vor allem Treue zu sich selbst. Du hast nichts von Verrat zu erhoffen, denn es bedarf langer Zeit, bis die Bande geknüpft sind, die dich lenken, beseelen und dir Sinn und Licht geben werden ... Wenn du dein Landgut verkaufst, um ein anderes zu beziehen, das äußerlich vielleicht schöner ist, hast du ein Stück deines Wesens verloren, das du nicht mehr wiederfinden wirst. Und warum langweilst du dich in deinem neuen Hause? Es ist bequemer und erfüllt besser die Wünsche, die du hegtest, während du in deinem früheren Hause im Elend lebtest. Dein Ziehbrunnen ermüdete dir den Arm, und du träumtest von einem Springbrunnen. Nun hast du deinen Springbrunnen. Doch es fehlt dir fortan das Lied des Flaschenzuges und das Wasser aus dem Bauche der Erde, das dich widerspiegelte, sobald es an die Sonne trat.

Und ich verlange nicht etwa, daß du keinen Berg ersteigen und dich nicht hocharbeiten sollst. Ich möchte, daß du dich weiterbildest und zu jeder Stunde voranschreitest. Aber der Springbrunnen, mit dem du dein Haus verschönst – und der auf dem Sieg deiner Hände beruht –, bedeutet nicht das gleiche, als wenn du dich im Gehäuse eines anderen eingenistet hast. Und die Gewinne, die du hintereinander in der gleichen Richtung erzielst – als wenn du den Tempel ausschmückst –, und in denen sich das Wachstum des Baumes äußert, der sich nach seiner Anlage entwickelt, sind etwas anderes als dein liebloser Umzug.

Ich mißtraue dir, wenn du zerschneidest, denn du setzt dadurch dein kostbarstes Gut aufs Spiel, das nicht auf den Dingen, sondern auf dem Sinn der Dinge beruht.

Stets habe ich erfahren, daß Emigranten traurig sind.

Die Stadt in der Wüste

FÜR DIE RÜCKKEHR LEBEN

Sie ist ja so süß, die Fremde des verlorenen Sohnes! Es ist eine unechte Fremde, da noch immer das Vaterhaus wartet. Ob man nun ins Nebenzimmer gegangen ist oder auf die andere Seite der Erdkugel: der Unterschied ist unwesentlich. Die Anwesenheit des Freundes, der sich dem Anschein nach entfernt hat, kann fühlbarer werden als seine wirkliche Gegenwart. Es ist jene des Gebets. Nie habe ich mein Zuhause mehr geliebt als in der Sahara. Nie sind Verlobte ihren Bräuten näher gewesen als die bretonischen Matrosen des 16. Jahrhunderts, als sie das Kap Horn umsegelten und hinwelkten vor der Mauer undurchdringlicher Winde. Schon vom Augenblick der Abreise an begannen sie heimzukehren. Es war ihre Heimkehr, die sie ins Werk setzten, wenn sie mit schweren Händen die Segel hißten …

Das Wesentliche ist, daß das, wovon man gelebt hat, irgendwo weiterbesteht. Und die Gewohnheiten. Und das Familienfest. Und das Haus der Erinnerungen. Das Wesentliche ist, daß man für die Rückkehr lebt.

Brief an einen Ausgelieferten

Man sehnt sich danach, heimzukommen

DIE FREUDEN DER ANKUNFT

*W*enn man gegen zwei Uhr früh mit dem Flugzeug die Post von Dakar nach Casablanca bringt, stellt man inmitten von Sternen, deren Namen ich nicht kenne, die dunkle Haube des Motors etwas rechts von der Spitze des großen Wagens ein. Je mehr andere Sternbilder aufsteigen, wechselt man die Sterne, um nicht die Augen hochheben zu müssen. Man sucht anderswo Rat. Und nach und nach, ebenso wie die Nacht große Wäsche in der sichtbaren Welt hält und nur Sterne hoch über einer schwarzen Sandfläche bestehen läßt, hält sie auch große Wäsche im Herzen. Alle unwichtigen Sorgen, die man für die Hauptsache hielt, die Zornesregungen, die unbestimmten Wünsche, die Eifersüchteleien werden ausgelöscht, und nur die ernsten Sorgen bleiben.

Während man dann von Stunde zu Stunde diese Sternentreppe bis zum Morgengrauen hinabsteigt, fühlt man sich rein.

Ja, der Beruf hat seine großen Augenblicke: die starken Freuden der Ankunft, sobald der Sturm überwunden ist; dieses Hinabgleiten auf Alicante oder Santiago zu, die im Sonnenschein daliegen, während man Finsternis oder Gewitter hinter sich hat; dieses machtvolle Gefühl, daß man heimkommt, um wieder seinen Platz im Leben einzunehmen: im Wundergarten, in dem es Bäume gibt und Frauen und kleine Hafencafés. Wenn man mit abgedrosseltem Motor auf den Flugplatz hinuntergeht, hinter einem die düsteren Wolkenberge, von denen man sich befreit.

Vorwort zu einem Buch von Maurice Bourdet

Verlangen nach Geborgenheit

IM HERZGEHEIMNIS DER DINGE

Schon beim Rückflug hatte sich die Landschaft stückweise um ihn aufgebaut, fast wie ein Kerker. Die Sandhügel der Sahara, die spanischen Felsen waren allmählich zurückgewichen, wie Theaterkulissen, die der freien Natur Raum geben. Endlich, gleich nach der Grenze, Perpignan und ringsherum die Ebene. Diese Ebene, auf der noch späte Sonne lag in schrägen, langgestreckten Strahlen, die immer durchscheinender werden wie alter Goldstoff; da und dort lag noch der Sonnenhauch auf den Wiesen, von Minute zu Minute blässer und luftiger, nicht erlöschend, aber hinschmelzend im Dunst. Und dann dieser zitronengrüne Streif, eine satte dunkle Farbe unter dem Blau des Himmels. Ein stiller Hintergrund. Endlich, mit verlaufendem Motor, dieses Hinabtauchen ins Dunkle, wie in ein Meer, in dem alles friedlich geworden ist und wo nun alles so fest und unbeirrbar ruht wie eine Mauer.

Dann ging's im Wagen des Flughafens zur Bahn. Im Zug die Gesichter, gerade gegenüber, verschlossene, hart gewordene Gesichter. Die Hände, in die das Lebenslos seine Runen gegraben hat, liegen flach auf den Knien und sind so schwer. Den Bauern, zwischen denen man sitzt, merkt man an, daß sie vom Feld kommen. Und dieses junge Mädchen, das daheim vor der Haustür auf den Mann wartet, der unter hunderttausend Männern zu ihm finden soll und das schon hunderttausend Hoffnungsträume zerrinnen sah. Die Mutter aber, die ein Kind in Schlaf lullt, war ja schon Gefangene dieses Kindes, konnte ihm nicht mehr entfliehen.

Solcherart mitten ins Herzgeheimnis der Dinge gestellt, kam Bernis auf stillen Wegen in seine Heimat zurück, die Hände in den Taschen, ohne Koffer, der richtige Streckenpilot, zurück in die starrste aller Welten, in der man zwanzig Jahre prozessieren muß, um über eine Mauer hinüberzugreifen und ein Feld zu vergrößern.

Südkurier

Man sehnt sich danach, heimzukommen

HAT MAN EINMAL GEWÄHLT

Während Fabien auf San Julian niederglitt, fühlte er sich müde. Alles, was das Dasein der Menschen behaglich macht, stieg ihm, wachsend, entgegen: ihre Häuser, ihre kleinen Cafés, die Bäume ihrer Promenade. Er war wie ein Eroberer, der am Abend seines Sieges sich über die Lande des Reiches beugt und zum erstenmal bescheidenes Menschenglück gewahrt. Ein Verlangen war in ihm, die Waffen abzulegen, die Schwere und Steifheit seiner Glieder zu spüren, denn Mühsal schafft zweifaches Behagen, und hier nur noch ein einfacher Mensch zu sein, der durch sein Fenster hinausschaut auf ein Daseinsbild, das sich nun nie mehr wandelt. Dieses winzige Nest, er hätte es gerne angenommen: hat man einmal gewählt, so gibt man sich zufrieden mit diesem So-und-nicht-anders und kann sein Herz daran wenden. Es gewährt den Segen der Beschränkung, wie die Liebe. Fabien hätte gewünscht, lange Zeit hier zu leben, sein Teil Ewigkeit hier an sich zu nehmen; denn sie erschienen ihm wie etwas Ewiges, da draußen außerhalb seines Ich, diese kleinen Städte, in denen er immer nur eine Stunde verbrachte, und diese Gärten, umhegt von alten Mauern, die er überflog.

Und die Ortschaft stieg dem Flugzeug entgegen und öffnete sich ihm. Und Fabien dachte an die Freundschaften, an die zärtlichen Mädchen, an die Traulichkeit der weißen Tischtücher, an alles, was sich gemächlich einrichtet auf die Ewigkeit. Und die kleine Stadt glitt schon dicht unter den Flügeln dahin und bot das Innere ihrer geschlossenen Gärten dar, die ihre Mauern nicht mehr beschützten. Aber Fabien wußte, als er gelandet war, daß er nichts gesehen hatte als nur die langsame Bewegung von ein paar Menschen zwischen ihren Steinen. Diese Stadt hielt ihr lebendiges Leben hinter ihrer Unbeweglichkeit verborgen, diese Stadt gab ihr Behagen, ihre Süße nicht preis: um sie zu gewinnen, hätte man auf die Tat verzichten müssen.

Nachtflug

Verlangen nach Geborgenheit

IM FRIEDEN IST ALLES IN SICH GEBORGEN

*I*ch überfliege also die Straßen, die schwarz sind vom endlosen Strom, der nicht mehr aufhört zu fließen. Die Bevölkerung wird evakuiert, so heißt es …

Wenn man diese schwarzen Straßen sieht, die ich schon erkennen kann, verstehe ich, was Frieden ist. Im Frieden ist alles wohl in sich geborgen. Die Bauern kommen abends heim ins Dorf. Das Korn kommt in die Speicher. Und die Wäsche kommt zusammengefaltet in die Schränke. In Friedenszeiten weiß man, wo jeder Gegenstand zu finden ist. Man weiß auch, wo man sich abends schlafen legt. Ach! Der Friede stirbt, wenn die Ordnung in die Brüche geht, wenn man keinen Platz mehr hat auf der Welt, wenn man nicht mehr weiß, wo man seine Liebe trifft, wenn der Gatte, der aufs Meer hinausgeht, nicht heimgekehrt ist.

Friede bedeutet in einem Gesicht lesen, das sich hinter den Dingen zeigt, wenn sie ihren Sinn und ihren Platz bekommen haben. Wenn sie einen Teil von etwas Umfassenderem bilden als sie selbst, wie all die verschiedenen Mineralien des Erdbodens, sobald sie sich im Baum zusammengefunden haben.

Flug nach Arras

*E*s gibt vielleicht auch keinen Sieg. Es gibt keine endgültige Rückkehr aller Flugzeuge.

Nachtflug

Man sehnt sich danach, heimzukommen

DEN FRIEDEN, DEN MAN SICH ERTRÄUMT

*R*ivière, verantwortlicher Leiter des gesamten Flugnetzes, ging auf dem Landungsplatz von Buenos Aires hin und her. Schweigend. Denn bis zur Rückkehr der drei Flugzeuge blieb dieser Tag für ihn bedroht ... Nun würde er diesen ersten bald hören. Diesen einen lieferte die Nacht schon aus, wie das zähe Meer einen Schatz an den Strand treibt, den es lange hin und her gespült. Und später würde sie ihm auch die beiden anderen herausgeben. Dann war ein Strich unter diesen Tag gemacht. Dann konnten die verbrauchten Mannschaften schlafen gehen, ersetzt durch die frischen. Aber er, Rivière, würde noch keine Ruhe haben: der Europakurier harrte der Abfertigung. So würde es immer sein. Zum erstenmal überraschte sich der alte Kämpfer dabei, daß er sich müde fühlte. Die Rückkehr der Flugzeuge würde nie der Sieg sein, der einen Krieg beendigt und eine Ära glücklichen Friedens eröffnet. Immer würden jedem Schritt, den er tat, tausend gleiche folgen ... Mühsal ohne Rast und ohne Hoffnung. ›Ich werde alt ...‹ Alt, wenn er nicht mehr im Tun selbst seine ganze Befriedigung fand. Er verwunderte sich über sich selber, daß er sich plötzlich mit solchen Fragen abgab, die er sich nie gestellt hatte. Aber sie geisterte um ihn mit schwermütigem Flüstern, die Fülle aller Annehmlichkeiten, die er immer beiseite geschoben hatte: eine verlorene Welt. ›So nah ist das alles? ...‹

Er gestand sich ein, daß er alles, was das Leben süß macht, nach und nach immer mehr auf das Alter hin verschoben hatte, auf den Augenblick, da er ›Zeit dazu haben‹ würde. Als ob man wirklich eines Tages Zeit dazu haben könnte. Als ob man ganz am Ende des Lebens den glücklichen Frieden gewinnen könnte, den man sich erträumt. Aber es gibt keinen Frieden. Es gibt vielleicht auch keinen Sieg. Es gibt keine endgültige Rückkehr der Flugzeuge.

Nachtflug

Verlangen nach Geborgenheit

WAS EINMAL DIE UNENDLICHKEIT WAR

*W*ie ungeheuerlich hat sich die Wüste seit ihrer Unterwerfung geändert! Es geht ihr nicht anders als allem Menschenland. Angesichts dieser entzauberten Wüste denke ich an die Spiele meiner Kindheit, an den dunklen und doch so leuchtenden Park, den wir mit Göttern bevölkerten, und an das Reich ohne Grenzen, das wir aus diesem Quadratkilometer niemals gänzlich durchforschten Landes schufen. Wir bildeten einen Kulturkreis für uns, in dem jeder Schritt seine Gesetze und jedes Ding seinen Sinn hatte, die sonst nirgends galten. Was bleibt aber von diesem Park der Kindheit mit seinen zauberhaften Schatten, wenn man als Mann unter anderen Gesetzen lebt? Kommt man dann wieder einmal in die Heimat zurück, geht man in einer Stimmung von Verzweiflung an der kleinen, grauen Steinmauer entlang und wundert sich, daß in einem so engen Raum das Gelände eingeschlossen sein kann, das einmal die Unendlichkeit war. Und schmerzlich muß man einsehen, daß man diese Unendlichkeit nie wieder finden wird. Es reicht nicht aus, wieder in den Park zu treten; man müßte in das Spiel selbst zurückfinden können.

Wind, Sand und Sterne

Man sehnt sich danach, heimzukommen

VERÄNDERTE WIRKLICHKEITEN

*A*lles hat sich um uns so schnell geändert: die menschlichen Beziehungen, die Arbeitsbedingungen, Sitten. Sogar unsere psychische Verfassung ist bis ins Innerste erschüttert. Begriffe wie Trennung, Abwesenheit, Entfernung, Rückkehr besagen mit den gleichgebliebenen Worten nicht mehr die gleichen Realitäten. Um die Welt von heute zu erfassen, gebrauchen wir eine Sprache, die für die Welt von gestern geschaffen wurde. Darum scheint uns das Leben der Vergangenheit unserer Natur besser zu entsprechen, nur weil es unserer Sprache besser entspricht.

Jeder Fortschritt hat uns aus Gewohnheiten, die wir kaum ernst genommen hatten, gleich wieder vertrieben. Wir sind wie Auswanderer, die noch kein neues Vaterland aufgebaut haben.

Im Fortschrittsrausch haben wir Menschen dazu gezwungen, an Eisenbahnen, Werkbauten und Tiefenbohrungen Dienst zu tun, und haben darüber ziemlich vergessen, daß alle diese Anlagen nur geschaffen wurden, um den Menschen zu dienen.

Langsam wird unser Haus menschlicher werden. Die Maschine selbst tritt in dem Maße hinter ihren Aufgaben zurück, als sie vollkommener wird …

Vollkommenheit ist offensichtlich nicht dann erreicht, wenn man nichts mehr hinzuzufügen hat, sondern wenn man nichts mehr wegnehmen kann.

Wind, Sand und Sterne

Verlangen nach Geborgenheit

SETZ DICH UNTER EINEN BLÜHENDEN
APFELBAUM

Casablanca, 1921

Meine kleine Mama
Ich erhalte von Dir ein Paket mit Strümpfen und einem
samtartigen Sweater, der den Morgenwind sänftigt und zweitausend
Meter Höhe mild erscheinen läßt. Er wärmt wie die mütterliche Liebe,
aus der er hervorgegangen ist … Ihm verdanke ich ein heiteres Aussehen, aus dem Wohlbefinden spricht, und einen kleinen stutzerhaften
Anflug, der Sympathie erweckt. Gestern war ich in Casablanca. Ich
führte zunächst meine Einsamkeit in den arabischen Straßen spazieren, wo sie weniger bedrückt, weil nur einer auf einmal hindurch kann.
Ich feilschte um ihre Schätze mit weißbärtigen Juden. Sie altern inmitten goldener Pantoffeln und silberner Gürtel, sitzen mit gekreuzten Beinen, beweihräuchert von den Selams ihrer vielfarbigen Kunden:
gibt es ein Schicksal, das man mehr bestaunen könnte?

Ich sah, wie ein Mörder durch die Gassen geführt wurde. Man
spickte ihn mit Schlägen, damit er sein Verbrechen herausheulte vor
den ersten jüdischen Kaufleuten und den kleinen, verschleierten
Fatimas …

Meine kleine Mama, setze Dich unter einen blühenden Apfelbaum, denn man erzählt uns ja, daß sie in Frankreich in Blüte stehn.
Und blicke mir zuliebe genau um Dich … Das Grün fehlt mir, das
Grün ist eine geistige Nahrung, das Grün speist die sanfte Lebensart
und die Ruhe der Seele. Wenn man diese Farbe des Lebens ausmerzt,
vertrocknet man schnell und wird böse. Die Raubtiere verdanken
ihren hinterhältigen Charakter nur dem Umstand, daß sie nicht auf
dem Bauch in der Luzerne leben. Wenn ich einem Strauch begegne,
reiße ich einige Blätter ab und vergrabe sie in meiner Tasche. Dann, in
meiner Stube, sehe ich sie liebevoll an und wende sie ganz sachte um.
Ich möchte Deine Gegend wiedersehn, wo alles grün ist.

Briefe an seine Mutter

Man sehnt sich danach, heimzukommen

NICHT MIT DEM DÖRFCHEN IM AIN
ZU VERGLEICHEN

Casablanca, 1921

*M*eine kleine Mama
Ich habe alle möglichen Schätze – Briefe und Milch – erhalten; alles das hat mein Herz hell gemacht.

Letzten Sonntag machte ich einige Aufnahmen mit dem Apparat eines Kameraden. Ich schicke Dir das Meer und die einzigen Bäume der Umgebung: große, traurige Kakteen. Auch meine Silhouette auf einem Felsen. Gefallen sie Dir? Didi wäre hier glücklich. Es gibt unzählige gelbliche Köter, die abscheulich sind. Sie irren im Gänsemarsch im Gelände umher, blöde und böse. Wären sie nicht da, hätte ich mich schon zu den »Douars« aus Stroh und Schlamm hinausgetraut, die mit einer ärmlichen verfallenen Mauer versehen sind. Abends sieht man dort großartige Greise und kleine, verkümmerte Frauen. Sie heben sich schwarz vom roten Himmel ab und werden langsam altersschwach wie ihre Mauern. Die gelblichen Köter heulen. Biedere Kamele grasen Kiesel ab, und abscheuliche kleine Esel träumen vor sich hin. Man könnte dort hübsche Aufnahmen machen, und doch läßt sich das nicht mit den Dörfchen im Ain vergleichen, in denen es Heuwagen und grünes Gras gab und viele zutrauliche Kühe.

Erste Regenfälle. Ein kleiner Wassereimer tropft einem während der Siesta auf die Nase. Draußen wälzt der Himmel Wolkenfelder vorüber. Die dem Wind geöffnete Baracke ächzt wie ein Schiff, und da der Regen große Seen ringsherum gebildet hat, gleicht sie der Arche Noah.

Drinnen hat sich jeder schweigend unter seinem weißen Moskitonetz verkrochen, so daß man sich in einem Mädchenpensionat glauben könnte …

Auf Wiedersehn, geliebte Mama, ich umarme Dich, so wie ich Dich lieb habe.

Briefe an seine Mutter

Verlangen nach Geborgenheit

EINSCHLAFEN

*I*ch mußte an jene erste Nacht in der Libyschen Wüste denken, die
ich mit Prévot ohne Wasser und Hoffnung verbrachte. Da konnten
wir, ehe der entsetzliche Durst kam, noch ein einziges Mal zwei Stunden schlafen. Damals hatte ich das Gefühl, daß Einschlafen eine wunderbare Herrschertat war: ich konnte der Welt die Türe vor der Nase
zuschlagen, noch war ich Herr meines Körpers, der es nicht wagte,
mich zu quälen …

Wind, Sand und Sterne

Man sehnt sich danach, heimzukommen

ERWACHEN

Zur gegebenen Stunde wohnte ich dem Erwachen des Unteroffiziers bei. Er schlief auf einem Eisenbett im Schutt eines Kellers. Er schien einen restlos glücklichen und völlig ungetrübten Schlaf zu genießen ...

Mit Arbeitsstiefeln war er beschuht, und mit Arbeitszeug war sein Körper behängt: Patronentaschen, Revolver, Schulterriemen, Koppel – Joch und Kummet wie ein Pflugtier. In den Kellern in Marokko sieht man manchmal von blinden Pferden gedrehte Mühlen. Hier, im Schein der rotflackernden Kerze, wurde auch ein blindes Pferd geweckt, das seine Mühle schleppen sollte ...

»He, Kamerad!« Noch ein letztes Mal versuchte der Unteroffizier, sich in sein glückliches Traumland zu retten, sich unserer Welt der Sprengstoffe, der Erschöpfung, der eisigen Nacht zu versagen, aber es war zu spät. Der Andrang der Außenwelt war zu stark. So weckt am Sonntagmorgen die Glocke der Schule den strafweise zurückgehaltenen Schüler. Er hatte Pult und Tafel und Aufgaben vergessen und von Spielen im freien Land geträumt. Vergeblich suchte er so zu entrinnen: die Glocke schlägt und führt ihn unerbittlich in die Ungerechtigkeit der Welt zurück. Ganz ähnlich kehrte der Unteroffizier langsam in seinen gehetzten Leib zurück, von dem er nichts wissen wollte und der alsbald von der Starre des Schlafes in allen Gelenken schmerzen würde. Nun spürte er den Druck der Ausrüstung, dann kam der schwere Lauf – dann der Tod. Nicht so sehr der Tod als das mühsame Atmen, die Erstarrung und der eklige Blutbrei, in den man beim Versuch, wieder hochzukommen, mit den Händen faßt. Nicht so sehr der Tod als die Mühsal des Sterbens. Ich mußte an die Verzweiflung meines eigenen Erwachens denken, als plötzlich der Durst, die Sonne und der Sand wieder lastend auf mich fielen, als ich das Leben wieder übernehmen mußte, diesen Traum, den man sich nicht wählen kann.

Wind, Sand und Sterne

Verlangen nach Geborgenheit

DIESE GROSSE TRUHE

*I*n Saint-Maurice besitze ich eine große Truhe. Seit ich sieben Jahre bin, versenke ich darin meine Entwürfe fünfaktiger Tragödien, die Briefe, die ich bekomme, meine Fotos. Alles, was ich liebe, denke und alles, woran ich mich erinnern möchte. Manchmal breite ich alles bunt durcheinander auf dem Parkett aus. Auf dem Bauch herumrutschend, feiere ich dann ein Wiedersehen mit so vielen Dingen. Diese große Truhe ist das einzig Wichtige in meinem Leben.

Briefe an Rinette

Man sehnt sich danach, heimzukommen

NACH DEM KOMPASS

*H*eute lernte ich, im friedlichen Licht einer Lampe, mich nach dem Kompaß zu richten. Vor dem Tisch mit den auseinandergefalteten Karten erklärt mir der Sergeant Boileau: »Wenn Sie hier angekommen sind (und unsere eifrigen Stirnen beugen sich über das Gewirr der Linien), gehen Sie nach 45 Grad West ... Dort lassen Sie ein Dorf links liegen; vergessen Sie nicht die Abtrift des Windes mit dem beweglichen Zeigefinger auf dem Kompaß zu korrigieren ...«
Ich träume ... er weckt mich auf: »Passen Sie doch auf ... jetzt 180 Grad West, falls Sie nicht auf diesem Weg abkürzen wollen ... doch da gibt es weniger Merkzeichen; ja, hier: diese Route ist deutlich zu erkennen ...«

Der Sergeant Boileau bietet mir Tee an. Ich trinke die Tasse in kleinen Schlucken aus. Ich muß daran denken, daß ich bei den feindlichen Stämmen lande, falls ich mich verirre. Wie oft hat man mir schon gesagt: »Wenn Du aus Deiner Kiste springst, Dich einer Frau gegenübersiehst und ihr um den Hals fällst, dann bist Du gefeit; sie wird sich als Deine Mutter fühlen; man wird Dir Ochsen, ein Kamel schenken und Dich verheiraten. Nur auf diese Weise kannst Du Dein Leben retten.« Meine Reise ist noch zu einfach, als daß ich solche unerwarteten Zwischenfälle erhoffen könnte; trotzdem bin ich träumerisch an diesem Abend.

Briefe an seine Mutter

Verlangen nach Geborgenheit

EIN WÜSTENTRAUM

*M*ir kommt die Erinnerung an einen Traum.
Einmal war ich mitten im dichten Sand notgelandet und
wartete auf den Morgen. Die goldgelben Hügel boten dem Mond
ihre leuchtenden Seiten, die Schattenseiten aber stiegen schwarz bis
zu der Lichtscheide empor. In dieser Riesenhalle aus Licht und
Schatten herrschte der Friede der Arbeitsruhe, aber auch ein tückisches Schweigen, in dessen Mitte ich einschlief.

Beim Erwachen sah ich nichts als das tiefe Becken des Nachthimmels, denn ich lag mit ausgebreiteten Armen rücklings auf einem
Dünengrat und sah ins Sternengewimmel. Ich war mir damals noch
nicht so recht klar, wie tief dieses Meer ist, und so faßte mich der
Schwindel, als ich es plötzlich entdeckte. Ich fand keine Wurzel, an
die ich mich klammern konnte, und kein Dach und kein Zweig waren
zwischen diesem Abgrund und mir. Ich war schon losgelöst und
begann hineinzufallen wie ein Taucher ins Meer.

Aber ich fiel nicht. Ich fühlte mich vom Kopf bis zu den Zehen mit
unzählbaren Banden mit der Erde verknüpft. Es war beruhigend, ihr
mein Gewicht zu überlassen: die Schwerkraft schien mir allgewaltig
wie die Liebe. Ich fühlte, daß die Erde meinen Rücken stützte, mich
hielt, mich hob und schließlich in die Weite der Nacht führte …

Ich überdachte meine Lage. Ich war verloren in der Wüste und
furchtbar bedroht, nackt zwischen Sand und Sternen, fern von meinem Leben einem Übermaß von Stille ausgeliefert. Ich wußte, daß ich
Wochen und Monate zur Rückkehr brauchen würde, wenn mich nicht
ein Flugzeug fand oder gleich morgen die Mauretanier umbrachten.
Hier besaß ich gar nichts, ich war nichts als ein armer Verirrter, der
wohlig fühlte, daß er atmete.

Wind, Sand und Sterne

Man sehnt sich danach, heimzukommen

DER ZAUBER MEINER ERINNERUNGEN

*U*nd dennoch durfte ich entdecken, wie reich an Träumen ich war. Sie kamen zu mir lautlos wie das Wasser einer Quelle, so daß ich mir zuerst das Glücksgefühl nicht zu deuten wußte, das mich durchdrang. Keine Stimme war zu hören, keine Gestalt zu sehen, und doch fühlte ich, daß etwas bei mir war, eine nahe und schon fast erkannte Freundschaft. Plötzlich wußte ich, was es war, und gab mich mit geschlossenen Augen dem Zauber meiner Erinnerungen hin. Da war ein Park, irgendwo, ein geliebter Park mit schwarzen Tannen und lichten Linden, und dabei stand ein Haus. Es war auf einmal ganz gleichgültig, daß alles dies so weit von mir entfernt war und mich nicht wärmen und nicht schützen konnte. Es war ja nur ein Traum. Es genügte, daß es dieses Haus gab, um meine Nacht mit seiner Gegenwart zu erfüllen. Ich war nicht mehr Strandgut auf wilder Küste, ich hatte ein Heim, ich war Kind im Vaterhause, mich umwehte die Erinnerung an seinen Geruch, an die Kühle in seinen Räumen, an die Stimmen, die es belebt hatten. Selbst das Froschgequake in den Teichen glaubte ich zu hören. Aber dieser Zeichen hatte es bedurft, damit ich erkannte, wieviel mir hier in der Wüste fehlte. Ich ahnte ihr Wesen und den Sinn dieser Stille, dieses tausendfachen Schweigens, in dem selbst die Frösche verstummten.

Wind, Sand und Sterne

Verlangen nach Geborgenheit

NICHT MEHR ALLEIN

*A*ber nun war ich nicht mehr allein mit Sand und Sternen. Was ich um mich sah, sprach nur noch kühl zu mir. Sogar der Blick in die Unendlichkeit, den ich zu tun vermeinte, kam gar nicht aus der augenblicklichen Umwelt, wie ich erst geglaubt hatte. Ich merkte auch, woher er kam. Ich sah die großen, schweren Schränke des Hauses wieder, die sich über Stapel schneeweißer Leinwand und eisgekühlter Vorräte schlossen. Die alte Haushälterin trabte wie eine Maus von einem zum anderen. Sie mußte die gebleichte Leinwand immer wieder nachschauen, entfalten und wieder zusammenlegen und wieder und wieder zählen. Jedesmal rief sie: »Ach je, ach je!« und »Mein Gott, wie schrecklich!«, so oft sie ein Zeichen des Verschleißes bemerkte, das bedrohlich andeutete, daß das Haus mit seinen Schränken nicht ewig stehen würde. Sie trippelte hin und trippelte her, und zwischenhinein saß sie und verdarb sich die Augen an einer Lampe; denn sie mußte doch diese heiligen Altartücher ausbessern, diese unentbehrlichen Segeltücher flicken, im Dienst eines Größeren als sie war, eines Gottes oder eines großen Schiffes.

Wind, Sand und Sterne

Man sehnt sich danach, heimzukommen

TANTE SOPHIE

*F*räulein Sophie, von dir muß ich doch etwas reden. Bei der Heimkehr von meinen ersten Flügen, da traf ich dich jedesmal mit der Nadel in der Hand, bis über die Knie in deinen Meßgewändern, jedes Jahr hattest du einige Falten mehr, waren deine Haare etwas weißer. Immer aber warst du dabei, für unseren Schlaf Laken ohne Falten und für unsere so feierlichen Mahlzeiten Tischtücher ohne Naht vorzubereiten. Ich besuchte dich in deiner Wäschekammer, setzte mich zu dir und erzählte dir meine Abenteuer und Todesgefahren. Ich wollte dich erschüttern, deine Augen für die große Welt öffnen und dich deiner kleinen Welt abspenstig machen. Du sagtest, ich hätte mich gar nicht verändert. Die Hemden hätte ich mir schon als Junge zerrissen – wie schrecklich! – und die Knie hätte ich mir auch schon immer aufgeschlagen. Ich wäre auch damals schon oft heimgekommen, um mich verbinden zu lassen, genau wie heute. – Aber nein doch, Tante Sophie, nein, ich komme nicht bloß aus dem Park, ich bringe doch den herben Duft der Einsamkeit, den Wirbeltanz des Sandsturmes, den hellen Schein des Mondes in der Tropennacht mit! – Doch, doch, sagtest du, die Jungen rennen, brechen sich die Knochen und denken, sie wären Helden. – Aber nicht doch, Tante Sophie, ich habe mehr gesehen als nur den Park. Wenn du wüßtest, wie klein dies Schattenplätzchen ist, wie verloren im Sand, im Granit, im Urwald, im Ursumpf. Weißt du überhaupt, daß es Gegenden gibt, wo die Menschen die Büchse in Anschlag bringen, wenn sie einen anderen Menschen sehen? Weißt du, daß es Wüsten gibt, in denen man in kalter Nacht im Freien schläft, ohne Dach, Tantchen, ohne Bett und ohne Laken? –

Ach, du Wildfang! sagtest du.

Wind, Sand und Sterne

Verlangen nach Geborgenheit

DAS WUNDER DES HEIMATLICHEN HAUSES

*T*antchens Glaube war so unerschütterlich wie der einer frommen Seele. Sie tat mir leid in ihrem engen Lebenskreis, der sie blind und taub machte. Aber in jener Nacht in der Sahara, die ich von allem entblößt zwischen Sand und Sternen zubrachte, ließ ich ihr Gerechtigkeit widerfahren.

Was geht denn in mir vor? Mein Gewicht bindet mich an den Boden, wo doch alle Sterne mich magnetisch anziehen. Aber wieder ein anderes Gewicht wirft mich auf mich selbst zurück und zieht mich zu so vielen fernen Dingen. Meine Träume sind wirklicher als der Mond, als die Dünen, als alles, was um mich ist. Oh, das Wunder des heimatlichen Hauses besteht nicht darin, daß es uns schützt und wärmt, es besteht auch nicht im Stolz des Besitzes. Seinen Wert erhält es dadurch, daß es in langer Zeit einen Vorrat von Beglückung aufspeichert, daß es tief im Herzen die dunkle Masse sammelt, aus der wie Quellen die Träume entspringen.

Meine Sahara, die Erinnerung an meine alte Nähfrau hat dich verwandelt durch und durch!
Wind, Sand und Sterne

Man sehnt sich danach, heimzukommen

EINE ERKENNTNIS

*A*ls ich durch die Wüste mit dem Tode um die Wette ging, habe ich wieder einmal einer Erkenntnis gegenübergestanden, die dem Kopf so schwer eingehen will. Ich habe mich verloren gegeben, ich glaubte, in den Abgrund der Verzweiflung zu stürzen; aber ich brauchte nur zu verzichten, um Frieden zu finden. Der Mensch muß wohl solche Stunden erleben, um zu sich selbst zu finden und sein eigener Freund zu werden. Nichts kann ihm dann das Gefühl der Erfüllung nehmen; ein Lebensbedürfnis in ihm ist befriedigt, das ihm vorher gar nicht bewußt gewesen war.

Wind, Sand und Sterne

Verlangen nach Geborgenheit

GEBET DER EINSAMKEIT (1)

*E*rbarme dich meiner, o Herr, denn meine Einsamkeit lastet auf mir. Es gibt nichts, auf das ich wartete. Hier bin ich in dieser Kammer, in der nichts zu mir spricht. Und doch wünsche ich nicht die Gegenwart der Menschen herbei, denn ich weiß mich noch verlorener, wenn ich in der Menge untertauche. Aber sieh jene andere, die mir gleicht und die sich in eben solch einer Kammer befindet und sich doch glücklich fühlt, wenn die Menschen, denen ihre Zärtlichkeit gehört, anderswo im Hause geschäftig sind. Sie hört sie nicht und sieht sie nicht. Sie empfängt nichts von ihnen im Augenblick. Aber um glücklich zu sein, genügt es ihr zu wissen, daß ihr Haus bewohnt ist.

Herr, auch ich erwarte nicht etwas, das ich sehen oder hören könnte. Deine Wunder sind nicht für die Sinne. Doch um mich zu heilen, genügt es, wenn du meinen Geist erleuchtest, so daß ich mein Heim verstehe.

Wind, Sand und Sterne

Man sehnt sich danach, heimzukommen

GEBET DER EINSAMKEIT (II)

*W*enn der Wanderer in seiner Wüste einem bewohnten Hause angehört, Herr, so freut er sich dessen, obwohl er weiß, daß es am anderen Ende der Welt liegt. Keine Entfernung hält ihn davon ab, sich von ihm nähren zu lassen, und wenn er stirbt, stirbt er in der Liebe ... Ich erwarte also nicht einmal, Herr, daß mir mein Heim nahe sei.

Sieh den Spaziergänger, dem in der Menge ein Gesicht auffällt. Er verwandelt sich, selbst wenn das Gesicht für ihn nicht bestimmt ist. So geht es jenem Soldaten, der in die Königin verliebt ist. Er wird Soldat einer Königin. Ich erwarte also nicht einmal, Herr, daß mir jenes Heim verheißen sei.

Wind, Sand und Sterne

Verlangen nach Geborgenheit

GEBET DER EINSAMKEIT (III)

*A*uf den weiten Meeren gibt es glühende Schicksale, die sich einer gar nicht vorhandenen Insel geweiht haben. Sie singen, während sie auf dem Schiffe sind, die Hymne der Insel und fühlen sich glücklich dabei. Nicht die Insel ist es, die sie glücklich macht, sondern der Gesang. Ich erwarte also nicht einmal, Herr, daß jenes Heim überhaupt bestehe ...

Die Einsamkeit, Herr, ist nur Frucht des Geistes, wenn er krank ist. Er bewohnt nur ein Vaterland, das der Sinn der Dinge ist. So ist es mit dem Tempel, wenn er Sinn der Steine ist. Nur für diesen Raum hat der Geist Flügel. Er freut sich nicht über die Dinge, sondern allein über das Gesicht, das man durch sie hindurch erkennt und das sie miteinander verknüpft. Gib nur, daß ich zu erkennen lerne.

Dann, Herr, wird meine Einsamkeit überstanden sein.

Die Stadt in der Wüste

Man sehnt sich danach, heimzukommen

AUGUST

Ich kann nicht außerhalb der Liebe leben

Dasein füreinander

MENSCH MIT MENSCHEN

*I*ch kann nicht außerhalb der Liebe leben.
Ich habe niemals geredet, noch gehandelt,
noch geschrieben wenn nicht aus Liebe.

*I*ch habe vor allem nach dem verlangt, wonach ich kein Verlangen
hatte. Nach dem Dreck, dem Regen. Nach den Rheumaanfällen im
Bauernhof. Nach den unausgefüllten Abenden. Nach der Melancholie, die mit all dieser Unruhe in zehntausend Meter Höhe verbunden
ist. Auch nach der Angst. Das versteht sich. Nach all dem, was den
Menschen abgefordert wird. Und das geschah, um Mensch mit
Menschen zu sein und um aufzuleben mit meinesgleichen, denn
wenn ich mich von ihnen trenne, bin ich zu nichts mehr nütze.
Kriegsbriefe an einen Freund

WO SIND DIE MENSCHEN?

*D*er kleine Prinz durchquerte die Wüste und begegnete nur einer Blume mit drei Blütenblättern, einer ganz armseligen Blume ...
»Guten Tag«, sagte der kleine Prinz.
»Guten Tag«, sagte die Blume.
»Wo sind die Menschen?« fragte höflich der kleine Prinz.
Die Blume hatte eines Tages eine Karawane vorüberziehen sehen.
»Die Menschen? Es gibt, glaube ich, sechs oder sieben. Ich habe sie vor Jahren gesehen. Aber man weiß nie, wo sie zu finden sind. Der Wind verweht sie. Es fehlen ihnen die Wurzeln, das ist sehr übel für sie.«
»Adieu«, sagte der kleine Prinz.
»Adieu«, sagte die Blume.
Der kleine Prinz

Dasein füreinander

ALLEIN IN DER MENGE

*E*s macht mir Vergnügen, als gleicher unter gleichen zu singen. Mit all der guten Erde für meine Wurzeln. Aber mit dem ganzen Himmel für meine Zweige und mit Winden, die von anderswo herkommen, und Schweigen und der Freiheit der Einsamkeit. Ich kann durchaus allein sein in der Menge. Ich werde von ihr gestützt, aber habe meinen Kopf für mich allein.

Kriegsbriefe an einen Freund

Ich kann nicht außerhalb der Liebe leben

DIE NACHT BRINGT DEN MENSCHEN
ZUM VORSCHEIN

*T*ief in der Nacht wie ein Wächter entdeckt er, daß die Nacht den Menschen zum Vorschein bringt: diese Lichter, diese Rufe, diese Unruhe. Der einzelne Stern dort im Dunkeln: die Einsamkeit eines Hauses. Einer erlischt: das ist ein Haus, das sich über seiner Liebe schließt. Oder über seiner Langeweile. Ein Haus, das davon abläßt, der übrigen Welt sein Zeichen zu geben. Sie wissen nicht, wohin ihr Hoffen geht, die Bauern, die da mit aufgestützten Ellbogen am Tisch hocken vor ihrer Lampe: Sie wissen nicht, daß ihr Wünschen so weit trägt in der großen Nacht, die sie umfängt. Aber er, Fabien, erspäht es, wenn er tausend Kilometer weit daherkommt, auf und ab gewiegt in der Dünung der Luft, aus zehn Gewittern her wie durch Kriegs-gebiet – Mondlichtungen dazwischen – und nun über diese Lichter hin ... Diese Menschen meinen, ihre Lampe leuchte für ihren be-scheidenen Tisch, aber vierundachtzig Kilometer weit von ihnen ver-nimmt jemand schon den Anruf dieses Lichtes, gleich als schwenkten sie es verzweifelt auf einer verlassenen Insel.

Nachtflug

NICHT ZUHÖREN, SONDERN VERSTEHEN

So erkannte ich immer deutlicher, daß man den Menschen nicht zuhören darf, sondern sie verstehen muß. Denn die dort unter meinen Augen in der Stadt leben, wissen wenig von der Stadt. Sie halten sich für Architekten, Maurer, Polizisten, Priester, Leineweber; sie glauben, daß sie für ihren Vorteil oder ihr Glück da sind und empfinden nicht ihre Liebe, so wie einer nicht seine Liebe empfindet, der im Hause geschäftig ist und ganz in den Sorgen des Tages aufgeht. Der Tag gehört den häuslichen Szenen. Des Nachts aber findet einer, der sich gestritten hat, die Liebe wieder. Denn die Liebe ist größer als dieser Wind der Worte. Und der Mann lehnt am Fenster und fühlt wieder unter den Sternen die Verantwortung für die anderen, die schlafen, für das Brot des kommenden Tages, für den Schlaf der Frau, die dort so gebrechlich und zart und vergänglich neben ihm ruht. Die Liebe denkt man nicht. Die Liebe ist.

Die Stadt in der Wüste

Ich kann nicht außerhalb der Liebe leben

... EINFACH DA

*W*enn ich am Leben bleibe, will ich die Nacht zum Überlegen abwarten. Die heißgeliebte Nacht. Nachts, da schläft der menschliche Verstand, und die Dinge sind nur noch ganz einfach da. Alles, was wirklich wichtig ist, gewinnt wieder Gestalt, ersteht neu aus der zerstörenden Zergliederung des Tages. Der Mensch setzt seine Bruchstücke aneinander und wird wieder geruhsam, einem Baume gleich.

Der Tag gilt häuslichen Auseinandersetzungen, kommt aber die Nacht, dann mündet der Streit in die große Liebe ein. Und unter dem gestirnten Himmel lehnt sich der Mann ans Fenster, tritt wieder ein für seine schlafenden Kinder, sein Brot für morgen, für seine schlummernde Frau, die dort so schwach und zart, so gefährdet ruht. Um Liebe streitet sich niemand. Sie ist einfach da.

Flug nach Arras

Dasein füreinander

NICHTS OHNE DIE LIEBE

*M*eine Generäle haben niemals recht verstanden, wie es sich mit der Liebe verhält.

Denn sie sehen, wie den Verliebten das Morgenrot begeistert; da es ihm beim Erwachen seine Liebe zurückbringt. Und sie sehen, wie den Krieger das Morgenrot begeistert, da es ihm beim Erwachen seinen Sieg zurückbringt – den Sieg, der bevorsteht, der sich schon in ihm reckt und ihn lachen macht. Und sie glauben, das Morgenrot sei mächtig und nicht die Liebe.

Ich aber sage, daß nichts ohne die Liebe geschehen kann. Denn der Würfel verdrießt dich, dem nicht ein wünschenswerter Sinn innewohnt. Und das Morgenrot verdrießt dich, wenn es dich bloß wieder in dein Elend zurückversetzt. Und der Tod für einen nutzlosen Brunnen verdrießt dich. Gewiß, je härter die Mühen sind, mit denen du dich um der Liebe willen aufreibst, um so mehr feuern sie dich an. Je mehr du gibst, um so mehr wächst du. Es muß aber einer da sein, der empfangen kann. Und es ist kein Geben, wenn man dabei nur verliert.

Die Stadt in der Wüste

Ich kann nicht außerhalb der Liebe leben

ZUNÄCHST GILT ES ZU WIRKEN

*D*u bist ein Musikinstrument ohne Musiker und wunderst dich über die Töne, die du erklingen läßt ... Und so zupfst du deine Saiten, wie der Zufall es will, und wartest auf den Ton, der noch absonderlicher ist als die anderen. Denn die Hoffnung läßt dir keine Ruhe, du könntest unterwegs dem Werke begegnen (als ob es eine Frucht wäre, die man außerhalb des eigenen Ich findet) und so dein Gedicht einfangen.

Ich aber will, daß du als ein gut gepflanzter Samen ringsum für dein Gedicht die Säfte aus dem Boden ziehen sollst. Ich will, daß du eine geformte Seele habest, die schon für die Liebe bereit ist, statt im Abendwind nach irgendeinem Gesicht zu suchen, das dich gefangennehmen könnte, denn es ist nichts in dir, was sich gefangennehmen ließe.

So preist du die Liebe.

Du wirst die Gerechtigkeit preisen. Nicht die gerechten Dinge. Und du wirst im Einzelfall leicht ungerecht verfahren, um ihr zu dienen.

Du wirst Mitleid preisen, aber im Einzelfall leicht grausam sein, um ihm zu dienen.

Du wirst die Freiheit preisen und alle die in die Gefängnisse stopfen, die nicht dein Lied singen.

Ich aber kenne gerechte Menschen, nicht die Gerechtigkeit. Freie Menschen und nicht die Freiheit. Menschen, die durch die Liebe beseelt werden, und nicht die Liebe ... Doch zunächst gilt es zu wirken und zu bauen und zu lehren und zu erschaffen. Sodann kommt der Lohn.

Die aber, die auf ihren Paradebetten ruhen, halten es für einfacher, sogleich zum Wesen vorzudringen, ohne zuvor die Vielfalt zu gestalten. So verfährt der Haschischraucher, der sich für ein paar Pfennige schöpferische Trunkenheiten verschafft. Sie gleichen den Dirnen, die allen Winden offen sind. Und wer wird ihnen jemals die Liebe darreichen?

Die Stadt in der Wüste

Dasein füreinander

NUR IN EINEM NETZ VON BINDUNGEN

*I*m Laufe deines Lebens bist du der Frau begegnet, die sich selbst anbetet. Was könnte sie von der Liebe empfangen? Alles – sogar deine Wiedersehensfreude – wird ihr zur Huldigung. Die Huldigung aber ist um so wertvoller, je kostspieliger sie ist. Diese Frau würde deine Verzweiflung noch mehr genießen.

Sie verzehrt, ohne sich zu nähren. Sie ergreift von dir Besitz, um dich, ihr zu Ehren, zu verbrennen. Sie gleicht einem Krematorium. In ihrem Geize bereichert sie sich durch eitle Beute, da sie in solch einer Anhäufung ihre Freude zu finden glaubt. Doch sie häuft nur Asche auf. Denn der wahre Gebrauch deiner Geschenke war der Weg des einen zum anderen und nicht die Beute …

Jene Frau aber verschmäht den Austausch, durch den sie erst geboren würde. Sie geht in der Liebe auf Beute aus. Und solch eine Liebe ist ohne Sinn.

Sie glaubt, die Liebe sei ein Geschenk, das man in sich wegschließen könne. Wenn du sie liebst, besagt das, daß sie dich gewonnen hat. Sie verschließt dich in sich, da sie dadurch reicher zu werden glaubt. Nun ist aber die Liebe kein Schatz, den man greifen könnte, sondern eine Verpflichtung zwischen dem einen und dem anderen. Sondern Ertrag eines freiwillig übernommenen Zeremoniells. Sondern Gesicht der Wege des Austausches.

Jene Frau wird niemals geboren werden. Denn geboren wirst du nur in einem Netz von Bindungen.

Die Stadt in der Wüste

Ich kann nicht außerhalb der Liebe leben

REIFEN IM SCHWEIGEN

*W*enn deine Liebe nicht hoffen kann, Gehör zu finden, sollst du sie verschweigen. Sie kann in dir reifen, wenn Schweigen herrscht. Denn sie schafft eine Richtung in der Welt, und jede Richtung läßt dich größer werden, die es dir erlaubt, dich zu nähern, dich zu entfernen, einzutreten, hinauszugehen, zu finden, zu verlieren. Denn du bist einer, der leben muß. Und es gibt kein Leben, wenn nicht ein Gott für dich Kraftlinien erschaffen hat.

Wenn deine Liebe kein Gehör findet, sondern zu einem vergeblichen Flehen wird, wie wenn du einen Lohn für deine Treue erbittest, und du nicht die Seelenstärke aufbringst zu schweigen, so laß dich heilen, wenn es einen Arzt gibt. Denn man darf die Liebe nicht mit der Knechtschaft des Herzens verwechseln. Liebe, die betet, ist schön, aber Liebe, die fleht, ist Lakaienliebe.

Wenn ... Liebe zu dir besteht, mag sie auch nutzlos sein, und du deinerseits wiederliebst, wirst du im Lichte wandeln. Denn groß ist das Gebet, auf das allein das Schweigen antwortet, wenn es zutrifft, daß der Gott existiert.

Und wenn deine Liebe Gehör findet und Arme sich für dich öffnen, so bete zu Gott, er möge diese Liebe vor der Fäulnis bewahren, denn ich bange um die überglücklichen Herzen.

Die Stadt in der Wüste

Dasein füreinander

WENN SICH DIE ZEITEN FÜR DICH
ERFÜLLT HABEN

*U*nd doch lernst du die Liebe nur während der Ferien von der Liebe kennen. Und die blaue Landschaft deiner Berge lernst du nur zwischen den Felsen kennen, die auf den Grat hinaufführen. Und Gott lernst du nur kennen, wenn du dich in Gebete versenkst, auf die dir keine Antwort zuteil wird. Denn nur das, was dir außerhalb deiner verströmenden Tage gewährt wird, erfüllt dich mit einem Glück, bei dem du keine Abnutzung zu befürchten brauchst; es wird dir geschenkt werden, wenn sich die Zeiten für dich erfüllt haben und dir zu sein vergönnt wird, nachdem du dein Werden vollendet hast.

Und freilich kannst du dich darin irren und den bedauern, der seinen Ruf in die leere Nacht hinaussendet und glaubt, die Zeit vergehe umsonst und beraube ihn seiner Schätze. Solch ein Durst nach Liebe ohne Liebe kann dich beunruhigen, wenn du vergessen hast, daß die Liebe ihrem Wesen nach nichts als Durst nach Liebe ist; dies ist den Tänzern und Tänzerinnen bekannt, die ihren Tanz auf Annäherung aufbauen, statt sich vor allem miteinander zu vereinen.

Und ich sage dir, daß es vor allem auf die entgangene Gelegenheit ankommt. Die Zärtlichkeit, die sich nur durch Gefängnismauern äußern kann, ist vielleicht die einzige große Zärtlichkeit. Das Gebet ist fruchtbar, solange Gott nicht antwortet. Und die Steine und Dornen nähren die Liebe.

Die Stadt in der Wüste

Ich kann nicht außerhalb der Liebe leben

ENGER MIT DEM LEBEN VERBUNDEN

*E*s ist völlig uninteressant, wenn man die Menschen durch schöne, einander widersprechende Reden fasziniert, denen man dann höfliche Zugeständnisse folgen läßt. Die Leute von Welt sagen:»Wir haben Ideen gewälzt.« Diese Leute widern mich an.

Ich liebe die Menschen, die an ihr Essen, an die Ernährung ihrer Kinder denken und zusehen müssen, wie sie bis zum nächsten Monat durchkommen; sie sind dadurch enger mit dem Leben verbunden. Sie wissen weit mehr davon. Gestern stand ich auf der Plattform eines Omnibusses neben einer Frau ohne Hut mit ihren fünf Kindern. Sie lehrte sie allerhand, und mich auch. Die Leute von Welt haben mich noch niemals etwas gelehrt.

Das erinnert mich an eine Unterhaltung, die ich von Léon Werth gehört habe:»Aber hören Sie doch, Verehrtester, wenn Sie wirklich die Menschen lieben, wie Sie sagen, warum nehmen Sie ihnen dann Gott, den höchsten Trost?«

»Damit sie sich andere Tröstungen suchen, gnädige Frau, und Ihnen eine kleben!«

Das finde ich ausgezeichnet.

Briefe an Rinette

Dasein füreinander

BRÜDER IN GOTT

*M*eine Kultur hat versucht, die menschlichen Beziehungen auf den Kult des Menschen über das Individuum hinaus zu gründen, damit das Verhalten eines jeden gegenüber sich selbst oder seinem Nächsten kein blindes Anpassen an den Brauch des Termitenbaus, sondern eine freie Betätigung der Liebe ist. Der unsichtbare Weg der Schwere befreit den Stein. Der unsichtbare Fluß der Liebe befreit den Menschen. Meine Kultur hat aus jedem Menschen den Sendboten eines und desselben Fürsten zu machen versucht. Sie hat das Individuum als einen Weg oder eine Botschaft eines Größeren als es selbst betrachtet, sie hat der Freiheit seines Aufstiegs magnetische Kraftlinien gewiesen.

Ich kenne wohl den Ursprung dieses Kraftfeldes. Jahrhundertelang hat meine Kultur durch die Menschen hindurch Gott betrachtet. Der Mensch war nach dem Ebenbild Gottes geschaffen. Man achtete Gott im Menschen. Die Menschen waren Brüder in Gott. Dieser Abglanz Gottes verlieh jedem Menschen eine unveräußerliche Würde. Die Beziehungen des Menschen zu Gott begründeten ganz klar die Pflichten eines jeden gegenüber sich selbst und dem Nächsten …

Die wahre Liebe: ein Gewebe von Bindungen, das einen werden läßt.

Flug nach Arras

Ich kann nicht außerhalb der Liebe leben

DIE BEZIEHUNGEN ALLEIN

*M*an hat sich soviel mit seinem Körper abgegeben! Man hat ihn bekleidet, gewaschen, gepflegt, rasiert, getränkt, genährt. Man hat sich mit diesem Haustier identifiziert ... Man hat mit ihm gelitten. Man hat mit ihm geschrien. Man hat mit ihm geliebt. Man sagt von ihm:»Das bin ich.« Und jetzt auf einmal bricht die Selbsttäuschung zusammen. Man pfeift auf seinen Körper! Man degradiert ihn zum Bedientenpack. Wenn der Zorn etwas anschwillt, die Liebe in Ekstase gerät ... dann geht diese berühmte Solidarität aus den Fugen.

Dein Sohn ist in Feuersgefahr? Du wirst ihn retten! Du kannst dich nicht zurückhalten! Du brennst! Das ist dir gleich ... Du bist die Rettung deines Sohnes.

Mit fünfzehn Jahren habe ich meine erste Lektion empfangen: Ein jüngerer Bruder von mir wurde seit einigen Tagen aufgegeben. Mein Bruder hat mir gesagt:»Vergiß nicht, das alles aufzuschreiben.« Wenn der Körper abfällt, kommt das Wesentliche zum Vorschein. Der Mensch ist nichts als ein Bündel von Beziehungen. Die Beziehungen allein zählen für den Menschen.

Flug nach Arras

Dasein füreinander

WENN MAN IN GEFAHR SCHWEBT

*D*och zugleich gibt es jene andere Empfindung, die ich morgen inmitten der Aktion wiederfinden werde. Der Körper ist dann nur noch eine Art Mittel, das keine große Bedeutung hat, und für den Körper gibt es keine Tragödien. Ich weiß genau, daß es für den Körper keine Tragödien gibt.

Etwas wird mir wiederum deutlich, und das ist vielleicht das Süßeste auf diesem seltsamen Berge, auf dem ich ganz allein sitze. Es ist erregender für alle, die ich liebe, und erregender für alle Menschen. Immer die gleiche Geschichte. Wenn man in Gefahr schwebt, ist man für alle verantwortlich. Am liebsten möchte man sagen: »Der Friede ziehe ein in euer Herz.«

Kriegsbriefe an einen Freund

Ich kann nicht außerhalb der Liebe leben

FÜR ALLE VERANTWORTLICH

*J*eder ist für alle verantwortlich. Jeder ist allein für alle verantwortlich. Ich verstehe zum ersten Male eines der Geheimnisse der Religion, aus der die Kultur hervorging, die ich als die meine anspreche:»Die Sünden der Welt zu tragen ...« Und jeder trägt alle Sünden der ganzen Welt.

*E*in Individuum soll sich für die Rettung einer Gemeinschaft opfern, doch dreht es sich hierbei nicht um ein albernes Rechenkunststück. Es geht um die Achtung vor dem Menschen durch das Individuum hindurch. Tatsächlich besteht die Größe meiner Zivilisation darin, daß hundert Bergleute sich in ihr dazu verpflichtet fühlen, ihr Leben für die Rettung eines einzigen verschütteten Bergmanns zu wagen. Sie retten den Menschen.

*D*er Beruf des Zuschauers war mir immer gräßlich. Was bin ich, wenn ich nicht teilhabe? Um zu sein, muß ich teilhaben.
Flug nach Arras

247   *Dasein füreinander*

SENDBOTEN DESSELBEN GOTTES

*M*eine Kultur hat die Selbstachtung gepredigt, das heißt die Achtung vor dem Menschen durch sich selbst hindurch. Ich verstehe, warum die Liebe zu Gott die Menschen füreinander verantwortlich gemacht und ihnen die Hoffnung als eine Tugend auferlegt hat. Da sie aus jedem von ihnen einen Sendboten desselben Gottes machte, ruhte in den Händen eines jeden das Heil aller. Als Sendbote eines Größeren brauchte keiner an sich zu verzweifeln. Verzweiflung bedeutete Verleugnung Gottes in einem selbst. Die Pflicht zur Hoffnung hätte sich so ausdrücken lassen: »Du hältst dich also für so wichtig? Was bildest du dir mit deiner Verzweiflung ein?« Meine Kultur, ein Erbe Gottes, hat jeden Menschen für alle Menschen und alle Menschen für jeden einzelnen verantwortlich gemacht.

Flug nach Arras

SCHICKSALSGEFÄHRTEN

*I*n einer Welt, die öde geworden war, sehnten wir uns nach Kameradschaft. Das Erlebnis, mit Kameraden das Brot zu teilen, glaubten wir dem Krieg zu verdanken. Aber wir haben den Krieg nicht nötig, um die Wärme der Nachbarschultern zu finden, dicht aneinandergedrängt im Lauf zum selben Ziel. Der Krieg betrügt uns. Der Haß erhöht das Hochgefühl des Laufes nicht. Warum einander hassen? Wir sind alle Schicksalsgefährten, vom selben Stern durch den Raum getragen, Mannschaft vom selben Schiff. Und wenn es gut ist, daß die Kulturen ihre Unterschiede einander entgegensetzen, weil dadurch neue Synthesen begünstigt werden, so ist es ungeheuerlich, daß sie sich gegenseitig vertilgen.

Wind, Sand und Sterne

Dasein füreinander

FREIHEIT IN GEMEINSCHAFT

*W*ir haben ständig die menschliche Freiheit gepredigt. Da wir aber den Menschen vergessen haben, haben wir unsere Freiheit als eine unklare Fessellosigkeit definiert, einzig begrenzt durch den Schaden, der dem Nächsten angetan wird. Das entbehrt jeder Sinngebung; denn es gibt keine Handlung, die den Nächsten nicht mit betrifft ... Es gibt kein Individuum für sich. Wer sich von ihr ausschließt, verletzt die Gemeinschaft. Wer mutlos ist, nimmt den andern den Mut. Unseres Anspruchs auf eine so verstandene Freiheit haben wir uns nicht mehr ohne unüberwindliche Widersprüche zu bedienen gewußt. Da wir nicht mehr zu bestimmen wußten, wann unser Anspruch galt und wann nicht mehr, haben wir uns verstellt und die Augen zugedrückt, um ein unklares Prinzip über zahllose Fesseln hinweg zu retten, die notwendigerweise jede Gesellschaft unseren Freiheiten auferlegte.

Flug nach Arras

Ich kann nicht außerhalb der Liebe leben

DEN GLEICHEN LENKER

*D*em Wundarzt gebiete ich, bei der Durchquerung einer Wüste alle Mühsal auf sich zu nehmen, wenn er einem, der dort in der Ferne weilt, den Gebrauch seiner Glieder wieder verschaffen kann; und das sogar dann, wenn es sich um einen gewöhnlichen Steinklopfer handelt, der aber seine Muskeln zum Steinklopfen nötig hat. Und das sogar dann, wenn der Wundarzt ein Meister seines Faches ist. Denn es geht nicht darum, die Mittelmäßigkeit zu ehren, sondern das Gefährt auszubessern. Und sie haben beide den gleichen Lenker.

Die Stadt in der Wüste

*M*an soll soweit wie möglich man selber sein, aber das Selbst ist a priori nicht begrenzt. Wenn der Astronom zum Holzfäller wird, verstehe ich, daß er sich am Anblick der Sterne begeistert, und ich mache keinerlei Unterschied zwischen diesen beiden menschlichen Zuständen (dem des Holzfällers und dem des Astronomen). Der Holzfäller kommt mir ganz einfach umfassender vor. Menschlicher. Auch wenn er zu beten oder zu lieben oder Wein zu kosten versteht, was auf das Holzfällen keinerlei Wirkung ausübt. Er stellt dann einen reicheren Menschen in den Dienst des Holzfällens, wenn er sich an die Arbeit macht.

Carnets

Dasein füreinander

ACHTUNG VOREINANDER

*I*ch verstehe den Ursprung der Achtung der Menschen voreinander. Der Gelehrte schuldete selbst dem Kohlenträger Achtung; denn durch den Kohlenträger achtete er Gott, dessen Sendbote auch der Kohlenträger ist. Was auch der hohe Wert des einen und der bescheidene des andern sein mochten, kein Mensch konnte Anspruch darauf erheben, einen andern zu versklaven. Man demütigt keinen Sendboten. Aber diese Achtung vor dem Menschen hatte nicht das erniedrigende Kriechen vor der Mittelmäßigkeit, vor der Dummheit oder Unwissenheit zur Folge, weil in erster Linie diese Eigenschaft eines Sendboten Gottes geehrt wurde. So gründete die Liebe zu Gott zwischen den Menschen edle Beziehungen, da die Angelegenheiten sich von Sendboten zu Sendboten auf einer höheren Ebene als ihrer individuellen Eigenschaft regelten.

Ich verstehe den Ursprung der Bruderschaft der Menschen. Die Menschen waren Brüder in Gott. Man kann nur innerhalb einer Einheit Bruder sein. Wenn es kein einendes Band für sie gibt, sind die Menschen nebeneinander gestellt und nicht miteinander verbunden. Man kann nicht Bruder schlechtweg sein. Meine Kameraden und ich sind Brüder in der Gruppe 2/33. Die Franzosen in Frankreich.
Flug nach Arras

Ich kann nicht außerhalb der Liebe leben

WELCHER STERN FÜHRT DICH?

*D*er Wanderer, der seinen Berg in der Richtung eines Sternes überschreitet, läuft Gefahr, zu vergessen, welcher Stern ihn führt, wenn er sich zu sehr von den Fragen des Anstiegs gefangennehmen läßt. Wenn er nur noch handelt, um zu handeln, wird er nirgends hinkommen. Die Kirchenstuhlvermieterin einer Kathedrale, die sich zu eifrig mit dem Vermieten der Kirchenstühle befaßt, läuft Gefahr, zu vergessen, daß sie einem Gott dient. Wenn ich mich an irgendeine Parteileidenschaft verliere, laufe ich Gefahr, zu vergessen, daß die Politik nur dann einen Sinn hat, wenn sie im Dienst einer geistigen Gewißheit steht. Wir haben in den Stunden des Wunders eine ganz bestimmte Beschaffenheit der menschlichen Beziehungen verkostet: da liegt für uns die Wahrheit. Wie dringlich eine Handlung auch sein mag, wir dürfen nie vergessen, daß eine innere Berufung sie beherrschen muß, soll sie nicht unfruchtbar bleiben. Wir wollen die Ehrfurcht vor dem Menschen begründen. Warum sollen wir uns innerhalb ein und desselben Lagers hassen? Keiner von uns besitzt das Monopol auf die Reinheit der Absichten. Ich kann im Namen meines Weges den Weg bekämpfen, den ein anderer gewählt hat. Ich kann die Schritte seines Verstandes kritisieren, das Verfahren des Verstandes ist unsicher. Aber ich muß auf der Ebene des Geistes den Mann achten, der nach dem gleichen Stern strebt.

Brief an einen Ausgelieferten

Dasein füreinander

RELIQUIEN

*I*ch fand meine Flüchtlinge auf dem Dampfer wieder. Dieses Schiff, ja, auch dieses Schiff erzeugte eine leichte Beklemmung. Dieses Schiff brachte lauter Gewächse ohne Wurzeln von einem Kontinent zum andern. Ich sagte mir: ›Ich will gern ein Wanderer sein, aber ich will kein Emigrant sein. Ich habe zu Hause so viele Dinge gelernt, die anderswo unnütz wären.‹ Da zogen meine Emigranten kleine Notizbücher aus der Tasche; sie bildeten die letzten Reste ihrer Identität. Sie taten noch so, als seien sie wer. Sie hefteten sich mit allen ihren Kräften an irgendeine Bedeutung. »Sie wissen, ich bin der und der«, sagten sie, »ich bin aus jener Stadt ..., der Freund eines gewissen ..., kennen Sie einen gewissen ...?« Und sie erzählten einem die Geschichte eines Kumpans, die Geschichte irgendeiner Verantwortlichkeit, die Geschichte einer Verfehlung oder eine andere x-beliebige Geschichte, nur um an irgend etwas Anschluß zu finden.

Aber nichts von all dem Vergangenen konnte ihnen helfen, da sie ihr Vaterland verlassen hatten. Es war noch ganz warm, ganz frisch, ganz lebendig, wie es anfangs die Erinnerungen der Liebe sind. Da macht man ein Päckchen aus zärtlichen Briefen. Man fügt ein paar Andenken dazu. Man knüpft alles sorgfältig zusammen. Und anfangs entströmt solchen Reliquien ein melancholischer Zauber. Dann geht eine Blonde mit blauen Augen vorbei, und die Reliquie stirbt. Denn auch der Kumpan, die Verantwortlichkeit, die Geburtsstadt, die Erinnerung an Zuhause verblassen, wenn sie zu nichts mehr nütze sind.

Brief an einen Ausgelieferten

Ich kann nicht außerhalb der Liebe leben

DORT DRÜBEN SCHREIEN SIE UM HILFE

*I*ch erblicke im Geiste die Augen meiner Frau, ich kann nichts anderes mehr sehen. Sie schauen mich fragend an. Jetzt erblicke ich die Augen aller derer, denen vielleicht an mir gelegen war. Eine Versammlung von Blicken warf mir mein Schweigen vor. Und ich antworte doch! Ich antworte, so laut ich kann. Ich kann doch keine hellere Flamme in die Nacht hinaussenden!

Jedesmal, wenn ich die wartenden Augen sah, brannte es mir im Herzen, packte mich der rasende Wunsch, aufzustehen und geradewegs loszulaufen. Dort drüben schreien sie um Hilfe, dort drüben leiden sie Schiffbruch! So eigenartig kehren sich die Rollen um ... Ich kann mich gut damit abfinden, einzuschlafen, für eine Nacht wie für Jahrhunderte ... Aber die Schreie von dort drüben, diese großen Flammen der Verzweiflung, die kann ich nicht ertragen. Vor solchem Unglück kann ich nicht mit verschränkten Armen stehen. Jede Sekunde, die ich ruhig verharre, ist Mord an denen, die mir die Liebsten sind.

Nicht wir waren die Schiffbrüchigen. Das waren vielmehr die Wartenden, die unser Schweigen bedrohten, die ein gräßlicher Irrtum in Verzweiflung stürzte. Wir mußten einfach zu ihnen, sie retten.

Wind, Sand und Sterne

Dasein füreinander

NÄCHSTENLIEBE

*I*ch verstehe die Bedeutung der Pflichten der Nächstenliebe, die mir gepredigt wurden. Die Nächstenliebe diente Gott durch das Individuum hindurch. Sie gebührte Gott, wie gewöhnlich das Individuum auch war. Diese Nächstenliebe erniedrigte den Empfänger nicht, band ihn auch nicht durch die Fesseln der Dankbarkeit, da das Geschenk sich ja nicht an ihn, sondern an Gott richtete. Die Betätigung dieser Nächstenliebe war dagegen niemals eine Ehre, die der Gewöhnlichkeit, der Dummheit oder der Unwissenheit erwiesen wurde. Der Arzt war es sich schuldig, sein Leben in der Pflege des gemeinsten Pestkranken einzusetzen. Er diente Gott. Er verlor nichts dadurch, daß er die Nacht wachend am Lager eines Diebes verbrachte.

*D*ie Würde des Individuums verlangt, daß es durch die Freigebigkeiten eines andern nicht geknechtet wird. Es wäre sinnwidrig, wenn man erlebte, daß die Besitzenden, abgesehen vom Besitz ihrer Güter, den Dank der Nichtbesitzenden beanspruchen. *Flug nach Arras*

Ich kann nicht außerhalb der Liebe leben

DEMUT – PRINZIP DES HANDELNS

*I*ch verstehe den Sinn der Demut. Sie ist kein Verächtlichmachen seiner selbst. Sie ist das eigentliche Prinzip des Handelns. Wenn ich in der Absicht, mich freizusprechen, mein Unglück mit dem Schicksal entschuldige, unterwerfe ich mich dem Schicksal. Wenn ich es durch Verrat entschuldige, unterwerfe ich mich dem Verrat. Wenn ich aber den Fehler auf mich nehme, beanspruche ich mein Vermögen als Mensch. Ich kann auf das einwirken, zu dem ich gehöre. Ich bin ein Bestandteil der menschlichen Gemeinschaft.

Es ist also einer in mir, den ich bekämpfe, um mich über mich selbst hinauswachsen zu lassen.

Flug nach Arras

Dasein füreinander

EITELKEIT

*E*s kamen mir Gedanken über die Eitelkeit. Von jeher erschien sie mir nicht als ein Laster, sondern als eine Krankheit … Da ruht eine auf ihrem Paradebett und lebt von den Beifallsrufen des Pöbels: »Ich schenke meine Schönheit und meine Anmut und meine königliche Haltung; und die Menschen bewundern mich, wenn ich wie ein herrliches Schiff des Schicksals vorüberziehe. Und ich brauche nur zu sein, um zu schenken.« Die Eitelkeit beruht auf dem falschen Geschenk und auf einer Täuschung. Denn du kannst nur schenken, was du verwandelst: so wie der Baum die Früchte hingibt, in die er die Erde verwandelte; so wie die Tänzerin den Tanz hingibt, in den sie ihren Gang verwandelte … Die Eitelkeit ist Mangel an Stolz, Unterwerfung unter den Pöbel, unwürdige Erniedrigung. Doch du suchst den Pöbel, damit er dich an deine Früchte glauben mache.

Oder da ist einer, den das Lächeln des Königs adelt. »Er kennt mich also«! wird er sagen. Wenn er aber von Liebe zum König erfüllt wäre, würde er vor Freude erröten und kein Wort hervorbringen. Denn das Lächeln des Königs könnte nur den einen Sinn für ihn haben: »Der König nimmt das Opfer meines Lebens an …« Und auf einmal ist sein ganzes Leben gleichsam gegen die Majestät seines Königs ausgetauscht und ihr geschenkt. Ich habe zur Schönheit des Königs beigetragen, könnte er sagen; denn dieser ist schön, weil er der Stolz eines Volkes ist.

Doch der Eitle beneidet den König. Und wenn ihm der König zugelächelt hat, tut er sich wichtig mit diesem Lächeln und stolziert wie ein Zerrbild des Königs einher, um sich seinerseits beneiden zu lassen. Der König hat ihm seinen Purpur geliehen. Denn es spricht daraus nur Nachahmung und eine Affenseele.

Die Stadt in der Wüste

Ich kann nicht außerhalb der Liebe leben

DER EITLE

*D*er zweite Planet war von einem Eitlen bewohnt. »Ah, ah, schau, schau, ein Bewunderer kommt zu Besuch!« rief der Eitle, sobald er des kleinen Prinzen von weitem ansichtig wurde. Denn für die Eitlen sind die anderen Leute Bewunderer.

»Guten Tag«, sagt der kleine Prinz. »Sie haben einen spaßigen Hut auf.«

»Der ist zum Grüßen«, antwortete ihm der Eitle. »Er ist zum Grüßen, wenn man mir zujauchzt. Unglücklicherweise kommt hier niemand vorbei.«

»Ach ja?« sagte der kleine Prinz, der nichts davon begriff. »Schlag deine Hände zusammen«, empfahl ihm der Eitle.

Der kleine Prinz schlug seine Hände gegeneinander. Der Eitle grüßte bescheiden, indem er seinen Hut lüftete. Das ist unterhaltender als der Besuch beim König, sagte sich der kleine Prinz. Und er begann von neuem die Hände zusammenzuschlagen. Der Eitle wieder fuhr fort, seinen Hut grüßend zu lüften. Nach fünf Minuten wurde der kleine Prinz der Eintönigkeit dieses Spieles überdrüssig:

»Und was muß man tun«, fragte er, »damit der Hut herunterfällt?«

Aber der Eitle hörte ihn nicht. Die Eitlen hören immer nur die Lobreden.

»Bewunderst du mich wirklich sehr?« fragte er den kleinen Prinzen.

»Was heißt bewundern?«

»Bewundern heißt erkennen, daß ich der schönste, der bestangezogene, der reichste und der intelligenteste Mensch des Planeten bin.«

»Aber du bist doch ganz allein auf deinem Planeten!«

»Mach mir die Freude, bewundere mich trotzdem!«

»Ich bewundere dich«, sagte der kleine Prinz, indem er ein bißchen die Schultern hob, »aber wozu nimmst du das wichtig?«

Und der kleine Prinz machte sich davon …

Der kleine Prinz

GÖTTERDÄMMERUNG

*I*ch lernte hier einen Kameraden mit stolzen Allüren kennen. Bestimmt Franz I. oder Don Quijote. Ich wagte es nicht, sein Inkognito zu durchbrechen, hatte aber große Achtung vor ihm. Ich fühlte mich klein, so klein.

Er ehrte mich, indem er geruhte, bei mir Tee zu trinken. Er redete über Philosophie mit dem ganzen Gewicht seiner bourbonischen Nase. Er äußerte über Musik und Poesie sehr schöne Wahrheiten. Er kam dreimal binnen drei Tagen, er hatte die Gnade, meinen Tee, meine Zigaretten köstlich zu finden, und ich sagte mir: ›Ist er ein Grandseigneur (seine Gesten waren sicher und gemessen) oder ein großer Ritter? (Er hatte sehr edle und sehr ehrliche Augen.) Kurzum: Franz I. oder Don Quijote?‹

Das machte mich neugierig, ich hätte gern gewußt, woran ich war. Aber er imponierte mir: er saß rittlings auf seinem Stuhl, er hatte soviel Würde.

Dann kam eines Tages Don Quijote, der mir des langen und breiten seine Projekte auseinandersetzte – schöne, aber kostspielige Projekte. – Franz I. folgte, der mich um hundert Sous anpumpte ...

Sie sind nie mehr wiedergekommen.

Le Crépuscule des Dieux (»Die Götterdämmerung«), sagte Anatole France!

Briefe an seine Mutter

Ich kann nicht außerhalb der Liebe leben

FORTDAUER

*J*a, es gibt einen Instinkt, der sich aufs Leben richtet. Er ist aber nur die eine Seite eines stärkeren Instinktes. Der entscheidende Instinkt ist der der Fortdauer. Und einer, der durch das Leben des Fleisches seinen Inhalt erhielt, sucht seine Fortdauer in der Fortdauer seines Fleisches. Und einer, der durch die Liebe zum Kinde seinen Inhalt erhielt, sucht seine Fortdauer in der Rettung des Kindes. Und einer, der durch die Liebe zu Gott seinen Inhalt erhielt, sucht seine Fortdauer im Aufstieg zu Gott. Du suchst nicht etwas, das du nicht kennst; du suchst die Voraussetzungen deiner Größe in dem Maße zu retten, in dem du sie empfindest. Du suchst die Voraussetzungen deiner Liebe in dem Maße zu retten, in dem du Liebe empfindest. Und ich kann dein Leben austauschen gegen etwas, das es übersteigt, ohne daß dir etwas genommen würde.

Die Stadt in der Wüste

Dasein füreinander

DEN ALLEIN, DER LIEBT, RETTE ICH

*D*er allein erregt mein Mitleid, der in der großen patriarchalischen Nacht erwacht, da er sich unter Gottes Sternen geborgen glaubte, und sich plötzlich auf Reisen sieht. Ich verbiete, ihn zu befragen, denn ich weiß, daß es keine Antwort gibt, die den Durst stillt. Einer, der fragt, sucht vor allem den Abgrund.

Ich verdamme die Unruhe, die die Diebe zum Verbrechen treibt, denn ich lernte in ihnen zu lesen und weiß, daß es für sie keine Rettung ist, wenn ich sie aus ihrem Elend errette. Sie täuschen sich nämlich, wenn sie glauben, sie begehrten eines anderen Gold. Doch das Gold glänzt wie ein Stern. Jene Liebe, die sich selber nicht kennt, ist allein auf ein Licht gerichtet, das sie nie einfangen können. Sie eilen von Widerschein zu Widerschein und entwenden nutzlose Güter; so wie der Narr das schwarze Wasser der Brunnen schöpfen möchte, um den Mond zu greifen, der sich darin spiegelt. Sie gehen und werfen die nichtige Asche, die sie geraubt haben, in das kurze Feuer der Orgien. Dann stehen sie wieder des Nachts auf der Lauer, blaß wie auf der Schwelle eines Stelldicheins, regungslos aus Angst, sie könnten jemanden aufscheuchen, und meinen, hier sei etwas zu finden, was vielleicht eines Tages ihr Glück machen werde.

Ließe ich solch einen frei laufen, bliebe er doch seinem Kulte treu, und morgen würden meine Kriegsleute aus dem Gebüsch hervorbrechen und ihn in einem fremden Garten ertappen, während er klopfenden Herzens zu spüren glaubte, das Glück werde ihm diese Nacht zu willen sein.

Und gewiß, zunächst hülle ich sie in meine Liebe ein, denn ich weiß, daß ihnen mehr Inbrunst innewohnt als den Tugendsamen in ihren Kramläden ...

Die Liebe muß ihren Gegenstand finden. Den allein rette ich, der liebt, was ist, und den man sättigen kann.

Die Stadt in der Wüste

Ich kann nicht außerhalb der Liebe leben

So sieht er aus, der Mensch von heute

Uns selbst erkennen

DER MENSCH VON HEUTE

*D*en heutigen Menschen hält man, je nach dem Milieu, durch Skat oder Bridge im Zaum. Wir sind erstaunlich gründlich kastriert. So sind wir nun schließlich frei. Man hat uns Arme und Beine abgeschnitten, dann ließ man uns frei herumlaufen. Doch ich hasse diese Epoche, in der der Mensch unter dem allgemeinen totalitären Druck zu sanftem, höflichem und ruhigem Vieh wird. Man stellt uns das als moralischen Fortschritt hin! Was ich am Marxismus hasse, das ist das Totalitäre, zu dem er führt. Der Mensch wird dort als Produzent und Konsument definiert: das entscheidende Problem ist die Verteilung. So ist es in den Musterfarmen. Was ich beim Nazismus hasse, das ist das Totalitäre, das er wesensmäßig anstrebt. Man läßt die Arbeiter des Ruhrgebiets vor einem Van Gogh, einem Cézanne und einem Farbdruck defilieren. Natürlich stimmen sie für den Farbdruck. Das ist die Wahrheit des Volkes! Man sperrt Menschen, die das Zeug zu einem Van Gogh, einem Cézanne haben, man sperrt alle großen Nonkonformisten hermetisch in einem Konzentrationslager ein, und man füttert ein gefügiges Herdenvieh mit Farbdrucken.

Brief an einen General

So sieht er aus, der Mensch von heute

SO SIEHT ER AUS

*D*och was wird aus den Vereinigten Staaten und aus uns, ja, auch aus uns, in dieser Epoche eines allgemeinen Funktionärtums? Der Epoche des Robotermenschen, des Termitenmenschen, des Menschen, der hin- und herpendelt zwischen der Fließbandarbeit nach dem Bedeau-System und Skatspielen? Des Menschen, der seiner ganzen Schöpfungskraft beraubt wurde und der nicht einmal mehr in seinem Dorf einen Tanz oder ein Lied hervorzubringen vermag. Des Menschen, den man mit Konfektionskultur, mit Standardkultur versorgt, so wie man das Rindvieh mit Heu versorgt. So sieht er aus, der Mensch von heute.

Brief an einen General

Uns selbst erkennen

DIE LÖSUNGEN WIDERSPRECHEN SICH

*A*uch eine totale Tyrannei könnte uns in unseren materiellen Bedürfnissen befriedigen. Aber wir sind nicht Vieh zum Mästen. Unser Gedeihen, unser Behagen, sie würden nicht genügen, uns glücklich zu machen. Für uns die wir im Kult der Ehrfurcht vor dem Menschen aufgewachsen sind, wiegen die einfachen Begegnungen schwer, die sich manchmal in wunderbare Feste verwandeln …

*W*ir sind einer für den andern Pilger, die auf verschiedenen Wegen einem gemeinsamen Treffpunkt zuwandern. Aber heute ist der Respekt vor dem Menschen, diese Voraussetzung unserer Entwicklung, in Gefahr. Der Zerfall der modernen Welt hat uns ins Finstre geschleudert. Die Probleme hängen nicht mehr zusammen, die Lösungen widersprechen sich. Die Wahrheit von gestern ist tot, die von morgen erst zu gebären. Noch ist keine gültige Synthese vorauszusehen, und jeder von uns hält nur ein Teilchen der Wahrheit in Händen. In Ermanglung zwingender Evidenz nehmen die politischen Religionen ihre Zuflucht zur Gewalt. Und während wir uns so über die Methoden streiten, laufen wir Gefahr, nicht mehr zu erkennen, daß wir auf dem Weg zum gleichen Ziele sind.

Brief an einen Ausgelieferten

So sieht er aus, der Mensch von heute

DEN MENSCHEN WIEDERHERSTELLEN

*M*eine Kultur beruht auf dem Kult des Menschen durch die Individuen hindurch. Sie hat jahrhundertelang den Menschen zu zeigen versucht, wie sie gelehrt hätte, einen Dom durch Steine hindurch zu erkennen. Sie hat diesen Menschen gepredigt, der über dem Individuum stand …

Denn der Mensch meiner Kultur bestimmt sich nicht von den Individuen her. Die Individuen werden durch ihn bestimmt. In ihm wie in jedem Wesen ist etwas, das die Bausteine, die es zusammensetzen, nicht erklären. Ein Dom ist etwas ganz anderes als eine Summe von Steinen. Er ist Rechen- und Baukunst. Nicht die Steine bestimmen ihn, er bereichert die Steine durch seine eigene Sinngebung. Diese Steine sind dadurch geadelt, daß sie zu Steinen eines Domes werden. Die verschiedenartigsten Steine dienen seiner Einheit. Der Dom bezieht in sein Hoheslied sogar die fratzenhaftesten Dachspeier ein.

Aber nach und nach habe ich meine Wahrheit vergessen. Ich habe gemeint, der Mensch fasse die Menschen zusammen wie der Stein an sich die Steine zusammenfaßt. Ich habe den Dom und die Ansammlung von Steinen verwechselt, und nach und nach hat sich das Erbe verflüchtigt. Man muß den Menschen wiederherstellen. Er ist das Wesen meiner Kultur. Er ist der Schlußstein meiner Gemeinschaft. Er ist der Ursprung meines Sieges.

Flug nach Arras

Uns selbst erkennen

DAS GEFÜHL FÜR DIE WEITE

*I*ch habe das Gefühl für die Weite verloren. Ich bin blind für die Weite. Und doch dürste ich geradezu nach ihr. Und ich meine, ich berühre hier ein gemeinsames Maß allen menschlichen Strebens. Wenn ein Zufall die Liebe erweckt, ordnet sich im Menschen alles nach dieser Liebe, und die Liebe bringt ihm das Gefühl für die Weite. Wenn zur Zeit meines Aufenthaltes in der Sahara Araber plötzlich aus dem nächtlichen Dunkel um unsere Feuer auftauchten und uns auf ferne Gefahren aufmerksam machten, dann nahm die Wüste Gestalt an und bekam einen Sinn. Diese Boten hatten ihre Weite bestimmt. So geschieht es auch mit der Musik, wenn sie schön ist. So auch mit dem einfachen Geruch eines alten Schranks, wenn er Erinnerungen weckt und verdichtet. Das Erhabene bringt das Gefühl für die Weite.

Ich verstehe aber auch, daß nichts von dem, was den Menschen selbst angeht, sich zählen oder messen läßt. Die wirkliche Weite ist nicht für das Auge, sie wird nur dem Geist offenbart. Sie hat die Bedeutung der Sprache; denn die Sprache verbindet die Dinge.

Von nun an meine ich besser zu erkennen, was Kultur ist. Eine Kultur ist eine Erbmasse von Glauben, Gewohnheiten und Erkenntnissen, die, langsam im Lauf von Jahrhunderten erworben, rein logisch manchmal schwer zu rechtfertigen sind, die sich aber ganz von selbst rechtfertigen wie Wege, wenn sie irgendwohin führen, da sie dem Menschen seine innere Weite auftun.

Flug nach Arras

So sieht er aus, der Mensch von heute

DICHTE GEGENWART

*E*ine schlechte Literatur hat uns von dem Drang gesprochen, aus uns herauszugehen. Sicherlich entflieht man sich beim Reisen auf der Suche nach der Weite. Aber die Weite läßt sich nicht finden. Sie baut sich auf. Und die Flucht hat noch niemals irgendwohin geführt.

Wenn der Mensch, um sich als Mensch zu fühlen, das Bedürfnis hat, um die Wette zu laufen ... oder Krieg zu führen, sind dies schon Bande, die er sich auferlegt, um sich mit dem Nächsten und der Welt zu verbinden. Doch wie armselig sind sie! Wenn eine Kultur stark ist, erfüllt sie den Menschen gänzlich, selbst wenn er sich nicht von der Stelle rührt.

Im trüben Licht eines Regentages sehe ich in irgendeiner stillen Kleinstadt eine schwache Klosterfrau ans Fenster gelehnt sinnend vor mir. Wer ist sie? Was hat man ihr getan? Ich für mein Teil beurteile die Kultur einer Kleinstadt nach der Dichte dieser Gegenwart. Was taugen wir, wenn wir uns nicht von der Stelle rühren?

In dem Dominikaner, der betet, ist eine dichte Gegenwart. Dieser Mensch ist niemals mehr Mensch als jetzt, da er regungslos in sich versunken ist. In Pasteur, der über seinem Mikroskop seinen Atem anhält, ist eine dichte Gegenwart. Pasteur ist nie mehr Mensch, als wenn er beobachtet. Dann kommt er weiter. Dann hat er es eilig. Dann geht er mit Riesenschritten vorwärts, wenn er sich auch nicht von der Stelle rührt, und entdeckt die Weite. So ist Cezanne, unbeweglich und stumm vor seiner Skizze, unschätzbar gegenwärtig. Er ist nie mehr Mensch, als wenn er schweigt, prüft und urteilt. Dann wird ihm seine Leinwand weiter als das Meer.

Flug nach Arras

Uns selbst erkennen

DIE STIMME

*W*enn zur Zeit des großen Vogelflugs Wildenten oder Wildgänse vorüberziehen, entsteht in den Gebieten, die sie überfliegen, eine seltsame Bewegung. Als wären sie durch den großen Dreiecksflug magnetisch angezogen, versuchen sich die zahmen Vögel in unbeholfenen Sprüngen, die sie schon nach wenigen Schritten aufgeben. Der Ruf aus der Wildnis hat in ihnen mit der Gewalt einer Harpune das Überbleibsel irgendeines Urtriebs getroffen. Und so verwandeln sich nun die Enten auf dem Bauernhof eine Minute lang in Zugvögel ... Und so ... wird die Ente ergriffen von jener plötzlichen Leidenschaft, von der sie nicht weiß, wohin sie führt, und von jener weiten Liebe, deren Ziel ihr immer unbekannt bleiben wird.

So entdeckt auch der Mensch, den eine unbekannte Einsicht ergreift, die Nichtigkeit seiner Tätigkeit als Buchhalter wie auch der Annehmlichkeiten seines häuslichen Lebens. Doch er vermag dieser erhabenen Wahrheit keinen Namen zu geben.

Um uns solche Berufungen zu erklären, ... spricht man uns von einem Fluchtbedürfnis oder von der Freude an der Gefahr, als wenn es nicht zuerst darauf ankäme, dieses Fluchtbedürfnis und diese Freude an der Gefahr aufzuhellen. Bemüht man auch die Stimme der Pflicht, aber woher kommt es, daß sie so eindringlich ist? Was hast du begriffen, Unteroffizier, als dein Friede gestört wurde?

Dieser Anruf, der dich aufscheuchte, quält zweifellos alle Menschen. Mag sie sich Opfer, Dichtung oder Abenteuer nennen: die Stimme bleibt die gleiche. Aber die häusliche Sicherheit erstickte allzu gründlich den Teil in uns, der sie hören könnte. Wir erbeben kaum durch sie, wir flattern zwei- oder dreimal mit den Flügeln und sinken dann wieder zurück auf unseren Geflügelhof. Wir sind vernünftig. Wir fürchten, daß wir unsere kleine Beute einem großen Schatten zuliebe verlieren könnten.

Madrid

So sieht er aus, der Mensch von heute

WER IM HERZEN EINEN KÜNFTIGEN DOM TRÄGT

*N*iederlage … Sieg … Ich weiß mit diesen Formeln nichts Rechtes anzufangen. Es gibt Siege, die erheben, und andere, die erniedrigen. Niederlagen, die töten, und andere, die erwecken. Das Leben drückt sich nicht im Zustand, sondern im Verhalten aus. Der einzige Sieg, an dem ich nicht zweifeln kann, ist der, der in der Keimkraft der Samen schlummert. Ist erst das Korn weithin in die schwarze Erde gepflanzt, dann ist es schon siegreich. Man muß jedoch Zeit verstreichen lassen, um seinen Triumph im Korn zu erleben …

Die Steine vom Bau sind nur scheinbar ein wirrer Haufen, wenn verloren auf der Baustelle ein Mensch, nur ein einziger Mensch ist, der in Domen denkt. Ich sorge mich nicht um den einzelnen Klumpen Schlamm, wenn er ein Samenkorn birgt. Das Korn wird ihn trockenlegen für den Bau.

Wer den Weg zur inneren Schau findet, verwandelt sich in ein Samenkorn. Wer einen Lichtschimmer entdeckt, zupft jeden am Ärmel, ihn ihm zu zeigen. Wer erfindet, gibt seine Erfindung sogleich weiter … Schon ahne ich das Prinzip aller Siege deutlicher: wer sich einen Posten als Küster oder Stuhlvermieter im fertigen Dom sichert, ist schon besiegt. Wer aber im Herzen einen künftigen Dombau trägt, der ist schon Sieger. Der Sieg ist die Frucht der Liebe. Die Liebe allein erkennt das Gesicht, das es zu formen gilt. Die Liebe allein leitet zu ihm hin. Die Intelligenz taugt nur im Dienst der Liebe.

Der Bildhauer ist trächtig von seinem Werk: es ist kaum wichtig, ob er weiß, wie er es formen wird. Von Daumendruck zu Daumendruck, von Irrtum zu Irrtum, von Widerspruch zu Widerspruch wird er geradeaus durch den Lehm hindurch zur Schöpfung schreiten. Weder Intelligenz noch Urteilsvermögen sind schöpferisch. Wenn der Bildhauer nur Wissenschaft und Intelligenz ist, werden seine Hände genielos sein.

Flug nach Arras

Uns selbst erkennen

FEUERSBRUNST SEIN!

*W*as muß einer tun? Dieses. Oder das Gegenteil. Oder etwas anderes. Die Zukunft ist nicht vorherbestimmt. Was muß einer sein? Das erst ist die wesentliche Frage; denn der Geist allein befruchtet den Verstand. Er ist vom künftigen Werke trächtig. Der Verstand wird ihn zum Ziel führen. Was muß der Mensch tun, um das erste Schiff zu erschaffen?

Die Formel ist zu verwickelt. Im Grunde wird dieses Schiff aus tausend widersprechenden Tastversuchen erstehen. Aber dieser Mensch, was muß er sein? Hier halte ich die Schöpfung an ihrer Wurzel. Er muß Kaufmann oder Soldat sein; denn dann wird er, erfüllt von der Sehnsucht nach fernen Ländern, Techniker herbeirufen, Arbeiter einsetzen und eines Tages sein Schiff vom Stapel lassen! Was muß einer tun, damit ein ganzer Wald davonfliegt? Ach! Das ist zu schwierig … Was muß einer sein? Er muß Feuersbrunst sein!

Flug nach Arras

So sieht er aus, der Mensch von heute

DIE GLEICHE SEHNSUCHT

*D*ie Wahrheit für den Menschen ist die, die aus ihm einen Menschen macht. Wer die Würde solcher Beziehungen, die Ehrlichkeit des Spiels, das wechselseitige Geschenk einer Hochachtung, deren Pfand das Leben ist ... mit den billigen Verbrüderungsversuchen samt großartigem Schulterklopfen vergleicht, der hat dafür nur ein verächtliches Mitleid übrig ...

Wenn wir den Menschen und seine Bedürfnisse in ihrem Wesenskern verstehen wollen, dürfen wir nicht die Beweisgründe für die verschiedenen Wahrheiten einander gegenüberhalten ... Mit Logik kann man alles beweisen ... Wenn wir das Wesentliche erkennen wollen, müssen wir für einen Augenblick die Parteien vergessen ... Man kann die Menschen in Linke und Rechte einteilen ... Aber die Wahrheit, wißt ihr, das ist, was die Welt vereinfacht und nicht, was sie ins Chaos stürzt. Die Wahrheit ist die Sprache, die das Universale entziffern läßt.

Alle Menschen ringsum haben die gleiche Sehnsucht. Wir wollen befreit werden. Wer einen Spatenstich tut, will wissen wofür. Der Spatenstich des Strafgefangenen, der ihn entehrt, hat nichts gemein mit dem Spatenstich des geologischen Prospektors. Das Zuchthaus ist nicht überall, wo Spaten in die Erde getrieben werden – körperliche Arbeit ist kein Schrecknis –, es ist nur da, wo Spatenstiche ohne Sinn getan werden, Spatenstiche, die den Menschen nicht an die Gemeinschaft der Menschen binden.

Wind, Sand und Sterne

Uns selbst erkennen

BELEHRUNG UND ERZIEHUNG

*D*er Mensch von heute stellt gegenüber dem Höhlenmenschen zwar keinen biologischen, wohl aber einen begrifflichen Fortschritt dar. Die Erziehung hat Vorrang vor der Belehrung: sie begründet den Menschen.

Problem der Belehrung und der Erziehung. Heißt es Mensch sein, wenn man die Summe der Winkel eines Dreiecks und den Längengrad von Rangoon kennt? Menschsein heißt, daß man durch den fruchtbaren Schatz der Vorstellungen (Gesänge, Man Ray, das Universale usw. …) befruchtet worden ist; dadurch werden die menschlichen Beziehungen bestimmt – und sie sind durchaus das Wichtigste auf Erden … Sie bestimmen die Gefühlsregungen, vielleicht das ganze Seelenleben. Sie bringen den Unterschied hervor zwischen dem Höhlenmenschen und dem britischen Gentleman.

Törichte moderne visuelle Erziehung, die in der Tat prächtige Schliche ersinnt, um ohne Mühe Wissen beizubringen, womit das Kind auf die Rolle eines Formulars reduziert und einem Gepäck voller Kenntnisse ausgeliefert wird, statt daß man ihm einen Stil formt – und auf diese Weise eine Seele.

Einziges Richtziel der Erziehung: der Stil. Es kommt in keiner Weise auf das Gepäck an (Belehrung), sondern auf das Werkzeug, das der Erfassung dient.

Carnets

So sieht er aus, der Mensch von heute

SEHNSUCHT NACH DER WIRKLICHEN GEBURT

Zweihundert Millionen Menschen in Europa haben keinen Sinn in ihrem Leben und wollten zum Leben finden. Die Industrie hat sie der bäuerlichen Sippe entzogen und sie in riesige Gettos gebannt, die aussehen wie lange Zeilen rußiger Bahnwagen auf den Geleisen eines Verschiebebahnhofs. Aus diesen Arbeiterstädten wollen sie erweckt werden.

Es gibt noch mehr solche, die in das Räderwerk der Berufe geschmiedet sind, denen alle Freuden des Bahnbrechers, des Gläubigen, des Wissenden versagt sind. Man meinte, um sie groß zu machen, genüge es sie zu bekleiden, zu nähren ... Man hat auf diese Weise nur den kleinen Spießer, den Kannegießer und den Roboter großgezogen. Man bildet sie aus, aber man kultiviert sie nicht. Der hat eine kümmerliche Meinung von Kultur, der sie im Formelgedächtnis sucht. Ein mäßiger Schüler einer Maschinenbauschule weiß mehr von der Natur und ihren Gesetzen, als seinerzeit Descartes und Pascal wußten. Ist er aber des geistigen Aufschwungs dieser Großen fähig?

Wir alle fühlen mehr oder minder deutlich eine Sehnsucht nach der wirklichen Geburt. Aber uns drohen trügerische Lösungen. Man kann die Menschen ja auch aufwecken, indem man sie in Uniformen steckt. Dann singen sie ihre Kampflieder und teilen ihr Brot als Kameraden miteinander. Dann meinen sie gefunden zu haben, was wir suchen, das Allverbindende. Aber an dem Brot, das man ihnen bietet, müssen sie sterben.

Wind, Sand und Sterne

AUFWECKEN ODER SCHLAFEN LASSEN?

*U*nd wenn du mich fragst: »Soll ich jenen dort aufwecken oder ihn schlafen lassen, damit er glücklich sei«, so würde ich dir antworten, daß ich nichts über das Glück weiß. Aber würdest du deinen Freund schlafen lassen, wenn ein Nordlicht am Himmel stünde? Keiner darf schlafen, wenn er es kennenlernen kann. Und gewiß liebt jener seinen Schlaf und wälzt sich wohlig darin; du aber entreiße ihn seinem Glück und wirf ihn hinaus, damit er werde.

Die Stadt in der Wüste

*D*er eine ist stolz darüber, daß er den komplexen Menschen entdeckt hat, der andere aber, daß er die Einheit entdeckt hat.

Carnets

So sieht er aus, der Mensch von heute

BEFREIUNG

*E*s ist leicht, einen Menschen zu formen, der blind und ohne Widerspruch sich einem Meister oder einer Heilslehre unterordnet. Doch das Gelingen, das darin besteht, den Menschen zu befreien, um ihn über sich selbst herrschen zu lassen, ist viel höher zu bewerten.

Doch was heißt befreien? Wenn ich in einer Wüste einen empfindungslosen Menschen befreie, was bedeutet dann seine Freiheit? Es gibt nur Freiheit eines Jemand, der eine bestimmte Richtung einschlägt. Einen solchen Menschen befreien, hieße, ihn den Durst lehren und ihm einen Weg zu einem Brunnen weisen. Dann allein würden sich ihm Mittel und Wege zeigen, die sinnvoll wären. Einen Stein befreien bedeutet nichts, wenn es nicht von der Schwere geschieht. Denn ist der Stein erst einmal frei, dann wird er sich nirgends einfügen.

Flug nach Arras

Uns selbst erkennen

DAS LEBEN IST GEBURT

*D*as ganze Leben ist Geburt. Und man paßt sich dem an, was man ist. Hast du dich jemals nach deiner frühen Kindheit, nach deinen fünfzehn Jahren oder nach dem reifen Mannesalter zurückgesehnt? Jene Sehnsüchte sind Sehnsüchte eines schlechten Dichters. Es liegt keine Sehnsucht darin, nur die Süße der Schwermut, die nicht Leiden ist, und der Duft, der im Gefäß einer verdunsteten Flüssigkeit zurückbleibt. Gewiß beklagst du dein Auge an dem Tage, an dem du es verlierst, denn jede Wandlung ist schmerzlich. Aber es ist nicht erschütternd, wenn man mit einem einzigen Auge durchs Leben geht. Und ich habe Blinde lachen gesehen.

Die Stadt in der Wüste

So sieht er aus, der Mensch von heute

WERDEN

*D*enn gleich wie die Statue, die ich aus dem Stein haue, nicht allmählich hervortritt, gibt es keine Wahrheit, die sich allmählich beweisen ließe. Sie bildet vielmehr eine Einheit und wird erst sichtbar, sobald sie geworden ist. Und auch dann bemerkst du sie nicht, denn du selbst befindest dich in ihr. Und die Wahrheit meiner Wahrheit ist der Mensch, der aus ihr hervorgeht.

So ist es mit einem Kloster, in das ich dich einschließe, um dich zu ändern. Solltest du mich aber bitten, ich möge dir dieses Kloster inmitten deiner Eitelkeiten und deiner Alltagsprobleme erklären, so würde ich es ablehnen, dir zu antworten, denn du bist nicht der Mensch, der mich verstehen könnte, und ich muß dir zunächst zu deiner Geburt verhelfen. Ich kann dich nur zwingen, zu werden.

Die Stadt in der Wüste

*D*u mußt mit dem Opfer beginnen, um die Liebe zu gründen. Dann mag die Liebe andere Opfer erbitten und sie für alle Siege einsetzen. Der Mensch muß immer den ersten Schritt tun. Er muß entstehen, bevor er besteht.

Flug nach Arras

Uns selbst erkennen

»ICH SELBST«

*M*ensch bleibt immer Mensch. Wir sind eben Menschen. Und in mir bin ich immer nur mir selber begegnet ...Wer stirbt, stirbt so, wie er war. Im Tod eines gewöhnlichen Bergmanns stirbt ein gewöhnlicher Bergmann. Wo findet man jenen aufgestörten Wahnsinn, den die Literaten erfinden, um uns zu verblüffen?

In Spanien habe ich gesehen, wie ein Mann nach tagelanger Arbeit aus dem Keller eines durch eine Luftmine völlig zerstörten Hauses hervorkroch. Schweigend und, wie mir schien, völlig verängstigt umstand die Menge den Mann, der, wie aus dem Jenseits zurückgekehrt, noch ganz von Schutt bedeckt war und halb irrsinnig vor Luftmangel und Hunger beinahe einem Gespenst glich. Als einige ihn zu fragen sich getrauten und er den Fragen nur eine lässige Aufmerksamkeit widmete, schlug die Ängstlichkeit der Menge in Ärger um.

Man fing es ungeschickt mit ihm an; denn die eigentlichen Fragen wußte keiner zu stellen. Man sagte ihm: »Was für eine Empfindung hatten Sie? ... Was dachten Sie? ... Was taten Sie? ...« Aufs Geratewohl warf man so Brücken über einen Abgrund, als gälte es nach Möglichkeiten der Verständigung zu suchen, um bei Nacht einen blinden Taubstummen zu erreichen, dem man gern helfen möchte.

Doch als der Mann uns antworten konnte, erwiderte er: »Ach ja, ich hörte lange klopfen ...« Oder auch ... »Ich habe mir viele Sorgen gemacht. Es war lang ... sehr lang ...« Oder auch ... »Ich hatte Schmerzen im Kreuz, üble Schmerzen ...« Vor allem sprach er von seiner Uhr, die er verloren hatte ... »Ich habe sie gesucht ... ich hing sehr an ihr ... aber in der Dunkelheit ...«

... auf die grundlegende Frage, die keiner ihm zu stellen wußte, die aber allen Versuchen vorschwebte: ›Wer waren Sie? Wer kam in Ihnen zum Durchbruch?‹, hätte er nichts anderes antworten können als: ›Ich selbst ...‹

Flug nach Arras

So sieht er aus, der Mensch von heute

DU SELBER

*S*o verleiht auch – da eine Wirkung die andere auslöst – dein
Lächeln am Morgen oder die Bewegung zu deiner Geliebten hin
einem jeden Ding seinen Sinn. Denn du bedarfst nur eines Pols, der
dich um sich sammelt; und von da an beginnt deine Geburt ...
Und du siehst es genau beim Baum; dem Anschein nach ist er nur
Schlaf und Maß und Langsamkeit und Duft, der ihn umgibt wie ein
Reich. Und doch kann er dem Blitz oder der Feuersbrunst als Nahrung dienen und dadurch für immer seine Macht vergeuden. So will
ich aus dir und deinem neu entflammten Zorn und deiner Eifersucht
und deinen Ränken und dieser Glut deiner Sinne, die dir so schwer zu
schaffen macht, wenn es Nacht wird, einen friedlichen Baum bilden.
Nicht dadurch, daß ich dich amputiere, aber so wie dir das Samenkorn
im Baume eine Sonne rettet, die sonst das Eis zerschmölze und mit
ihm zugrunde ginge, wird auch der geistige Samen, der dich in deiner
Hülle formt, nichts von dir zurückweisen, dich nicht amputieren, dich
nicht verschneiden, sondern deine tausend Lettern zu deiner Einheit
zusammenfügen.

Deshalb werde ich dir nicht sagen: »Komm zu mir, damit ich dich
stütze oder bändige oder auch nur modelliere«, sondern: »Komm zu
mir, damit ich dir zur Geburt deines Wesens verhelfe.« Du übergibst
mir das Durcheinander deiner Baustoffe, und ich gebe sie dir als Einheit zurück. Nicht ich schreite in dir fort. Du selber schreitest in dir
fort.

Die Stadt in der Wüste

Uns selbst erkennen

INDEM DU BETRACHTEST,
LÄSST DU ENTSTEHEN

*D*u läßt das entstehen, was du betrachtest. Du läßt das Sein entstehen, weil du es umschrieben hast. Und es sucht sich zu nähren, fortzudauern und zu wachsen. Es müht sich, das in sich aufzunehmen, was anders ist. Du bewunderst den Reichtum eines Menschen. Und schon sieht er sich als Reichen an und wird fortan in der Mehrung seines Reichtums aufgehen während er bisher vielleicht gar nicht daran gedacht hat. Denn der Reichtum wird ihm zum Sinn seiner selbst. Wünsche nicht, einen Menschen in etwas anderes als das zu verwandeln, was er gegenwärtig ist. Denn offenbar zwingen ihn gewichtige Gründe, gegen die du nichts vermagst, so und nicht anders zu sein. Aber du kannst ihn in dem verändern, was er ist, denn der Mensch ist schwer an Substanz: er ist alles in einem. Es steht bei dir, aus ihm auszuwählen, was dir gefällt. Und den Plan aufzuzeichnen, damit er allen und ihm selber einleuchtet. Und wenn er ihn gesehen hat, wird er ihn billigen, denn er hat ihn schon am Tage zuvor gebilligt, als ihm nicht einmal die Leidenschaft zu Hilfe kam. Und sobald der Plan erst in ihm geworden ist, weil er durch die Betrachtung hindurchging und zu einem Teil seiner selbst wurde, wird er das Leben des Seins leben, das fortzudauern und zu wachsen sucht.

Die Stadt in der Wüste

So sieht er aus, der Mensch von heute

DAS WERDEN

*D*u sagst, das Ziel, dem du nachjagtest, entferne sich ständig von
dir. Es ist das, als wenn sich der Baum beklagen wollte: Ich habe
meine Blüte gebildet, könnte er sagen, und nun wird sie zum Samenkorn und das Samenkorn wird zum Baum und der Baum abermals zur
Blüte ... So hast du deinen Sturm bezwungen und dein Sturm ist
Ruhe geworden, aber die Ruhe ist nur Vorbereitung auf den neuen
Sturm. Ich sage dir, es gibt keine göttliche Amnestie, die dir das
Werden erspart. Du möchtest sein: Du wirst nur in Gott sein. Er wird
dich in seine Scheune einbringen, nachdem du langsam durch deine
Handlungen geworden und geknetet sein wirst; denn der Mensch
braucht lang zum Geborenwerden.

Die Stadt in der Wüste

Uns selbst erkennen

DEIN HANDELN

*D*u bist mitten in deinem Handeln drin. Dein Handeln bist du selbst. Du findest dich sonst nirgends mehr. Dein Körper gehört dir, er ist nicht mehr du selber. Du willst schlagen? Keiner wird mit dir fertig werden, wenn er dich in deinem Körper bedroht. Du? Du bist der Tod des Feindes. Du? Du bist die Rettung deines Sohnes. Du vertauschst dich. Und du hast nicht das Empfinden, daß du beim Tausch verlierst. Deine Glieder? Werkzeuge. Was kümmert einen ein Werkzeug, das in die Brüche geht, wenn man einhaut. Und du tauschst dich gegen den Tod deines Nebenbuhlers, die Rettung deines Sohnes, die Heilung deines Kranken, deine Entdeckung ein, wenn du ein Erfinder bist! … Wichtig allein ist die Rettung des Kindes, die Heilung des Kranken, der Tod des Nebenbuhlers, die Entdeckung! Deine Sinngebung tritt klar zutage. Es ist deine Pflicht, dein Haß, deine Liebe, deine Treue, deine Erfindung. Du findest sonst nichts mehr in dir.

Das Feuer hat nicht nur das Fleisch, sondern mit einem Male auch den Kult des Fleisches mißachten lassen. Der Mensch interessiert sich nicht mehr für sich selbst. Allein wichtig wird ihm, wem er angehört. Er verschanzt sich nicht, wenn er stirbt: er verschmilzt. Er verliert sich nicht, er findet sich. Das ist nicht der Wunsch eines Moralisten. Das ist eine gängige Wahrheit, eine alltägliche Wahrheit, die eine alltägliche Selbsttäuschung mit einer undurchdringlichen Maske überdeckt.

Flug nach Arras

So sieht er aus, der Mensch von heute

LANGSAMKEIT UND STILLE

*S*o höre auch niemals auf die Ratgeber, die dir dadurch einen Dienst zu erweisen glauben, daß sie dir empfehlen, eine deiner Bestrebungen aufzugeben. Du kennst sie, deine Berufung, denn du spürst, wie sie auf dir lastet. Und wenn du sie preisgibst, verunstaltest du dich selber, aber du kannst gewiß sein, daß deine Wahrheit langsam wachsen wird, denn sie ist Geburt eines Baums und nicht glücklicher Fund einer Formel. Es kommt dabei vor allem auf die Zeit an, denn du sollst ein anderer werden und einen schwierigen Berg ersteigen. Das neue Wesen, das als Einheit aus dem Vielerlei der Dinge hervortritt, zwingt sich dir nicht wie die Lösung eines Bilderrätsels auf, aber es befriedet den Streit und heilt die Wunden. Und seine Macht wirst du erst erkennen, wenn es Wirklichkeit geworden ist. Deshalb habe ich stets um des Menschen willen Langsamkeit und Stille als allzu vergessene Götter geehrt.

*A*lles ist in ständiger Geburt. Und gewiß gibt es das Unwiederbringliche, aber es ist kein Anlaß zu Trauer oder Freude, es ist nur das Kennzeichen alles Gewesenen. Meine Geburt ist unwiederbringlich, weil ich jetzt hier stehe. Die Vergangenheit ist unwiederbringlich, aber die Gegenwart ist euch überantwortet, und sie gleicht den ungeordneten Bausteinen, die zu Füßen eines stümperhaften Baumeisters liegen: An euch ist es, daraus die Zukunft zu gestalten.
Die Stadt in der Wüste

Uns selbst erkennen

DIE TRIEBKRAFT FINDEN

*E*ine Kultur, wie eine Religion, klagt sich selbst an, wenn sie sich über die Schlaffheit ihrer Getreuen beklagt. Sie ist es sich schuldig, sie anzuspornen. Genau so ist es, wenn sie sich über den Haß der Abtrünnigen beschwert. Sie ist es sich schuldig, sie zu bekehren. Meine eigene nun hat zwar früher einmal ihren Beweis erbracht, hat ihre Apostel entflammt, die Gewalttätigen zerbrochen, die Sklavenvölker befreit, aber heute hat sie nicht mehr anzuspornen noch zu bekehren verstanden. Wenn ich die Wurzel der verschiedenen Ursachen meiner Niederlage bloßzulegen suche, wenn ich den Ehrgeiz habe, ein neues Leben zu beginnen, muß ich zunächst die Triebkraft wiederfinden, die ich verloren habe.

Denn mit der Kultur verhält es sich wie mit dem Korn. Das Korn nährt den Menschen, aber der Mensch seinerseits bewahrt das Korn und speichert das Saatgut. Von Korngeneration zu Korngeneration wird das Saatgut als Erbe geachtet. Es genügt mir nicht, zu wissen, welches Korn ich aufgehen lassen möchte. Wenn ich einen Menschentyp – samt seinem inneren Vermögen – retten will, muß ich auch die Prinzipien retten, die ihn formen.

Flug nach Arras

So sieht er aus, der Mensch von heute

VOLLKOMMENHEIT

*D*u suchst für den Sockel des Denkmals die beste Statue, den besten Bildhauer aus. Du liest den Kindern die besten Gedichte vor. Du wünschst die schönste Frau zur Königin. Denn die Vollkommenheit ist eine Richtung, auf die man hinweisen muß, obwohl es nicht in deiner Macht steht sie zu erreichen ... Und ich kenne nur Menschen, die mehr oder minder unvollkommen sind, und, vom gemeinen Haufen bis zur Blüte, nur den Aufstieg des Baumes ... Es ist gut, wenn die Tugend als ein Zustand der Vollkommenheit angepriesen wird, der durchaus wünschenswert und erreichbar ist. Und wenn der tugendhafte Mensch ersonnen wird, obwohl er nicht existieren kann: zunächst, weil der Mensch gebrechlich ist, und sodann, weil die absolute Vollkommenheit, wo sie auch ihren Sitz haben mag, den Tod in sich birgt. Aber es ist gut, wenn die Richtung die Gestalt eines Zieles annimmt. Anderenfalls würdest du es müde werden, einem unerreichbaren Gegenstand entgegenzuwandern. Ich habe in der Wüste schwer gelitten. Es erscheint anfangs unmöglich, sie zu besiegen. Aber aus jener fernen Düne mache ich eine glückliche Zwischenstation.

Und ich erreiche sie, und sie verliert ihre Macht. Alsdann mache ich aus einer Wellenlinie am Horizont eine glückliche Zwischenstation. Und ich erreiche sie, und sie verliert ihre Macht. Nun wähle ich mir einen anderen Zielpunkt. Und indem ich einen Zielpunkt nach dem anderen erreiche, tauche ich aus dem Sand auf.

Die Stadt in der Wüste

Uns selbst erkennen

NUR DIE WELT, DIE ER SCHON IN SICH TRÄGT

*I*ch sage mir: ›Der Mensch wird nur die Welt gewahr, die er schon in sich trägt. Es braucht eine gewisse Spannweite, um dem Erhabenen die Stirn zu bieten und seine Botschaft zu empfangen.‹ Mir fällt eine Geschichte ein, die mir die Frau eines Freundes erzählt hat. Sie hatte sich an Bord des letzten Schiffes der Weißen flüchten können, das vor dem Einzug der Roten in Sewastopol oder vielleicht auch in Odessa in See stach. Das kleine Fahrzeug war zum Bersten voll; bei jeder weiteren Belastung wäre es gekentert, und langsam löste es sich bereits vom Kai. Der noch schmale, aber unwiderrufliche Trennungsstrich zwischen den beiden Welten war schon gezogen. Eingezwängt in der Menge stand die junge Frau auf dem Hinterdeck und blickte hinab. Seit zwei Tagen fluteten geschlagene Kosaken aus den Bergen ans Meer zurück. In einem nie abreißenden Strom kamen sie von dort herunter. Doch es gab keine Schiffe mehr. Sobald sie den Kai erreicht hatten, sprangen sie ab, töteten ihr Pferd, warfen ihren Dolman und ihre Waffen von sich; dann sprangen sie ins Wasser, um sich schwimmend an Bord des Schiffleins zu retten, das noch so nahe war. Doch auf dessen Hinterdeck befanden sich Männer mit Gewehren, die den Auftrag hatten, sie am Hochklettern zu hindern; mit jedem Schuß ließen sie einen roten Stern auf dem Meer aufleuchten. Bald war der ganze Hafen mit Sternen besät. Doch immer wieder, mit der Besessenheit eines bösen Traums, tauchten die Kosaken auf dem Kai auf, sprangen vom Pferde, töteten ihr Tier und schwammen, bis das rote Zeichen aufblühte …
Moskau

So sieht er aus, der Mensch von heute

WIE VIELE STERNE WAREN ERLOSCHEN

*I*mmer steht mir das Bild meines ersten Nachtfluges in Argentinien vor Augen. Es war eine pechschwarze Nacht. Doch in diesem Nichts leuchteten verschwommen wie Sterne die Lichter der Menschen in der Ebene.

Ein jeder Stern besagte, daß man mitten in der Nacht dort unten nachdachte, las, vertrauliche Gespräche weiterführte. Ein jeder Stern kündete wie ein Leuchtfeuer die Gegenwart eines menschlichen Bewußtseins. In jenem dort meditierten sie vielleicht über das Glück der Menschen, über die Gerechtigkeit, über den Frieden. Verloren in dieser Sternenherde war der Stern der Hirten. Hier nahm man vielleicht Verbindung auf mit den Gestirnen, mühte sich ab, den Andromedanebel zu berechnen. Anderswo liebte man. Überall brannten diese Feuer auf den Feldern, und auch die bescheidensten verlangten nach Nahrung: das Feuer des Dichters, des Lehrers, des Zimmermanns. Doch wie viele Fenster waren geschlossen inmitten dieser lebenden Sterne, wie viele Sterne waren erloschen, wie viele Menschen in Schlaf gesunken. Wie viele Feuer spendeten nicht mehr ihr Licht, da sie nicht gespeist worden waren.

Frieden oder Krieg?

Uns selbst erkennen

WENN DER GEIST SCHLÄFT

*G*ewiß sah ich manchen unter der Trennung von seiner Geliebten leiden, die für ihn Sinn der Tage, der Stunden und Dinge war. Denn sein Tempel stürzte ein. Doch jenen anderen habe ich nicht leiden gesehen, der den Rausch der Liebe gekannt hatte, dann aber das Heim seiner Freuden verlor, da er zu lieben aufhörte. Und genau so steht es mit einem, den das Gedicht ergriff, später aber langweilte. Wo siehst du ihn leiden? Wenn der Geist schläft, lebt der Mensch nicht mehr. Denn Langeweile ist keine Sehnsucht. Die Sehnsucht nach Liebe ist immer noch Liebe … Und wenn keine Liebe mehr da ist, gibt es auch keine Sehnsucht nach Liebe mehr. Du begegnest dann nur noch der Langeweile, die mit den Dingen auf gleicher Stufe steht, denn diese haben dir nichts zu geben. Die Bausteine meines Lebens stürzen im gleichen Augenblick zusammen, in dem der Schlußstein ihres Gewölbes fortfällt; es ist das Leiden der Wandlung, und wie sollte ich es kennenlernen? Da sich mir jetzt erst der wahre Schlußstein und die wahre Bedeutung offenbart und jene Bausteine niemals mehr Sinn besessen haben, als sie jetzt dadurch empfangen. Und wie sollte ich die Langeweile kennenlernen, da es eine gebaute und vollendete Basilika gibt, die sich endlich für meine Augen erhellt hat.

Die Stadt in der Wüste

So sieht er aus, der Mensch von heute

VON GESCHLECHT ZU GESCHLECHT

*D*arum schien mir in der Glocke des kleinen Dorfes, die am Abend den Tod der Bäuerin einläutete, nichts von Jammer und Verzweiflung zu klingen, sondern nur stille und zärtliche Trauer. Mit gleicher Stimme feiert sie ja Taufe und Begräbnis. Sie meldete den Übergang von einer Generation zur anderen.

Tiefer Friede ging von der Vermählung eines alten Menschen mit der Erde aus.

Der Schatz, der von Geschlecht zu Geschlecht weitergegeben wird, der dabei langsam wächst wie ein Baum, das ist das Leben, das Bewußtsein seiner selbst. Welch geheimnisvolle Ahnenreihe haben wir doch: glühende Lava, Sternenmasse, eine erste Zelle sind Keime des Wunders, dem wir entstammen.

Langsam sind wir so weit gestiegen, daß wir Symphonien schaffen und Sterne wägen.

Wind, Sand und Sterne

Uns selbst erkennen

NUR EINE HÜLLE

*D*a der kleine Prinz einschlief, nahm ich ihn in meine Arme und machte mich wieder auf den Weg. Ich war bewegt. Mir war, als trüge ich ein zerbrechliches Kleinod. Es schien mir sogar, als gäbe es nichts Zerbrechlicheres auf der Erde. Ich betrachtete im Mondlicht diese blasse Stirn, diese geschlossenen Augen, diese im Wind zitternde Haarsträhne, und ich sagte mir: Was ich da sehe, ist nur eine Hülle. Das Eigentliche ist unsichtbar ...

»Es wird aussehen, als wäre ich tot, und das wird nicht wahr sein ...«
... Du verstehst. Es ist zu weit. Ich kann diesen Leib da nicht mitnehmen. Er ist zu schwer ... Aber er wird daliegen wie eine alte verlassene Hülle. Man soll nicht traurig sein um solche alten Hüllen ...«
... Ich weiß gut, er ist auf seinen Planeten zurückgekehrt, denn bei Tagesanbruch habe ich seinen Körper nicht wieder gefunden. Es war kein so schwerer Körper.

Der kleine Prinz

EINER, DER SICH VOLLENDET

So wenig wie vom Baum weißt du vom Menschen, wenn du ihn in seiner Dauer ausbreitest und ihn nach seinen Unterschieden einteilst. Mitnichten ist der Baum zuerst Same, dann Sproß, dann biegsamer Stamm, dann dürres Holz. Man darf ihn nicht zerlegen, wenn man ihn kennenlernen will. Der Baum ist jene Macht, die sich langsam dem Himmel vermählt.

So steht es mit dir, du kleiner Mensch. Gott läßt dich geboren werden und aufwachsen, er erfüllt dich nacheinander mit Wünschen und Klagen, mit Freuden und Leiden, mit Zorn und Vergebung; dann nimmt er dich heim zu sich. Du bist indessen weder dieser Schüler noch dieser Gatte, weder dieses Kind noch dieser Greis. Du bist einer, der sich vollendet. Und wenn du dich als ein wiegender Zweig zu entdecken weißt, der fest mit dem Ölbaum verwachsen ist, wirst du in deinen Bewegungen die Ewigkeit kosten. Und alles um dich her wird ewig werden. Der Brunnen wird ewig sein, der sein Lied singt und schon deine Väter gelabt hat; das Licht der Augen wird ewig sein, wenn dir deine Geliebte zulächelt; die Kühle der Nächte wird ewig sein. Die Zeit ist dann nicht mehr ein Stundenglas, das seinen Sand verbraucht, sondern eine Schnitterin, die ihre Garbe bindet.

Die Stadt in der Wüste

OKTOBER

Was kann,
was soll man den Menschen sagen

Wie Leben gelingen kann

DEN GEISTIGEN SINN WIEDERGEBEN

*E*s gibt nur ein Problem, ein einziges in der Welt: Wie kann man den Menschen einen geistigen Sinn, eine geistige Unruhe wiedergeben; etwas auf sie herabrieseln lassen, was einem Gregorianischen Gesang gleicht! Hätte ich den Glauben, stünde es fest, daß ich, sobald diese Zeit [des Krieges] vorüber ist, nur noch Solesmes [berühmte Benediktinerabtei] ertragen könnte.

Man kann nicht mehr leben von Eisschränken, von Politik, von Bilanzen und Kreuzworträtseln. Man kann es nicht mehr.

Man kann nicht mehr leben ohne Poesie, ohne Farbe, ohne Liebe.

Brief an einen General

EIN UNSICHTBARES GUT

*E*s ist mir ganz gleich, ob ich im Krieg umkomme. Was wird denn von dem bleiben, was ich liebte? Ich spreche nicht nur von den Menschen, sondern auch von den Bräuchen, den unersetzlichen Akzenten, von einem gewissen geistigen Licht. Vom Frühstück in einem provenzalischen Bauernhof unter Ölbäumen, aber auch von Händel. Die Dinge, die erhalten bleiben, die sind mir ganz gleichgültig. Worauf es ankommt, das ist eine gewisse Anordnung der Dinge. Die Kultur ist ein unsichtbares Gut, da sie ja nicht die Dinge betrifft, sondern die unsichtbaren Bande, die die Dinge miteinander verknüpfen: so und nicht anders. Man wird vollkommene Musikinstrumente in großen Serien an uns verteilen, doch wo wird der Musiker bleiben? Wenn ich im Krieg umkommen sollte, kümmert mich das wenig. Oder wenn ich der Raserei jener fliegenden Torpedos zum Opfer fallen sollte, die nichts mehr mit Fliegerei zu tun haben und den Piloten inmitten seiner Knöpfe und Zifferblätter zu einer Art Buchhalter machen (auch die Fliegerei ist eine gewisse Anordnung von Verknüpfungen).

Doch falls ich lebend heimkehre von diesem »notwendigen und undankbaren Job«, dann wird sich für mich nur ein Problem stellen: Was kann man, was soll man den Menschen sagen?

Brief an einen General

Wie Leben gelingen kann

EIN LEBEN DES GEISTES

E's gilt wieder zu entdecken, daß es ein Leben des Geistes gibt, das noch höher steht als das Leben der Vernunft und das allein den Menschen zu befriedigen vermag. Das übersteigt noch das Problem des religiösen Lebens, das nur eine seiner Erscheinungsformen ist – wenn auch das Leben des Geistes vielleicht notwendig zu dem anderen hinführt. Und das Leben des Geistes beginnt dort, wo man ein »einziges« Wesen oberhalb der Stoffe erkennt, aus denen es sich zusammensetzt.

Die Liebe zum Hause … gehört schon zum Leben des Geistes. Und auch das Dorffest und der Totenkult (ich komme darauf, da hier nach meiner Ankunft zwei oder drei Fallschirmspringer den Tod fanden, aber man hat sie beiseite geschafft: sie waren nicht mehr von Nutzen). Das gehört zur Epoche …: Der Mensch hat keinen Sinn mehr. Man muß unbedingt zu den Menschen sprechen.

Brief an einen General

*N*ur der Geist, wenn er den Lehm anhaucht, kann den Menschen erschaffen.

Wind, Sand und Sterne

AUSTAUSCHBAR

*D*ie Liebesbande, die den heutigen Menschen mit Wesen und Dingen verknüpfen, sind so schlaff, so wenig gewichtig, daß der Mensch ihre Abwesenheit nicht mehr so spürt wie früher. Das ist der schreckliche Sinn jener jüdischen Geschichte: »Du gehst also dorthin? Da wirst du aber weit weg sein!« »Weit weg von wo?« Dieses »Wo«, das sie verlassen haben, war fast nur noch ein umfangreiches Bündel von Gewohnheiten. Die Eisschränke sind austauschbar. Auch das Haus, wenn es bloß eine Anhäufung von Gegenständen ist. Und die Frau. Und die Religion. Und die Partei. Man kann nicht einmal mehr untreu sein. Wem sollte man untreu werden? Wovon weit weg und wem untreu? Wüstenei des Menschen.

Brief an einen General

*I*ch bin traurig, wegen dieses sonderbaren Planeten, den ich bewohne. Wegen all der Dinge, die ich nicht begreifen kann …

Kriegsbriefe an einen Freund

Wie Leben gelingen kann

DIE ZWEI ONKEL

*A*ls ich ein kleiner Junge war, ... habe ich eines Abends etwas
Merkwürdiges erlebt.

Ich war fünf oder sechs Jahre alt. Es war acht Uhr abends ... eine
Zeit, da die Kinder schlafen sollen. Zumal im Winter; denn es ist
Nacht. Man hatte mich jedoch vergessen.

Nun war im Erdgeschoß jenes großen Landhauses ein Flur, der
mir endlos vorkam, auf den das warme Zimmer führte, in dem wir
Kinder zu Abend aßen. Ich hatte mich immer vor diesem Hausflur
geängstigt, vielleicht wegen der schwachen Lampe, die nach der Mitte
zu sein Dunkel kaum erhellte und wohl eher ein Merkzeichen als eine
Leuchte darstellte wegen der hohen Holzvertäfelungen, die in der
Stille und wohl auch vor Kälte knackten. Denn man trat auf diesen
Flur aus den hellen warmen Zimmern wie in eine Höhle hinaus.

Als ich mich an jenem Abend vergessen sah, folgte ich einem
bösen Geist, stellte mich auf die Fußspitzen, bis ich die Türklinke
erreichte, drückte sie leise herunter, kam auf den Flur und machte
mich verstohlen daran, die Welt zu erkunden. Das Knacken der
Täfelungen kam mir jedoch wie eine Ankündigung himmlischen
Zornes vor. Im Halbdunkel ahnte ich die abweisende Gebärde der
hohen Täfelungen. Da ich mich nicht weiterzugehen getraute, kletter-
te ich so gut es ging auf ein Pfeilertischchen, lehnte mich mit dem
Rücken an die Wand, ließ die Beine herunterhängen und blieb da
klopfenden Herzens sitzen, wie alle Schiffbrüchigen auf ihrem Riff
auf offener See das tun.

Da öffnete sich die Tür eines Salons, und zwei Onkel, die mir
einen höllischen Schreck einjagten, schlossen diese Tür über dem
Stimmen-gewirr und Lichterschein hinter sich wieder und fingen an,
im Flur auf und ab zu wandeln.

Flug nach Arras

Was kann, was soll man den Menschen sagen

RÄTSELHAFTE SÄTZE

*I*ch zitterte davor, entdeckt zu werden. Der eine [der beiden Onkel], Hubert, war für mich die Verkörperung von Strenge. Ein Abgesandter der göttlichen Gerechtigkeit. Dieser Mann, der niemals einem Kind einen Nasenstüber versetzt hätte, sagte mir mit schrecklich hochgezogenen Augenbrauen bei jeder meiner Verfehlungen immer wieder: »Das nächste Mal, wenn ich nach Amerika gehe, bringe ich von dort eine Maschine zum Auspeitschen mit. Sie haben in Amerika alles vervollkommnet. Deshalb sind die Kinder dort die Bravheit selber. Und das ist auch eine große Beruhigung für die Eltern ...« Ich mochte Amerika nicht leiden.

Nun wandelten sie also in diesem eisigen, endlosen Flur, ohne mich zu bemerken, hin und her. Ich folgte ihnen mit Auge und Ohr, mit angehaltenem Atem, halb benommen. »Die heutige Zeit«, sagten sie ... Dabei entfernten sie sich mit ihrem Geheimnis für große Leute, und ich wiederholte für mich: ›Die heutige Zeit ...‹ Dann kehrten sie wieder wie eine Flutwelle, die von neuem ihre rätselhaften Schätze auf mich zurollte. »Es ist sinnlos«, sagte der eine zum andern, »es ist wirklich sinnlos ...« Ich fing den Satz auf wie etwas ganz Besonderes. Und ich wiederholte langsam, um die Zauberkraft dieser Worte auf mein fünfjähriges Bewußtsein zu erproben: ›Es ist sinnlos, es ist wirklich sinnlos ...‹

Die Welle nahm also die Onkel mit, die Welle brachte sie wieder her. Dieser Vorgang, der mir noch unklare Aussichten auf das Leben eröffnete, wiederholte sich mit astronomischer Regelmäßigkeit wie ein Gravitationsphänomen. Ich war auf meinem Tischchen für alle Ewigkeit festgenagelt, ein heimlicher Horcher einer feierlichen Beratung, in der meine beiden allwissenden Onkel miteinander die Welt erschufen.

Flug nach Arras

Wie Leben gelingen kann

LANGSAM DENKEN

*D*ie Intelligenz, die demontiert und die Teilstücke aneinander-
reiht, sofern sie sich nicht spielerisch damit vergnügt, ihre
Anordnung zu verfälschen, um den pittoresken Reiz zu erhöhen, –
die Intelligenz verdirbt den Sinn für das Wesentliche. Wenn man
Zustände analysiert, erfaßt man nichts mehr vom Menschen. Ich bin
weder alt noch jung. Ich bin jemand, der sich im Übergang von der
Jugend zum Alter befindet.

Ich bin etwas, was Gestalt annimmt. Ich bin ein Altwerden. Eine
Rose ist nicht etwas, was aufblüht, sich öffnet und verwelkt. Das ist
eine pädagogische Beschreibung, eine Analyse, mit der die Rose um-
gebracht wird. Eine Rose, – das sind keine Zustände, die aufeinander-
folgen, eine Rose ist ein etwas schwermütiges Fest.

*D*er bodenlose Widersinn der jetzigen Zeiten bedrückt mein
Herz. Es ist ja immer dasselbe: die Gegenwart wird nicht
»gedacht«. Weil sich alles seit hundert Jahren viel zu schnell entwickelt hat, und weil das Denken ein viel zu langsamer
Verdauungsvorgang ist.

Kriegsbriefe an einen Freund

Was kann, was soll man den Menschen sagen

KOSTBARES DENKEN

*R*inette, siehst Du, man kann sich nur durch ständige Disziplin zum richtigen Denken erziehen, und das ist immerhin das Kostbarste, was wir besitzen, das Kostbarste, was wir besitzen sollten; man kann aber feststellen, daß die Menschen zwar ihr Gedächtnis, ihre Kenntnisse, ihre Wortgewandtheit zu erweitern suchen, daß sie aber fast niemals ihren Verstand pflegen. Sie sind bestrebt, richtig zu urteilen, aber nicht, richtig zu denken. Sie bringen alles durcheinander.

Deswegen soll man Ibsen lieben, der sich doch jedenfalls um ein menschliches Verstehen bemüht, und Pirandello ablehnen, überhaupt alles Falsche und Verdrehte: alles Komplizierte ablehnen. Alles, was dunkel und verlockender ist als das Klare. Von zwei Erklärungen eines Phänomens neigen die Menschen instinktiv der geheimnisvollen zu. Weil die andere, die wahre, einfach und glanzlos ist und einem dabei nicht die Haare zu Berge stehen. Das Paradox ist verlockender als eine echte Erklärung, und so ziehen die Menschen es vor. Was ich da sage, ist sehr allgemein. Viele Fehlurteile werden durch dieses Bedürfnis hervorgerufen, daß man sich Ideen aneignen möchte, nicht um sie zu begreifen, sondern um sich an ihnen zu berauschen.

Man kann darin sehr weit gehen. Man kann beinahe sagen, daß alles, was Erstaunen erregt, was bezaubert, höchstwahrscheinlich falsch ist. Wenn man begreifen will, so ist die erste Voraussetzung hierfür eine Art Uneigennützigkeit; man muß sich selber vergessen können.

Briefe an Rinette

Wie Leben gelingen kann

DIE SPANNUNG DER KRAFTLINIEN

*W*ie töricht ist einer, der das Glück der Menschen in der Befriedigung ihrer Wünsche suchen möchte und der glaubte, da er ihnen zusah, wie sie ihres Weges zogen, es komme den Menschen vor allem darauf an, ihr Ziel zu erreichen. Als ob es jemals ein Ziel gegeben hätte.

Daher sage ich dir, daß für den Menschen zuerst und vor allem die Spannung der Kraftlinien, an denen er teilhat, von Bedeutung ist, und weiter seine eigene innere Dichte, die sich daraus herleitet, der Widerhall seiner Schritte, die Anziehungskraft der Brunnen und die Schroffheit des Hanges, den er im Gebirge erklimmen muß. Und wenn der, der ihn zu erklimmen vermochte, durch die Kraft seiner Fäuste und die Abnutzung seiner Knie eine Felsnadel bezwungen hat, wirst du doch nicht behaupten wollen, seine Freude sei von der gleichen minderwertigen Beschaffenheit wie die Freude jenes Seßhaften, der sich auf der leicht erreichbaren Kuppe eines runden Hügels im Grase wälzt, wohin er an einem Ruhetage seinen trägen Leib geschleppt hat.

Die Stadt in der Wüste

DER PLATZ DES MENSCHEN

*I*ch habe einen Fall von Selbstmord erlebt. Irgendein Liebeskummer trieb den jungen Menschen dazu, sich mit größter Genauigkeit die Kugel mitten ins Herz zu jagen. Ich weiß nicht, welches literarische Vorbild ihn dazu brachte, weiße Handschuhe anzuziehen, aber ich erinnere mich noch, wie sehr ich diese traurige Schaustellung nicht als vornehm, sondern als erbärmlich empfand ...
[Demgegenüber der Bericht Guillaumets von seinem grausigen Marsch durch die Anden nach seinem Absturz: fünf Tage und vier Nächte an Steilwänden von 4500 Metern hinauf und hinab, bei 40 Grad Kälte, ohne Pickel, ohne Seile, ohne Lebensmittel:] »Nur eins rettet, einen Schritt zu tun. Und noch einen Schritt. Es ist immer der gleiche Schritt, den man wiederanfängt ...«
»Was ich getan habe, ich schwöre dir, kein Tier hätte es jemals getan.« An diesem Ausspruch [den ersten verständlichen Satz Guillaumets nach seiner Rettung] mußte ich denken, es ist der nobelste, den ich kenne, dieser Satz, der die wahren Rangordnungen wiederherstellt, der dem Menschen seinen Platz und seine Ehre gibt.
Wind, Sand und Sterne

VERLANGEN UND BESITZ

*U*nd wenn du Verlangen und Besitz wie Worte, die sich die Zunge zeigen, einander gegenüberstellst, verstehst du nichts vom Leben. Denn deine Wahrheit, die dir als Mensch eigen ist, beherrscht ihren Gegensatz, und es liegt darin nichts Widersprechendes. Das Verlangen muß seinen vollkommenen Ausdruck finden, und du mußt nicht auf unsinnige Hindernisse, sondern auf das Hindernis des Lebens selber stoßen, auf den anderen Tänzer, deinen Rivalen – dann entsteht der Tanz. Sonst bist du ebenso töricht wie einer, der »Kopf oder Schrift« gegen sich selber spielt.

Wenn meine Wüste zu reich an Brunnen sein sollte, müßte ein Befehl Gottes ergehen, um einige von ihnen zu sperren.

Denn die erschaffenen Kraftlinien müssen dich von höherer Warte aus beherrschen, damit dir deine Neigungen, deine Spannungen und deine Handlungen darin begegnen, aber sie müssen auch, da sie nicht alle gleich gut sind, etwas anderem gleichen, das zu verstehen nicht deine Sache ist. Deshalb sage ich dir, daß es ein Zeremoniell der Brunnen in der Wüste gibt.

Die Stadt in der Wüste

Was kann, was soll man den Menschen sagen

EROBERUNG

*D*enn der Mensch entdeckt bei jeder Eroberung, daß sie ihn getrogen hat, sobald er den eroberten Gegenstand benutzt, da er die Glut des Schöpfungsaktes mit der Lust am Gebrauche des Gegenstandes verwechselt, durch die er nichts mehr hinzugewinnt. Und doch muß man sich eines Tages dem Gebrauche zuwenden, aber dann kommt es nur auf den Gebrauch an, der der Eroberung dient, so wie die Eroberung dem Gebrauche dient. Das eine steigert das andere. So verhält es sich auch mit dem Tanz oder dem Gesang oder der Ausübung des Gebets – das die Inbrunst erzeugt, die hinwiederum das Gebet speist – oder mit der Liebe. Denn wenn ich meinen Zustand verändere, wenn ich nicht mehr Bewegung und Tätigkeit bin, die auf ein Ziel gerichtet ist, dann bin ich wie tot. Und von deiner Bergeshöhe wirst du die Landschaft nur so lange genießen, als sie im Siege deiner Muskeln besteht und in der Befriedigung deines Leibes.

Die Stadt in der Wüste

Wie Leben gelingen kann

WECHSEL DER BLICKRICHTUNG

Schicke meine Gefangenen, Steine zu brechen. Und sie brechen sie und fühlen sich leer. Aber glaubst du, die gleichen Steine zu brechen, wenn du dein eigenes Haus baust? Dann künden deine Gebärden nicht von einer Züchtigung, sondern von einem Lobgesang. Denn um klar zu sehen, genügt ein Wechsel der Blickrichtung. Gewiß kommt dir einer reicher vor, wenn er im Augenblick, da er im Sterben liegt, gerettet wird und weiterlebt. Aber wenn du auf einen anderen Berg steigst und sein abgeschlossenes Schicksal betrachtest, das schon gebunden ist wie eine Garbe, wird er dir glücklicher erscheinen durch einen sinnvollen Tod.

So steht es auch mit dem, den ich in einer Kriegsnacht festnehmen ließ, damit er mir die Pläne meines Feindes preisgäbe. »Ich habe eine Heimat«, sagte er mir, »und deine Henker vermögen nichts dagegen …« Ich hätte ihn unter einem Mühlstein zermahlen können, ohne das Öl des Geheimnisses aus ihm herauszupressen, denn er gehörte seinem Reiche an. – »Arm bist du«, sagte ich ihm, »und in meiner Gewalt.«

Er aber lachte, als er hörte, daß ich ihn arm nannte. Denn das Gut, das er besaß, konnte ich nicht von ihm abtrennen.

Die Stadt in der Wüste

Was kann, was soll man den Menschen sagen

WIR HABEN DAS WESEN VERNACHLÄSSIGT

Zu lange haben wir uns über die Rolle der Intelligenz getäuscht. Wir haben die Grundsubstanz des Menschen vernachlässigt. Wir haben gemeint, die Kunstfertigkeit niedriger Seelen könne zum Triumph edler Vorhaben mithelfen, der wendige Egoismus könne den Geist des Opfers übertrumpfen, die Nüchternheit des Herzens könne mit schönen Reden Brüderlichkeit oder Liebe gründen. Wir haben das Wesen vernachlässigt. Das Samenkorn der Zeder wird zur Zeder, es mag wollen oder nicht. Das Samenkorn eines Brombeerstrauches wird zum Brombeerstrauch.

Von nun an denke ich nicht mehr daran, den Menschen nach den Formeln zu beurteilen, die seinen Entscheidungen zugrunde liegen. Man täuscht sich zu leicht über die Bürgschaft der Worte wie über die Richtung der Taten. Wer auf sein Heim zugeht, weiß nicht, geht er zum Streit oder geht er zur Liebe. Ich werde mich fragen: › Was für ein Mensch ist er?‹ Dann erst werde ich erkennen, wohin es ihn zieht und wohin er gehen wird. Am Ende geht einer doch immer dahin, wohin es ihn zieht.

Flug nach Arras

DER BLINDGEBORENE BAUM

*E*ines Abends in der Wüste am Lagerfeuer erzählte jener Dichter die schlichte Geschichte seines Baumes. Und meine Soldaten, von denen viele nie etwas anderes als gelbliches Gras und Zwergpalmen und Dornen gesehen hatten, hörten ihm zu. »Ihr wißt nicht«, sagte er ihnen, »was ein Baum ist. Ich habe einen gesehen, der von ungefähr in einem verlassenen Hause, einem fensterlosen Gemäuer gewachsen war, und der sich aufgemacht hatte, das Licht zu suchen. Wie der Mensch Luft um sich haben muß und der Karpfen Wasser, braucht der Baum Helle. Denn da er mit seinen Wurzeln in die Erde und mit seinen Zweigen in die Gestirne gepflanzt ist, ist er der Weg des Austausches zwischen uns und den Sternen. Dieser blindgeborene Baum hatte also in der Finsternis seine mächtigen Wurzeln ausgedehnt; er war von Wand zu Wand getappt, er war hin und her geschwankt, und dieser Kampf hatte sich in die Windungen seines Stammes eingezeichnet. Sodann hatte er in der Richtung der Sonne ein Mauerloch aufgebrochen und war hochgeschossen, aufrecht wie ein Säulenschaft ... Er unterschied sich aufs herrlichste von den Knoten, mit deren Schürzung sich der in seinen Sarg eingeschlossene Rumpf abgemüht hatte, und entfaltete sich in aller Ruhe; wie eine große Tafel, auf der die Sonne bedient wurde, breitete er sein Blattwerk aus ...

Und ich sah, wie er jeden Morgen bei Tagesanbruch vom Wipfel bis zum Fuße erwachte. Denn er war beladen mit Vögeln. Und sobald es dämmerte, begann er zu leben und zu singen; wenn dann die Sonne aufgegangen war, ließ er seine Schätze in den Himmel hinaus wie ein nachsichtiger alter Hirte – mein Baum, der ein Haus, der ein Schloß war und leer blieb bis zum Abend ...«

So erzählte er, und wir wußten, daß man den Baum lange anschauen muß, damit er ebenso in uns gedeihe. Und ein jeder beneidete ihn um diese Fülle von Blättern und Vögeln, die er in seinem Herzen trug.

Die Stadt in der Wüste

Was kann, was soll man den Menschen sagen

DER GÖTTLICHE KNOTEN

*D*ie Mauern des Gefängnisses können den Liebenden nicht einschließen, denn er gehört einem Reiche an, das nicht von den Dingen, sondern vom Sinn der Dinge lebt, und spottet der Mauern. Und wenn es die Geliebte nur irgendwo gibt, selbst wenn sie schläft und daher wie tot und im Augenblick zu nichts nütze scheint, und selbst wenn du diese Festungsmauern zwischen ihnen beiden baust – sie nährt den Geliebten doch in der Stille, im Geheimnis seines Herzens. Und du könntest sie nicht voneinander trennen. So ist es mit jeder Erscheinung, die sich aus dem göttlichen Knoten herleitet, welcher die Dinge verknüpft …

Darum sage ich dir, daß es bei der Formung des Menschen nicht vor allem darauf ankommt, ihn zu belehren, denn es ist sinnlos, wenn er nur noch ein Buch auf zwei Beinen ist, sondern ihn zu erheben und ihn auf die Stufen hinaufzuführen, in denen es nicht mehr Dinge gibt, sondern Gesichter, die aus dem göttlichen Knoten hervorgingen, welcher die Dinge verknüpft. Denn von den Dingen läßt sich nichts erhoffen, wenn sie nicht gegenseitig aufeinander einwirken, und das allein ist Musik für das Herz.

Die Stadt in der Wüste

EITELKEIT UND STOLZ

*I*ch verdamme deine Eitelkeit, nicht aber deinen Stolz, denn wenn du besser tanzest als ein anderer, warum solltest du dich verleugnen, indem du dich vor dem schlechten Tänzer demütigst? Es gibt eine Form des Stolzes, die Liebe zum gut getanzten Tanze ist.

Doch die Liebe zum Tanze ist nicht Liebe zu dir, der du tanzest. Du erhältst deinen Sinn durch das Werk; es ist nicht das Werk, das sich mit dir brüstet. Und du wirst es niemals vollenden, es sei denn im Tode. Nur die Eitle ist mit sich zufrieden, hält inne auf ihrem Wege, um sich zu betrachten, und vertieft sich in die Anbetung ihres Ichs. Sie kann nichts von dir empfangen, außer deinen Applaus. Wir aber verachten solche Gelüste, wir ewigen Nomaden auf dem Wege zu Gott, denn nichts kann uns genügen.

Die Eitle ist in sich selber stehengeblieben, denn sie glaubt, daß man schon vor der Todesstunde ein Gesicht angenommen hat. Deshalb könnte sie weder etwas empfangen noch etwas geben, genau wie die Toten.

Die Stadt in der Wüste

GABE UND GEGENGABE

*D*enn es ist gerecht, daß ich zugleich empfange, während ich schenke – vor allem, weil ich dadurch im Schenken fortfahren kann. Ich segne diesen Austausch zwischen Gabe und Gegengabe, der es gestattet, auf dem Wege weiterzuschreiten und noch weiterhin zu schenken. Und wenn es die Gegengabe dem Fleische erlaubt, sich zu erneuern, so ist es die Gabe allein, die dem Herzen Nahrung gibt. Ich habe Tänzerinnen zugesehen, wie sie ihre Tänze gestalteten. Und sobald einmal der Tanz geschaffen und getanzt ist, trägt gewiß niemand die Frucht dieser Arbeit fort, um damit Vorräte anzulegen. Der Tanz zieht wie eine Feuersbrunst vorüber. Und doch sage ich, daß ein Volk Kultur hat, wenn es seine Tänze gestaltet, obwohl es für Tänze weder Ernte noch Speicher gibt …

Und der schöne Tanz entsteht aus der Inbrunst, die zum Tanzen treibt. Und die Inbrunst erfordert, daß alle tanzen – auch jene, die schlechte Tänzer sind –, sonst entsteht keine Inbrunst, sondern eine verknöcherte Akademie und ein sinnloses Schauspiel.

Verdamme nicht ihre Irrtümer nach Art eines Geschichtsschreibers, der über eine schon abgeschlossene Epoche richtet. Wer wird denn der Zeder Vorwürfe machen, weil sie erst nur ein Samenkorn oder ein schief gewachsenes Stämmchen ist? Laß sie nur gewähren. Aus Irrtum über Irrtum wird der Zedernwald emporwachsen, der dann an den Tagen des großen Windes den Weihrauch seiner Vögel ausstreut.

Ich habe es dir schon gesagt. Irrtum des einen, Erfolg des anderen – beunruhige dich nicht über solche Einteilungen. Nur die große Zusammenarbeit ist fruchtbar, an der der eine durch den anderen teilhat. Und die mißlungene Bewegung dient der gelungenen Bewegung. Und die gelungene Bewegung weist dem, dem die seine mißlang, das Ziel, das sie gemeinsam verfolgten. Wer den Gott findet, findet ihn für alle.

Die Stadt in der Wüste

Wie Leben gelingen kann

ZWANG UND FREIHEIT

*J*edes gewordene Gefüge ist Zwang. Wenn ich ein Ding ergreife, muß ich die Faust ballen, um es zu halten. Sprich mir nur nicht von der Freiheit der Worte im Gedicht. Ich habe die einen den anderen unterworfen, im Einklang mit einer Ordnung, die die meine ist. Es kann geschehen, daß man meinen Tempel niederreißt, um seine Steine für einen anderen Tempel zu verwenden. Es gibt Tode und Geburten. Doch sprich mir nicht von der Freiheit der Steine. Denn dann gibt es keinen Tempel.

Ich habe nie verstanden, weshalb man den Zwang von der Freiheit unterscheidet. Je mehr Straßen ich ziehe, um so freier bist du in deiner Wahl. Aber jede Straße ist ein Zwang, denn ich habe sie mit Schranken eingefaßt. Was aber nennst du Freiheit, wenn es keine Straßen gibt, zwischen denen du wählen kannst? Nennst du Freiheit das Recht, im Leeren umherzuirren? Sobald der Zwang eines Weges begründet wurde, steigert sich zugleich deine Freiheit.

Ohne Instrument bist du nicht frei in der Führung deiner Melodien. Ohne die Nötigung von Nase und Ohren bist du nicht frei im Lächeln deiner Statue. Und einer, der die verfeinerte Frucht einer verfeinerten Kultur ist, fühlt sich bereichert durch ihre Marksteine, ihre Grenzen und Regeln. Man ist reicher an inneren Regungen in meinem Palaste als in der Fäulnis der Verbrecherwelt.

Die Stadt in der Wüste

VERWALTUNG LENKT

*W*ir leben im blinden Bauch einer Verwaltung. Eine Verwaltung ist eine Maschine. Je vollendeter eine Verwaltung ist, desto mehr schließt sie die menschliche Willkür aus. In einer vollkommenen Verwaltung, bei der der Mensch die Rolle eines Triebwerks spielt, haben Nachlässigkeit, Unehrlichkeit und Unkorrektheit keine Gelegenheit mehr, sich auszuwirken.

Doch wie die Maschine dafür gebaut ist, eine Folge von Bewegungen auszuführen, die ein für allemal vorgesehen sind, so besitzt auch die Verwaltung keinerlei schöpferische Kraft. Sie lenkt. Sie hat eine bestimmte Strafe für einen bestimmten Fehler, eine bestimmte Lösung für ein bestimmtes Problem bei der Hand. Eine Verwaltung ist nicht dazu ausersehen, neue Probleme zu lösen. Wenn man in eine Hohlpresse Holzstücke einführt, kommen keine Möbel heraus.

Damit die Maschine sich darauf einstellt, müßte ein Mensch über das Recht verfügen, sie völlig umzustellen. Doch in einer Verwaltung, die dazu erdacht ist, die Nachteile menschlicher Willkür auszuschalten, erlaubt das Triebwerk den Eingriff des Menschen nicht. Es weist den Uhrmacher zurück.

Flug nach Arras

*O*rdnung um der Ordnung willen beschneidet den Menschen seiner wesentlichen Kraft, der nämlich, die Welt und sich selber umzuformen. Das Leben schafft Ordnung, aber die Ordnung bringt kein Leben hervor.

Brief an einen Ausgelieferten

DIE BERUFUNG FREILEGEN

*E*ine Berufung ist zweifellos von grundlegender Bedeutung. Manche Leute bleiben für ihr Leben in ihren Geschäften stecken, andere aber gehen mit untrüglicher Sicherheit einen Weg in ganz bestimmter Richtung. In ihrer Jugend finden wir sicher im Keim die Triebe, die ihr Schicksal erklären. Aber es ist irreführend, Geschichte nach den Ereignissen zu schreiben. Die gleichen Triebe finden wir nämlich auch bei fast allen anderen Menschen. Man denke nur an die Geschäftsleute, die in einer furchtbaren Brandnacht über sich hinausgewachsen sind. Sie sind sich auch selbst bewußt, bei dieser Gelegenheit ihre Erfüllung gefunden zu haben; diese Brandnacht bleibt für sie die große Nacht ihres Lebens. Aber mangels neuer Gelegenheiten, mangels einer geeigneten Umwelt, mangels eines Glaubens, der etwas von ihnen verlangt, sind sie wieder eingeschlafen, ohne an ihre Größe zu glauben. Die Berufungen können also wohl dem Menschen zur Befreiung helfen; aber zuvor muß er es fertigbringen, seine Berufung freizulegen.

Wind, Sand und Sterne

MENSCHSEIN

*G*uillaumets Mut gründet vor allem in seiner Geradheit. Aber seine eigentliche Größe kommt aus seinem Verantwortungsgefühl. Er fühlt sich verantwortlich für sich selbst, seine Post und die Kameraden, die auf ihn warten. Ihr Kummer oder ihre Freude liegt in seinen Händen. Er fühlt sich verantwortlich für das, was drunten bei den Lebenden an Neuem aufgebaut wird und woran er mitbauen soll, verantwortlich ein wenig für das Schicksal der Menschen, soweit seine Arbeit reicht ...

Menschsein heißt verantwortlich sein. Scham empfinden beim Anblick einer Not, auch wenn man augenscheinlich nicht schuld an ihr ist. Stolz sein auf den Erfolg, den die Kameraden errungen haben. Das Gefühl haben, daß der Stein, den man setzt, mitwirkt am Bau der Welt.

Und solche Menschen will man mit Stierkämpfern und Spielern in eine Reihe bringen? Man preist ihre Todesverachtung. Ich pfeife auf Todesverachtung. Sie ist nur ein Zeichen geistiger Armut oder jugendlicher Unreife, wenn sie nicht in einer übernommenen Verantwortung wurzelt.

Wind, Sand und Sterne

Wie Leben gelingen kann

DEM GLEICHEN GELOBTEN LAND ENTGEGEN

*A*lle drücken wir mit widersprechenden Worten die gleichen Bestrebungen aus. Menschenwürde, Brot unserer Brüder. Wir sind uneins über die Methoden, die das Ergebnis unserer Überlegungen sind, nicht über die Ziele. Und wir ziehen gegeneinander in den Krieg, dem gleichen gelobten Land entgegen.

Um das zu erkennen, braucht man uns nur aus einem gewissen Abstand zu betrachten. Dann entdeckt man, wie wir mit uns selber im Krieg liegen. Dann gehören unsere Entzweiungen, unsere Kämpfe, unsere Schmähungen dem gleichen Leib an, der sich gegen sich selber verkrampft und sich im Blut des Gebärens zerfleischt. Etwas wird entstehen, das über diesen verschiedenen Bildern stehen wird, aber beeilen wir uns, die Synthese hervorzubringen. Es gilt, die Befreiung zu fördern, denn sonst droht sie, zum Tode zu führen.

Frieden oder Krieg?

Was kann, was soll man den Menschen sagen

IM SCHÜTZENGRABEN

*D*runten im Schützengraben rüsten sich die Männer zu einem Patrouillengang … Allmählich befreien sie sich aus ihrem Schlamm, um vor den Sternen aufzutauchen. Das Denken wird wach unter der Erde, in diesen Blöcken aus gehärtetem Lehm, und ich sinne darüber nach, daß sich dort drüben, uns gegenüber, andere Männer zur gleichen Stunde ebenso ausrüsten, sich mit den gleichen wollenen Tüchern bedecken; auch sie sind von der gleichen Erde durchsättigt, tauchen auf aus der gleichen Erde, aus der sie erschaffen wurden. Dort drüben, uns gegenüber, erwacht die gleiche Erde zum Bewußtsein ihrer selbst: mittels des Menschen.

So, Leutnant, richtet sich dir gegenüber langsam dein Ebenbild auf, um von deiner Hand zu sterben. Nachdem es allem entsagt hat, um, wie du, seinem Glauben zu dienen. Seinem Glauben, welcher der deine ist. Wer wäre denn für etwas anderes zu sterben bereit als für die Wahrheit, die Gerechtigkeit und die Liebe zu den Menschen?

Frieden oder Krieg?

Wie Leben gelingen kann

EINE VERHEISSUNG AN DAS LEBEN

*V*or einigen Jahren befand ich mich auf einer langen Reise ... Ich setzte mich einem Paar gegenüber. Zwischen Mann und Frau hatte sich das Kind ein Nestchen gebaut, so gut es ging, und schlief. Einmal wendete es sich doch im Schlaf, und sein Gesichtchen erschien mir im Licht der Nachtbeleuchtung. Welch liebliches Gesicht! Diesem Paar war eine goldene Frucht geboren; aus den schwerfälligen Lumpen war eine Vollendung von Anmut und Lieblichkeit entsprungen. Ich beugte mich über die glatte Stirn, die feingeschwungenen Lippen und sah: das ist ein Musikerkopf – das ist Mozart als Kind, eine herrliche Verheißung an das Leben! So sind nur die kleinen Prinzen im Märchen. Was könnte aus diesem Kind, wenn es behütet, umhegt, gefördert würde, alles werden!

Wenn in einem Garten durch Artwechsel eine neue Rose entsteht, faßt alle Gärtner größte Aufregung. Man verwahrt die Rose, man pflegt sie, man tut alles für sie. Aber für die Menschen gibt es keinen Gärtner. Das Kind Mozart wird wie alle anderen vom Hammer zerbeult. Vielleicht empfängt es einst seine höchsten Wonnen von einer entarteten Musik in der stickigen Luft eines Nachtcafés.
Mozart ist zum Tode verurteilt.

Wind, Sand und Sterne

Was kann, was soll man den Menschen sagen

GRUND LEGEN

*I*ch kann nicht voraussehen, aber ich kann zu etwas den Grund legen. Denn die Zukunft baut man. Wenn ich die Zusammenhanglosigkeit meiner Zeit in einem einzigen Gesicht zusammenfassen kann, wenn mir die begnadeten Hände des Bildhauers eignen, wird mein Verlangen Wirklichkeit werden. Und ich würde mich täuschen, wenn ich dann sagte, ich hätte vorausgesehen. Denn ich hätte etwas begründet. In der Zusammenhanglosigkeit ringsumher hätte ich ein Gesicht gewiesen, und ich hätte ihm Geltung erzwungen, und es wird die Menschen beherrschen: wie Haus und Hof, die zuweilen sogar das Opfer ihres Blutes fordern.

So offenbarte sich mir eine neue Wahrheit, die lautet: Es ist sinnlos und trügerisch, sich mit der Zukunft zu befassen. Hingegen kommt es allein darauf an, der heutigen Welt Ausdruck zu verleihen. Und Ausdruck verleihen bedeutet, aus der zusammenhanglosen Gegenwart das eine Gesicht zu formen, das sie beherrscht; es bedeutet, mit Hilfe der Steine die Stille zu erschaffen. Und alles andere Vorhaben ist nur Wind der Worte.

Die Stadt in der Wüste

Wie Leben gelingen kann

NICHTS ALS WEG UND DURCHGANG

*D*u mußt sterben, um dich hinzugeben. Du mußt überdauern nach Art der alten Frauen, die sich die Augen abnutzen, wenn sie die Kirchengewänder nähen, mit denen sie ihren Gott bekleiden. Sie werden dadurch selber zum Gewand eines Gottes. Und durch das Wunder ihrer Finger wird die Hülle aus Leinen zum Gebet.

Denn du bist nichts als Weg und Durchgang und kannst nur von dem wahrhaft leben, was du verwandelst. Der Baum verwandelt die Erde in Zweige. Die Biene die Blüte in Honig. Und dein Pflügen die schwarze Erde in das Flammenmeer des Getreides.

Es kommt mir daher vor allem darauf an, daß dir dein Gott wirklicher ist als das Brot, in das deine Zähne einbeißen. Dann wird er dich trunken machen, bis du dich opferst und dich dadurch in Liebe vermählst.

Du aber hast alles zerstört und alles vergeudet, da du das Gefühl für das Fest verloren hast und dich zu bereichern glaubst, wenn du deine Vorräte auf die einzelnen Tage verteilst. Denn du täuschst dich über den Sinn der Zeit ... Und du hast das Fasten abgelehnt, das Voraussetzung für das Festmahl war. Du hast es abgelehnt, jenen Teil des Kornes zu opfern, der dem Korn seinen Glanz verlieh, weil er verbrannt wurde für das Fest.

Und du begreifst nicht, daß es einen Augenblick gibt, der das ganze Leben aufwiegt, denn blind gemacht hat dich deine elende Rechenkunst.

Die Stadt in der Wüste

DIE LIEBE EIN FRACHTSCHIFF

*D*ie Riten erscheinen mir wesentlich, die in meinem Reiche den Menschen dazu nötigen, sein Erbteil zu übertragen oder zu empfangen ... Gewiß kümmert sich der Baum nicht um seine Samenkörner. Wenn der Wind sie losreißt und mit sich fortträgt, ist es gut. Gewiß kümmert sich das Insekt nicht um seine Eier. Die Sonne wird sie gedeihen lassen. Alles, was diese besitzen, ist in ihrem Leibe enthalten und wird mit dem Leibe weitergegeben.

Was aber würde aus dir werden, wenn dich niemand an die Hand nähme, um dir die Vorräte jenes Honigs zu zeigen, der nicht von den Dingen, sondern vom Sinn der Dinge herrührt? Gewiß sind die Buchstaben des Buches allen sichtbar. Doch ich muß dich quälen, damit ich dir diese Schlüssel des Gedichts zum Geschenk machen kann.

So ist es auch mit den Begräbnissen, die ich feierlich wünsche. Denn es geht nicht darum, einen Leichnam in der Erde zu verstauen, sondern es gilt – wie bei einer zerschlagenen Urne – das Erbteil zu sammeln, das diesem Toten anvertraut war, ohne daß etwas dabei verlorengehen darf ... Es braucht viel Zeit, bis du die Toten aufgesammelt hast. Du mußt sie lange beweinen und über ihr Dasein nachsinnen und ihre Jahrestage feiern. Du mußt dich häufig zurückwenden, um nachzuprüfen, ob du nicht etwas vergessen hast.

So ist es auch mit den Ehen ... Denn das Haus, das euch einschließt, wird Keller und Speicher und Magazin. Wer könnte sagen, was es enthält? Eure Kunst des Liebens, eure Kunst des Lachens, eure Kunst, das Gedicht zu genießen, eure Kunst, das Silber zu ziselieren, eure Kunst des Weinens und Nachdenkens – ihr müßt sie schon zusammenraffen, um sie euerseits weiterzureichen. Ich will, daß eure Liebe ein Frachtschiff sei, das den Abgrund zwischen einer Generation und der anderen überwinden kann, nicht ein Konkubinat, das für die Aufteilung nutzloser Vorräte bestimmt ist.

Die Stadt in der Wüste

Wie Leben gelingen kann

ZEIT DES LEBENS

*F*lugnächte, Wüstennächte sind nicht jedem geschenkt. Und doch erweisen sich die Notwendigkeiten aller Menschen als die gleichen, wenn nur der Anstoß gegeben ist.

Wind, Sand und Sterne

*D*ie Zeit, die sich ausbreitet, ist die Zeit der Geschichte. Die Zeit, die hinzufügt, ist die Zeit des Lebens. Und die beiden haben nichts gemeinsam, aber man muß die eine nutzen können wie die andere.

Carnets

Was kann, was soll man den Menschen sagen

WAS LEBEN UND TOD SINN GIBT

Nur dann werden wir glücklich, wenn wir in der guten Richtung marschieren: der gleichen, die wir von Anbeginn einschlugen, als wir aus dem Lehm erwachten. Nur dann werden wir in Frieden leben können, denn das, was dem Leben Sinn verleiht, gibt auch dem Tod Sinn.

Er ist so sanft im Schatten des provenzalischen Friedhofs, wenn der alte Bauer, da seine Herrschaft zur Neige geht, seinen Söhnen ihren Anteil an Ziegen und Ölbäumen übergeben hat, damit sie ihn ihrerseits den Söhnen ihrer Söhne weitergeben. In einem Bauerngeschlecht stirbt man nur zur Hälfte. Jedes Dasein bricht der Reihe nach auseinander wie eine Hülse und übergibt seine Samenkörner.

Ich war einmal mit drei Bauernsöhnen zusammen, die am Sterbebett ihrer Mutter standen. Und freilich war das schmerzlich. Zum zweitenmal war die Nabelschnur zerschnitten. Zum zweitenmal löste sich der Knoten: der Knoten, der eine Generation mit der anderen verknüpft. Diese drei Söhne sahen sich allein; sie mußten alles erst lernen, denn der Familientisch war ihnen genommen, wo sie sich an Festtagen zu versammeln pflegten; der Pol war ihnen genommen, in dem sie sich alle wiederfanden. Doch ich gewahrte zugleich, daß durch diesen Riß das Leben zum zweiten Male geschenkt wurde. Nun war auch die Reihe an diesen Söhnen, zu Vordermännern, zu Sammelpunkten und Patriarchen zu werden, bis zu der Stunde, in der sie die Befehlsgewalt an jene im Hof spielende Kinderschar weitergeben würden … Man starb nicht auf diesem Bauernhof. Die Mutter ist tot, es lebe die Mutter!

Schmerzlich, gewiß, aber so schlicht ist dieses Bild der Geschlechterfolge, die nach und nach ihre schönen weißhaarigen Toten auf ihrem Weg zurückläßt und durch ihre Metamorphosen irgendeiner Wahrheit entgegenwandert.

Frieden oder Krieg?

Wie Leben gelingen kann

HINGABE

*E*s gibt zweihundert Millionen Menschen in Europa, die keinerlei Sinn haben und auf ihre Geburt warten …
Was brauchen wir, um für das Leben geboren zu werden? Hingabe. Der Mensch kann mit dem Menschen nur durch das gleiche Ideal Verbindung halten. Die Piloten begegnen sich, wenn sie für das gleiche Kurierflugzeug kämpfen … Die Bergsteiger, wenn sie den gleichen Gipfel ersteigen wollen. Die Menschen treffen sich nicht, wenn sie unmmittelbar aufeinander zukommen, sondern wenn sie sich im gleichen Gott vereinigen …

Es genügt ja, um uns zu befreien, daß man uns hilft, ein Ziel zu erkennen, das uns miteinander verbindet; daher können wir es ebensogut im Universalen finden. Der Chirurg beachtet beim Krankenbesuch nicht die Klagen des Patienten, den er abhorcht; er sucht durch ihn hindurch den Menschen zu heilen. Der Chirurg spricht eine universale Sprache … Und selbst der einfache Hirte, der seine Schafe unter den Sternen hütet, gewahrt, wenn er sich seiner Aufgabe bewußt wird, daß er mehr ist als ein Hirte. Er ist ein Wachtposten. Und jeder Wachtposten ist verantwortlich für das ganze Reich.

Wenn wir nach diesem Bewußtsein des Universalen streben, haben wir teil an der eigentlichen Bestimmung des Menschen. Nur die Ladenbesitzer wissen nichts davon, die sich friedlich am Ufer niedergelassen haben und nicht den Fluß vorbeiströmen sehen. Doch die Welt entwickelt sich. Aus einer zerfließenden Lava, aus einer Sternenmasse ist das Leben entstanden. Nach und nach stiegen wir auf, bis wir Kantaten schreiben und Nebelflecken abschätzen könnten … Das Leben strebt der Bewußtwerdung zu. Die Sternenmasse nährt ihre schönste Blume und bildet sie langsam heran.

Doch schon jener Hirte ist groß, der sich bewußt wird, daß er auf Wache steht.

Frieden oder Krieg?

NOVEMBER

Dieses ungeheuerliche Vergessen der Menschenwerte

Für eine Kultur des Erinnerns

EIN MENSCH IST DIE MENSCHHEIT

*A*ls ich an diesem Abend nach Barcelona zurückkomme, beuge ich mich aus dem Fenster eines Freundes, um ein kleines geplündertes Kloster zu betrachten. Die Decken sind eingestürzt, in den Mauern klaffen breite Lücken, der Blick durchstöbert die bescheidensten Geheimnisse.

Und ich muß unwillkürlich an die Termitenhaufen in Paraguay denken, die ich mit einem Hackenschlag aufschlitzte, um ihr Geheimnis zu ergründen. Und gewiß war auch dieses kleine Gotteshaus für die Sieger, die es aufschlitzten, nur ein Termitenhaufen. Diese Nönnchen, die ein Fußtritt der Soldateska plötzlich ans Licht beförderte, begannen hierhin und dorthin zu laufen, die Wände entlangzuhuschen, und die Menge hat die Tragödie nicht bemerkt.

Wir aber sind keine Termiten. Wir sind Menschen. Für uns zählen nicht die Gesetze der Zahl und des Raumes. Durch seine Rechnungen wägt der Physiker in seinem Dachstübchen die Bedeutung der Stadt ab. Der Krebskranke, der in der Nacht aufwacht, ist eine Heimstatt des menschlichen Schmerzes. Ein einziger Bergmann ist es vielleicht wert, daß tausend Menschen sterben. Wenn es um Menschen geht, vermag ich nicht mehr, diese abscheuliche Arithmetik anzuwenden. Wenn man mir sagt: »Was bedeuten denn diese zwölf Opfer im Vergleich zu der ganzen Bevölkerung? Was bedeuten diese paar verbrannten Gotteshäuser im Vergleich mit einer Stadt, deren Leben weitergeht? Wo ist denn der Terror in Barcelona?«, so lehne ich diese Maßstäbe ab. Das Reich der Menschen läßt sich nicht vermessen.

Blutendes Spanien

KEINE ACHTUNG MEHR

*E*iner, der sich in seinem Kloster, seinem Laboratorium, seiner Liebe abschließt und anscheinend nur zwei Schritt von mir getrennt ist, wird in Wahrheit von tibetanischen Einsamkeiten umgeben und lebt in einer Entfernung, die ich durch keine Reise je überbrücken werde. Wenn ich jene ärmlichen Mauern einreiße, weiß ich nicht, welche Kultur dadurch für immer versinkt, so wie Atlantis in den Fluten versank ...

Ich stelle mir gern vor, daß in diesem Kloster ein Sterbetag sogar ein Festtag war. Aber auf einmal dieses ungeheuerliche Vergessen der eigentlichen Menschenwerte, diese Rechtfertigungen, die Jünger der Algebra vorbringen – das sind die Dinge, die ich ablehne!

Die Menschen haben keine Achtung mehr voreinander. Als seelenlose Gerichtsvollzieher zerstreuen sie ein Mobiliar in alle Winde, ohne zu wissen, daß sie ein Königreich zugrunde richten. Da gibt es Komitees, die sich das Recht zur Säuberung zusprechen, dabei von Maßstäben ausgehen, die sie zwei- oder dreimal abändern, und nichts als Tote zurücklassen. Da gibt es einen General an der Spitze seiner Marokkaner, der mit ruhigem Gewissen die Menschen in Scharen verdammt, wie ein Prophet, der eine Glaubensspaltung ausrottet. Man erschießt hier, so wie man Wälder abholzt.

In Spanien sind die Massen in Bewegung, aber der einzelne, der eine Welt bedeutet, ruft aus der Tiefe seines Bergwerksschachtes vergebens um Hilfe.

Blutendes Spanien

JEDER EINZELNE – EINE WELT

*D*enn die Größe des Menschen beruht nicht allein auf dem Schicksal der Gattung: jeder einzelne ist ein Reich. Wenn das Bergwerk eingestürzt ist, um sich über einem einzigen Bergmann zu schließen, stockt das Leben einer Stadt. Die Kameraden, die Kinder, die Frauen bleiben angstvoll an Ort und Stelle, solange unter ihren Füßen die Retter mit ihren Hauen die Eingeweide der Erde durchsuchen.

Gilt es, eine Recheneinheit aus der Menge zu retten? Gilt es, einen Menschen zu retten, so wie man ein Pferd retten würde, nachdem man die Dienste abgewogen hat, die es noch zu leisten vermöchte? Zehn Kameraden werden vielleicht bei ihrer Rettungsaktion umkommen; welch schlechte Kalkulation des zu erwartenden Nutzens … Doch es geht nicht darum, eine Termite unter den Termiten des Termitenhaufens zu retten, sondern ein Gewissen, sondern ein Reich, dessen Bedeutung sich nicht abschätzen läßt. Im Schädel dieses Bergmanns, den Bohlen wie in einer Falle gefangen haben, schlummert eine Welt. Eltern, Freunde, ein Heim, die warme Abendsuppe, Lieder für Festtage, Zärtlichkeiten und Zorneswallungen, und vielleicht auch eine Begeisterung für die Gemeinschaft, eine große universale Liebe. Wie könnte man den Menschen abmessen? Der Vorfahr dieses Mannes hat einmal ein Rentier auf eine Höhlenwand gezeichnet, und seine Tat wirkt zweihunderttausend Jahre noch fort. Sie ergreift uns. Sie verlängert sich in uns. Eine menschliche Tat ist ein ewiger Quell.

Blutendes Spanien

DAS ENTSETZEN BEWEIST NICHTS

*W*ir sind viel weniger, als man sich das vorstellt, durch die Schilderung einer Katastrophe zu beeindrucken. Allwöchentlich wohnen wir Bombardements in Spanien oder China bei, versunken in unsere Kinosessel. Ohne daß es uns selber erschütterte, können wir die Feuerstöße hören, die die Städte in ihren Grundfesten treffen. Wir bewundern die Wolken aus Ruß und Asche, die jene vulkanischen Erden langsam gen Himmel senden. Und doch! Es ist das Korn der Speicher, das Fleisch verbrannter Kinder, es sind die angestammten Schätze, die Erbschaft von Generationen, die sich in Rauch auflösen und langsam dieses schwarze Wolkengebirge nähren.

Ich bin in Madrid Straßen hinuntergegangen, deren Fenster wie ausgestochene Augen nur noch weißen Himmel umschlossen. Lediglich die Mauern hatten widerstanden, und hinter diesen Scheinfassaden war der Inhalt von sechs Stockwerken auf fünf oder sechs Meter Schutt reduziert worden. Vom Giebel bis zu den Grundmauern waren die massiven Eichenböden, … die jeder für ewig hätte halten können, durch einen einzigen Stoß in der Nacht eingestürzt wie Kartenhäuser und hatten ihre Last in die aufgerissene Erde geschüttet.

Doch das Entsetzen dringt nicht über die Rampe, und vor den gleichgültigen Augen von uns Zuschauern stürzen die Lufttorpedos, lautlos und senkrecht wie Sonden, auf jene lebenden Behausungen zu, die sie ihres Inhalts entleeren werden.

Ich will mich nicht darüber entrüsten, es fehlt uns hier der Schlüssel einer Sprache. Wir sind die gleichen Menschen, die bereit wären, ihr Leben zu wagen, um einen einzigen verschütteten Bergmann oder ein einziges verzweifeltes Kind zu retten. Das Entsetzen beweist nichts.

Frieden oder Krieg?

Für eine Kultur des Erinnerns

WARUM KRIEG?

*W*arum führen wir Krieg, da uns ja zugleich bekannt ist, daß er widersinnig und grauenhaft ist? Wo sitzt der Widerspruch? Wo findet sich die Wahrheit des Krieges, eine so zwingende Wahrheit, daß sie Entsetzen und Tod überwindet? Wenn wir das erkennen, nur dann werden wir uns nicht mehr, wie einer Macht, die stärker ist als wir, dem blinden Verhängnis überlassen ...

Es scheint mir, daß die wilden Instinkte, Raubgier oder Blutdurst, nur unzureichende Erklärungen bieten ... Es hieße, die ganze Askese vergessen, welche den Werten des Krieges eignet. Es hieße, das Opfer des Lebens vergessen. Es hieße, die Disziplin vergessen. Es hieße, das brüderliche Zusammenhalten in der Gefahr vergessen ...

Doch um dem zu begegnen, was dem Krieg an Universalem eignet, darf man nicht vergessen, daß es feindliche Lager gibt, und darf nicht über Ideologien streiten. Die Sprachen enthalten Widersprüche, die so unlösbar sind, daß sie am Heil der Menschen verzweifeln lassen ...

Der Krieg ist widersinnig. Man muß sich einem Lager anschließen. Doch mich dünkt, daß vor allem eine Sprache widersinnig ist, die den Menschen nötigt, sich zu widersprechen.

Frieden oder Krieg?

Dieses ungeheuerliche Vergessen der Menschenwerte

LEERE WORTE

*I*ch habe immer den Wind der Worte verachtet und als eitel angesehen. Und den Ränken der Sprache mißtraut. Und wenn meine Generäle in ihrer hartnäckigen Dummheit zu mir kamen und sagten: »Das Volk wird aufsässig, wir raten dir, geschickt zu sein«, so entließ ich meine Generäle. Denn Geschicklichkeit ist nur ein leeres Wort. Und wenn du ein Werk erschaffst, sind keine Umwege möglich. Man begründet das, was man macht, und nicht mehr. Und wenn du ein Ziel verfolgst und vorgibst, du erstrebtest ein anderes, und dieses ist vom ersten verschieden, so wird dich nur einer für geschickt halten, der sich durch Worte betören läßt.

Die Stadt in der Wüste

Für eine Kultur des Erinnerns

DER KRIEG IST EINE KRANKHEIT

*F*rüher habe ich Abenteuer erlebt: die Einrichtung von Postlinien, die Überwindung der Sahara, Südamerika …, aber der Krieg ist kein Abenteuer, nur Ersatz. Das Abenteuer beruht auf dem Reichtum der Beziehungen, die es anknüpft, der Probleme, die es stellt, der Schöpfungen, die es hervorruft. Man kann das einfache Spiel »Wappen oder Adler« keineswegs in ein richtiges Abenteuer verwandeln, indem man es um Tod und Leben gehen läßt. Der Krieg ist kein Abenteuer. Der Krieg ist eine Krankheit. Wie der Typhus.

Flug nach Arras

Dieses ungeheuerliche Vergessen der Menschenwerte

INS UNGLÜCK EINGESCHLOSSEN

*D*u begründest am Ende nur das, worauf du zunächst zugehst, und nicht mehr. Du erschaffst nur das, womit du dich gerade befassest. Selbst dann, wenn es geschieht, um dagegen anzukämpfen. Ich begründe meinen Feind, wenn ich gegen ihn Krieg führe. Ich schmiede und härte ihn. Und wenn ich vergebens vorgebe, ich verstärkte meinen Zwang im Namen der künftigen Freiheit, so begründe ich Zwang. Denn das Leben verträgt keine Winkelzüge. Man täuscht nicht den Baum; man läßt ihn so wachsen, wie man ihn biegt. Der Rest ist nur Wind der Worte. Und wenn ich vorgebe, ich opferte meine Generation für das Glück der kommenden Generationen, so opfere ich die Menschen. Nicht diese hier oder andere, sondern alle. Ich schließe sie schlechthin alle ins Unglück ein. Der Rest ist nur Wind der Worte.

Die Stadt in der Wüste

Für eine Kultur des Erinnerns

WER ANDERS IST, BEREICHERT MICH

*I*st es ein Zeichen? Ich bin so bereit, an Zeichen zu glauben … Heute abend stimmt alles schweigend überein. Jedes Geräusch dringt zu mir gleich einer klaren und zugleich dunklen Botschaft. Ich höre einen ruhigen Schritt durch die Nacht hallen: »Hallo, guten Abend, Hauptmann …«

»Guten Abend!«

Ich kenne ihn nicht. Es ist zwischen uns wie ein Hallo von Schiffern gewesen, von einem Boot zum andern. Wieder einmal habe ich das Gefühl einer wundersamen Verwandtschaft empfunden. Der Mensch, der heute abend in mir wohnt, hört nicht auf, die Seinen zu zählen. Der Mensch, das gemeinsame Maß der Völker und Rassen …

Ich hätte ihn anreden und mit ihm sprechen können. Auf dem hellen Dorfweg hätten wir ein paar Erinnerungen ausgetauscht. So tauschen Händler ihre Schätze aus, wenn sie sich auf der Heimfahrt von fernen Inseln begegnen.

Wer in meiner Kultur anders ist als ich, verletzt mich durchaus nicht, er bereichert mich. Unsere Gemeinschaft, die mehr bedeutet als wir selbst, beruht auf dem Menschen. So sind unsere abendlichen Diskussionen in der Gruppe 2/33 weit entfernt, unserer Bruderschaft zu schaden, sie schließen sie dichter; denn keiner will sein eigenes Echo vernehmen oder sich in einem Spiegel betrachten.

Im Menschen finden sich ebenso die Franzosen Frankreichs wie die Norweger Norwegens wieder. Der Mensch verknüpft sie in seiner Einheit, während er gleichzeitig, ohne sich zu widersprechen, ihre besonderen Eigentümlichkeiten hervorhebt. Auch der Baum drückt sich durch Zweige aus, die keine Ähnlichkeit mit den Wurzeln haben. Wenn man also dort oben Märchen über den Schnee schreibt, wenn man in Holland Tulpen züchtet, wenn man in Spanien Nationaltänze improvisiert, dann werden wir alle dadurch im Menschen bereichert.

Flug nach Arras

Dieses ungeheuerliche Vergessen der Menschenwerte

DIE STILLE IM KRIEG

*W*ir sind wieder unterwegs zu den ersten Linien in Carabancel. Rings um uns, halbkreisförmig, wird die Front belebt durch ein fernes, unzusammenhängendes, allgemeines Schießen, das an das Verschwinden und Wiederauftauchen vom Meere gewälzter Kiesel erinnert. Zuweilen greift die Ansteckung dieser Schießerei wie eine Gasflamme im Umkreis von zwanzig Kilometern auf die Front über; dann beruhigt sich wieder alles, verstummt alles, kehrt alles heim. Und es gibt Augenblicke einer so völligen Stille, daß man spürt, wie der Krieg stirbt.

Es gibt solche gleichzeitigen Vergebungen allen Hasses. Nach dreißig Sekunden dieser Windstille hat sich das Gesicht der Welt schon verändert. Es gibt keine Schüsse, die man vergelten müßte; man braucht auf keine prompte Antwort zu warten; nirgends ist eine Herausforderung zu rügen. Welch erhebender Anlaß, um nie mehr zu schießen! Wer jetzt als erster einen Schuß abfeuert, möge die Last des Krieges tragen! Um den Frieden zu retten, genügt es, dieser Stille gewahr zu werden. Da ist sie, zärtlich wie ein Hirtenmädchen. Da ist sie und wünscht, daß man ihr lauscht …

Doch bevor jeder sie erkennen kann, peitscht irgendwo zu früh ein Gewehrschuß. Irgendwo schießt die Flamme aus der noch brennenden Asche empor. Irgendwo lebt der Krieg wieder auf durch die Tat eines einzigen Mörders, der in keiner Weise verantwortlich ist.

Blutendes Spanien

Für eine Kultur des Erinnerns

NUR, WENN ICH FRIEDEN STIFTE

*W*enn ich Krieg führe, um Frieden zu erlangen, so schaffe ich
Krieg. Der Friede ist nicht ein Zustand, der sich mit Hilfe
des Krieges erreichen ließe. Wenn ich an den durch Waffen erstritte-
nen Frieden glaube und die Waffen niederlege, so wird das mein Tod
sein. Denn ich kann den Frieden nur herstellen, wenn ich Frieden
stifte ...

Den Frieden erzwinge ich nicht. Ich begründe meinen Feind und
seinen Groll, wenn ich mich damit begnüge, ihn zu unterwerfen. Nur
bekehren ist groß und bekehren bedeutet empfangen. Es heißt, einem
jeden ein Kleid nach seinen Maßen anbieten, damit er sich darin
wohlfühle. Und es heißt, allen das gleiche Kleid geben. Denn jeder
Widerspruch ist nur Mangel an Geist.

Ich wiederhole daher mein Gebet:

– Erleuchte mich, Herr. Laß mich an Weisheit zunehmen, damit
ich versöhne: laß mich dabei nicht, wie es die einen oder die anderen
verlangen, irgendeinen Wunsch ihrer Inbrunst preisgeben. Sondern
ihnen ein neues Gesicht zeigen, das ihnen als ein gleiches erscheint.
So ist es auch mit dem Schiff, o Herr. Die einen ziehen die Taue nach
Backbord, ohne daß sie's verstünden, und kämpfen gegen die anderen, die nach Steuerbord ziehen. In ihrer Unwissenheit würden sie
sich hassen. Wenn sie jedoch voneinander wissen, arbeiten sie zusammen und dienen beide dem Winde.

Die Stadt in der Wüste

Dieses ungeheuerliche Vergessen der Menschenwerte

WEIT GENUG

*D*en Frieden bauen, heißt den Stall weit genug bauen, damit die ganze Herde darin schlafe. Es heißt, den Palast weit genug bauen, damit sich alle Menschen in ihm vereinen können, ohne etwas von ihrem Gepäck preiszugeben. Es geht nicht darum, sie zu verstümmeln, damit sie darin Platz haben. Den Frieden bauen, heißt von Gott erlangen, daß er seinen Hirtenmantel herleiht, damit er die Menschen in der ganzen Weite ihrer Wünsche umfange. Genauso wie die Mutter, die ihre Söhne liebt. Auch den, der schüchtern und zart ist. Und den anderen, der vor Lebenslust glüht. Und den, der vielleicht bucklig und schwächlich und unwillkommen ist. Aber sie alle in ihrer Verschiedenheit bewegen sein Herz. Und alle in der Verschiedenheit ihrer Liebe dienen seiner Herrlichkeit.

Doch der Friede ist ein Baum, der sich nur langsam aufbaut. Er braucht dazu mehr Licht, als ich habe. Und nichts ist noch offenbar. Und ich erwähle oder verwerfe. Es wäre zu leicht, Frieden zu stiften, wenn sie sich alle schon gleich wären.

Die Stadt in der Wüste

Für eine Kultur des Erinnerns

DIE SEELE IST'S, DIE HEUTE DERART VERLASSEN IST

Orconte, Mai 1940

*M*eine kleine Mama
Ich schreibe Dir auf meinen Knien, in Erwartung eines angekündigten Bombenangriffs, der nicht kommt, aber ich zittere für Dich, diese italienische Drohung bekümmert mich, weil sie Dich in Gefahr bringt; ich habe Deine Zärtlichkeit unendlich nötig, meine kleine Mama. Weshalb muß denn alles, was ich auf dieser Erde liebe, bedroht sein? Mehr als der Krieg erschreckt mich die Welt von morgen. All diese zerstörten Dörfer, diese auseinandergerissenen Familien, der Tod, das ist mir gleich, aber ich möchte nicht, daß die geistige Gemeinschaft angetastet wird.

Ich erzähle Dir nicht viel von meinem Leben, es gibt nicht viel zu berichten: gefährlicher Auftrag, Essen, Schlaf; ich bin schrecklich unbefriedigt, man braucht andere Übungen für das Herz. Die bejahte und bestandene Gefahr genügt nicht, um in mir eine Art beschwerten Gewissens zu beruhigen.

Die Seele ist's, die heute derart verlassen ist, man stirbt vor Durst
...

Briefe an seine Mutter

Dieses ungeheuerliche Vergessen der Menschenwerte

DER TEMPEL IST WICHTIG

*I*ch verwerfe keineswegs die Stufen der Eroberungen, die es dem Menschen erlauben, höher aufzusteigen. Aber ich habe nie das Mittel mit dem Ziel, nie die Treppe mit dem Tempel verwechselt. Es ist notwendig, daß eine Treppe den Zugang zum Tempel ermöglicht, denn sonst bliebe er leer. Doch der Tempel allein ist wichtig. Es ist notwendig, daß der Mensch fortbesteht und ringsum die Mittel findet, durch die er wachsen kann. Es ist das freilich nur die Treppe, die zum Menschen führt. Die Seele, die ich ihm bauen werde, wird die Basilika sein, denn sie allein ist wichtig.

Die Stadt in der Wüste

Für eine Kultur des Erinnerns

... UM MENSCH MIT MENSCHEN ZU SEIN

*I*ch habe vor allem nach dem verlangt, wonach ich kein Verlangen hatte. Nach dem Dreck, dem Regen. Nach den Rheumaanfällen im Bauernhof. Nach den unausgefüllten Abenden. Nach der Melancholie, die mit all dieser Unruhe in zehntausend Metern Höhe verbunden ist. Auch nach der Angst. Das versteht sich. Nach all dem, was den Menschen abgefordert wird. Und das geschah, um Mensch mit Menschen zu sein und um aufzuleben mit meinesgleichen, denn wenn ich mich von ihnen trenne, bin ich zu nichts mehr nütze. Ich bin so voller Verachtung für die Zuschauer, für Leute, die bei allem, was sie tun, keinen Einsatz wagen. Ich habe nicht gefunden, was ich haben wollte; ich habe gefunden, was ich finden sollte, und bin so wie die andern. Und friere wie die andern und habe Angst wie die andern. Und habe Rheuma wie die andern.

Kriegsbriefe an einen Freund

Dieses ungeheuerliche Vergessen der Menschenwerte

DER GESCHMACK DES GETEILTEN BROTES

*D*er Windstoß, der übers Erntefeld streicht, gleicht immer dem Wind überm Meer. Doch der Windstoß übers Erntefeld umfaßt, so scheint uns, noch mehr, überschlägt er doch im Wehen ein Erbe. Er gedenkt der Zukunft. Er liebkost eine Gattin, streicht ihr friedlich durchs Haar.

Morgen wird dieses Korn sich verändert haben. Korn ist etwas anderes als fleischliche Nahrung. Den Menschen ernähren ist etwas anderes als ein Stück Vieh mästen. Das Brot spielt so mancherlei Rollen! Wir haben im Brot ein Werkzeug menschlicher Gemeinschaft kennengelernt, wegen des Brotes, das gemeinsam gebrochen wird. Wir haben im Brot das Bild der Größe der Arbeit kennengelernt, wegen des Brotes, das im Schweiße des Angesichts verdient wird. Wir haben im Brot den wesentlichen Träger der Barmherzigkeit kennengelernt, wegen des Brotes, das in der Stunde des Elends ausgeteilt wird. Der Geschmack des geteilten Brotes hat nicht seinesgleichen.

Flug nach Arras

343   *Für eine Kultur des Erinnerns*

MACHT

*D*enn ich halte die Macht für einen törichten Ehrgeiz, wenn sie Herrschaftsliebe ist. Aber wenn sie ein Akt des Schöpfers ist und etwas erschafft, wenn sie gegen das natürliche Gefälle ankämpft, das darin besteht, daß sich die Baustoffe vermischen, daß die Gletscher in einem Pfuhl zerschmelzen, daß die Tempel unterm Wandel der Zeit in Staub zerfallen ... und daß jeder Bau, der aus dem göttlichen Knoten hervorging, welcher die Dinge verknüpft, in einer zusammenhanglosen Summe auseinanderbricht – dann preise ich die Macht.

*W*er je einen anderen erniedrigt, sagte mein Vater, zeigt damit, daß er niedrig ist.

*N*iemals, sagte mein Vater, darf ein Gebieter durch seine Untergebenen gerichtet werden.
Die Stadt in der Wüste

Dieses ungeheuerliche Vergessen der Menschenwerte

EIN WIRKLICH WEISER

I»ch habe hier nichts mehr zu tun«, sagte er zum König. »Ich werde wieder abreisen!«

»Reise nicht ab«, antwortete der König, der so stolz war, einen Untertanen zu haben, »ich mache dich zum Minister!«

»Zu was für einem Minister?«

»Zum ... zum Justizminister!«

»Aber es ist niemand da, über den man richten könnte!«

»Das weiß man nicht«, sagte der König. »Ich habe die Runde um mein Königreich noch nicht gemacht. Ich bin sehr alt, ich habe keinen Platz für einen Wagen, und das Gehen macht mich müde.«

»Oh! Aber ich habe schon gesehen«, sagte der kleine Prinz, der sich bückte, um einen Blick auf die andere Seite des Planeten zu werfen, »es ist auch dort drüben niemand ...«

»Du wirst also über dich selbst richten«, antwortete ihm der König. »Das ist das Schwerste. Es ist viel schwerer, sich selbst zu verurteilen, als über andere zu richten. Wenn es dir gelingt, über dich selbst gut zu Gericht zu sitzen, dann bist du ein wirklicher Weiser.«

»Ich«, sagte der kleine Prinz, »ich kann über mich richten, wo immer ich bin. Dazu brauche ich nicht hier zu wohnen.«

»Hm, hm!« sagte der König, »ich glaube, daß es auf meinem Planeten irgendwo eine alte Ratte gibt. Ich höre sie in der Nacht. Du könntest Richter über diese alte Ratte sein. Du wirst sie von Zeit zu Zeit zum Tode verurteilen. So wird ihr Leben von deiner Rechtsprechung abhängen. Aber du wirst sie jedesmal begnadigen, um sie aufzusparen. Es gibt nur eine.«

»Ich liebe es nicht, zum Tode zu verurteilen«, antwortete der kleine Prinz, »und ich glaube wohl, daß ich jetzt gehe.«

Der kleine Prinz

Für eine Kultur des Erinnerns

EHRFURCHT VOR DEM MENSCHEN

*W*enn die Ehrfurcht vor dem Menschen in den Herzen der Menschen wurzelt, werden die Menschen einmal so weit kommen, ihrerseits wieder das soziale, politische oder ökonomische System zu begründen, das diese Ehrfurcht für immer gewährleistet. Eine Zivilisation bildet sich zuerst im Kern. Sie ist im Menschen das blinde Verlangen nach einer gewissen Wärme. Von Irrtum zu Irrtum findet der Mensch den Weg zum Feuer.

Brief an einen Ausgelieferten

Dieses ungeheuerliche Vergessen der Menschenwerte

ICH LIEBE DIE MENSCHHEIT

*D*ie Mutter Gottes, die in den Straßen Sevillas umhergetragen wird. Stalin, der in den Straßen Moskaus umhergetragen wird: Ein ästhetischer Unterschied, sagt Lévy ...

Weit mehr ... Die Größe, die Wirksamkeit der Religionen besteht darin, daß sie ihr revolutionäres Problem aufgeworfen haben, nachdem sie das erstrebenswerte geistige Menschenbild begründet hatten. Möge dieser Mensch, nachdem er nun einmal erschaffen wurde, sein Universum betreuen.

Die marxistischen Religionen betreuen das Universum, ohne auf den Menschen, den diese Betreuung hervorbringt, Rücksicht zu nehmen (Göttlichkeit des Ziels).

Ich für mein Teil finde das durchaus nicht grandios: die Milchstraße, das große galaktische Schweigen soll nur dazu da sein, um nach Millionen von Jahren in der »geschichtlichen Sendung des Proletariats einzumünden ...« Es handelt sich dabei gewiß um eine andere Ebene.

*E*r steht links, weil er die Massen liebt. Und ich, weil ich sie nicht liebe.
Ich – ich liebe die Menschheit.
Carnets

Für eine Kultur des Erinnerns

ARBEIT

*T*äusche dich nicht über den Sinn der Arbeit. Es gibt Arbeiten, die dringlich sind. Wie die in den Küchen meines Palastes. Denn wenn es keine Nahrung gibt, gibt es auch keine Menschen. Und es ist in Ordnung, daß die Menschen zunächst einmal genährt, gekleidet und behütet werden. Es ist in Ordnung, daß sie schlechthin existieren. Und solche Dinge sind vor allem dringlich. Aber das Wichtige hat nicht hier seinen Sitz, sondern in ihrem besonderen Wert. Und die Tänze und Gedichte und die Ziseleure der oberen Stockwerke und der Mathematiker und der Sternkundige, für die die Arbeit der Küchen Voraussetzung ist, sind die einzigen, die den Menschen ehren und ihm einen Sinn verleihen.

Kommt so einer daher, der nur die Küchen kennt – die in Wahrheit nur Wirklichkeiten für Waagen und Knochen für Hunde enthalten –, so verbiete ich ihm, vom Menschen zu reden, denn er wird das Wesentliche übersehen, so wie der Sergeant, der beim Menschen nichts als dessen Eignung zum Waffenhandwerk beachtet.

Und warum sollte man in seinem Palast tanzen, da einen doch die Tänzerinnen, wenn man sie in die Küchen schickte, durch eine größere Menge von Speisen bereichern würden? Und warum sollte man dort goldene Schalen ziselieren, da man doch, wenn man die Ziseleure in die Werkstatt schickte, wo Zinnschalen verfertigt werden, über mehr Schalen verfügen würde? Und warum sollte man … Gedichte schreiben und die Sterne beobachten, wenn man alle, die sich damit befassen, nur zum Dreschen zu schicken brauchte, um über mehr Brot zu verfügen?

Aber da dir dann … etwas fehlen wird, was für den Geist und nicht für die Augen und für die Sinne da ist, wirst du wohl oder übel gezwungen sein, ihnen unechte Speisen zu erfinden, die nichts mehr taugen.

Die Stadt in der Wüste

Dieses ungeheuerliche Vergessen der Menschenwerte

VERMÄHLUNG MIT DER WELT

*D*urch die Arbeit wirst du gezwungen, dich der Welt zu vermählen. Der Landmann stößt beim Pflügen auf Steine, mißtraut den Wassern des Himmels oder wünscht sie herbei, und so nimmt er Anteil und gewinnt an Weite und innerem Licht. Und jeder Schritt erhält einen Widerhall. Genauso ist es mit dem Gebet und den Vorschriften eines Kults, der dich nötigt, einen bestimmten Weg zu gehen und Treue zu halten oder zu betrügen, in Frieden oder mit schlechtem Gewissen zu leben.

Die Stadt in der Wüste

*E*rwarte nichts vom Menschen, wenn er für seinen Lebensunterhalt arbeitet und nicht für seine Ewigkeit.

*D*er Mensch und der Wald. Und wenn es nichts mehr als den Menschen geben wird, so wird der Mensch sich tödlich langweilen. Er hat schon den Kontakt mit dem wilden Tier verloren (Freude der Heimkehr von der wirklichen Jagd) und teilweise mit den Naturkräften (Stadtkultur); und nun verwandelt er den Erdball in Gemüseland.

Carnets

Für eine Kultur des Erinnerns

DIE DINGE FÜR DIE MENSCHEN

*I*ch verbiete den Kaufleuten, ihre Waren allzusehr anzupreisen. Denn sie entwickeln sich schnell zu Schulmeistern und lehren dich etwas als Ziel, was seinem Wesen nach nur Mittel ist, und da sie dich über den Weg täuschen, den du einschlagen mußt, erniedrigen sie dich gar bald: denn wenn ihre Musik gemein ist, verfertigen sie dir eine gemeine Seele, damit sie ihre Ware bei dir anbringen können. Es ist nun gewiß gut, daß die Dinge dazu geschaffen wurden, dem Menschen zu dienen; es wäre aber wider die Natur, wenn die Menschen dazu geschaffen wären, den Dingen als Müllschlucker zu dienen.

Die Stadt in der Wüste

*D*er Profit steht mit der geistigen Sendung im Widerspruch.
Carnets

Dieses ungeheuerliche Vergessen der Menschenwerte

ZEITERSPARNIS

»Guten Tag«, sagte der kleine Prinz.
»Guten Tag«, sagte der Händler.
Er handelte mit absolut wirksamen, durststillenden Pillen. Man schluckt jede Woche eine und spürt überhaupt kein Bedürfnis mehr, zu trinken.

»Warum verkaufst du das?« sagte der kleine Prinz.

»Das ist eine große Zeitersparnis«, sagte der Händler. »Die Sachverständigen haben Berechnungen angestellt. Man erspart dreiundfünfzig Minuten in der Woche.«

»Und was macht man mit diesen dreiundfünfzig Minuten?«

»Man macht damit, was man will ...«

»Wenn ich dreiundfünfzig Minuten übrig hätte«, sagte der kleine Prinz, »würde ich ganz gemächlich zu einem Brunnen laufen ...«

Der Kleine Prinz

Für eine Kultur des Erinnerns

SCHENKEN UND EMPFANGEN

*W*er aber seine Kathedrale baut, die erst in hundert Jahren vollendet sein wird, der kann hundert Jahre vom Reichtum seines Herzens zehren. Denn du steigerst dich durch das, was du schenkst, und steigerst zugleich deine Fähigkeit, etwas zu schenken. Und wenn du mein Jahr durchwanderst, in dem du dein Leben aufbaust, bist du schon glücklich, wenn du ein Fest vorbereiten kannst, ohne dir jemals Vorräte anzulegen. Denn du gewinnst mehr durch das, was du vor dem Feste für das Fest hingibst, als dir das Fest auch nur ein einziges Mal einbringt. Ich sage es dir: Es ist ein großer Irrtum, wenn du verkennst, daß Empfangen etwas ganz anderes ist als Entgegennehmen. Empfangen ist vor allem ein Geschenk, mit dem du dich selber hingibst. Nicht der ist geizig, der sich nicht durch Geschenke zugrunde richtet, wohl aber jener, der nicht das Leuchten seines eigenen Gesichts im Austausch gegen deine Gabe hingibt. Geizig ist die Erde, die sich nicht schmückt, wenn du deine Samenkörner in sie gesenkt hast.

Die Stadt in der Wüste

Dieses ungeheuerliche Vergessen der Menschenwerte

DER BODEN IST NICHT FEST

*A*uf welch winziger Bühne rollt das große Spiel des menschlichen Hasses, der menschlichen Freundschaften und Freuden ab! Woher haben die Menschen ihren Blick auf die Ewigkeit, wo sie doch vom Zufall auf eine noch warme Lava geworfen sind und schon vom andringenden Sand und Schnee bedroht werden? Ihre Kultur ist nur eine dünne Vergoldung, die ein Vulkanausbruch zerreißt, ein neues Meer wegwäscht, ein Sandsturm begräbt.

Wohl kann man sich einbilden, daß diese Stadt auf wirklich festem Boden ruht, reich und tief wie das Ackerland der Beauce, des Gartens von Frankreich. Aber man vergißt, daß hier wie überall das Leben ein Luxus ist, daß unter den Schritten der Menschen der Boden nirgends sehr fest und tief ist.

Wind, Sand und Sterne

Für eine Kultur des Erinnerns

WER WIRD MICH SONST BESUCHEN?

*A*ls er die Blume zum letztenmal begoß und sich anschickte, sie unter den Schutz der Glasglocke zu stellen, entdeckte er in sich das Bedürfnis zu weinen.

»Adieu«, sagte er zur Blume.

Aber sie antwortete ihm nicht.

»Adieu«, wiederholte er.

Die Blume hustete. Aber das kam nicht von der Erkältung.

»Ich bin dumm gewesen«, sagte sie endlich zu ihm. »Ich bitte dich um Verzeihung. Versuche, glücklich zu sein.«

Es überraschte ihn, daß die Vorwürfe ausblieben. Er stand ganz fassungslos da, mit der Glasglocke in der Hand. Er verstand diese stille Sanftmut nicht.

»Aber ja, ich liebe dich«, sagte die Blume. »Du hast nichts davon gewußt. Das ist meine Schuld. Es ist ganz unwichtig. Aber du warst ebenso dumm wie ich. Versuche, glücklich zu sein ... Laß diese Glasglocke liegen! Ich will sie nicht mehr ...«

»Aber der Wind ...«

»Ich bin nicht so stark erkältet, daß ... Die frische Nachtluft wird mir guttun. Ich bin eine Blume.«

»Aber die Tiere ...«

»Ich muß wohl zwei oder drei Raupen aushalten, wenn ich die Schmetterlinge kennenlernen will. Auch das scheint sehr schön zu sein. Wer wird mich sonst besuchen? Du wirst ja weit weg sein. Was aber die großen Tiere angeht, so fürchte ich mich nicht. Ich habe meine Krallen.«

Und sie zeigte treuherzig ihre vier Dornen. Dann fügte sie noch hinzu:

»Zieh es nicht so in die Länge, das ist ärgerlich. Du hast dich entschlossen zu reisen. So geh!«

Der kleine Prinz

Dieses ungeheuerliche Vergessen der Menschenwerte

DER TOD

*W*enn wir einen Toten beerdigen, lieben wir ihn, doch mit dem Tod selbst haben wir keine Berührung. Der Tod ist etwas Großes. Er knüpft neue Bande mit den Ideen, Dingen, den Gewohnheiten des Toten. Er ordnet die Welt neu. Scheinbar hat sich nichts geändert, und doch ist alles anders geworden. Die Seiten des Buches sind wohl noch die gleichen, aber der Sinn des Buches fehlt. Um ein Verständnis für den Tod zu bekommen, müssen wir uns die Stunden vorstellen, wo wir des Toten bedürfen. Dann fehlt er uns. Müssen wir uns die Stunden vorstellen, da er uns gebraucht hätte. Aber er braucht uns nicht mehr. Müssen wir uns die Stunde eines Freundesbesuches vorstellen. Und wir finden sie inhaltlos. Wir müssen das Leben aus der Perspektive betrachten. Aber am Tag der Beerdigung sind Perspektive und Abstand dahin. Der Tote besteht nur noch aus Bruchstücken. Am Tag seiner Beerdigung finden wir keine rechte Zeit vor lauter Herumstehen, Händeschütteln bei wahren und falschen Freunden, äußerlichen Beschäftigungen. Erst morgen wird der Tote sterben, wenn es still geworden ist. Dann zeigt er sich in seiner Ganzheit und reißt sich erst völlig von unserem Wesen los. Dann schreien wir auf, denn dann erst geht er wirklich von uns, und wir können ihn nicht halten.

Flug nach Arras

Für eine Kultur des Erinnerns

DAS EIGENTLICHE IST UNSICHTBAR

*I*ch kenne, und vielleicht kennen auch Sie jene etwas sonderbaren Familien, die an ihrem Tisch einem Toten den Platz freihalten. Sie leugnen das Endgültige. Aber nie schien mir dieser Trotz ein Trost zu sein. Tote mußte man dem Tode lassen. Dann wird ihnen, in der Rolle des Totseins, eine andere Form des Daseins zuteil. Jene Familien aber verzögerten ihre Wiederkehr. Sie machten ewig Abwesende aus ihnen, Tischgenossen, die zu spät daran sind für die Ewigkeit. Sie tauschten die Trauer gegen ein leeres Warten. Diese Häuser schienen mir in ein hoffnungsloses Unbehagen getaucht, das ganz anders würgt als der Kummer. Um den Flieger Guillaumet, den letzten Freund, den ich verlor und der im Dienst der Flugpost umkam, mein Gott! da hab ich die Trauer auf mich genommen. Guillaumet wird sich nie mehr verändern. Er wird nie mehr da, aber auch nie mehr fort sein. Ich habe sein Gedeck von meinem Tisch weggeräumt, diese überflüssige Schlinge, ihn zu fangen, und habe aus ihm einen richtigen toten Freund gemacht.

Brief an einen Ausgelieferten

Dieses ungeheuerliche Vergessen der Menschenwerte

CREDO

*I*ch brauche ein einfaches Credo, um mich zu erinnern.
Ich kämpfe von nun an für den Vorrang des Menschen vor dem
Individuum – wie des Allgemeinen vor dem Besonderen.

Ich glaube, daß der Kult des Universellen die Fülle des einzelnen
steigert und zusammenschließt – und die einzig wahrhafte, lebendige
Ordnung aufbaut ...

Ich glaube, daß der Kult des Besonderen nur den Tod nach sich
zieht – denn er baut die Ordnung auf der Ähnlichkeit auf. Er verwechselt die Einheit des Wesens mit der Identitat seiner Teile. Er zerstört dabei den Dom, um die Steine auszurichten ...

Ich glaube, daß der Vorrang des Menschen allein die Gleichheit
und allein die Freiheit begründet, die einen Sinn haben. Ich glaube an
die Gleichheit der Menschenrechte durch jedes Einzelwesen hindurch. Und ich glaube, daß die Freiheit im Aufstieg des Menschen
besteht. Gleichheit ist nicht Selbstheit. Freiheit ist nicht Überheblich-
keit des Individuums gegen den Menschen. Ich werde jeden bekämpfen, der gewillt ist, die Freiheit des Menschen einem Individuum –
wie einer Masse von Individuen – zu unterwerfen.

Ich glaube, daß meine Kultur mit Nächstenliebe das Opfer bezeichnet, das dem Menschen dargebracht wird, um sein Reich aufzu-
richten. Die Nächstenliebe ist ein Geschenk an den Menschen durch
die Mittelmäßigkeit des Individuums hindurch. Sie ist die Grundlage
des Menschen. Ich werde jeden bekämpfen, der mit der Behauptung,
meine Nächstenliebe ehre die Mittelmäßigkeit, den Menschen leug-
net und so das Individuum in einer endgültigen Mittelmäßigkeit
gefangenhält.

Ich werde für den Menschen kämpfen. Gegen seine Feinde. Aber
auch gegen mich selbst.

Flug nach Arras

Für eine Kultur des Erinnerns

DEZEMBER

Er steht als Ziel vor dir

Ausschau nach Gott

ALS ZIEL VOR DIR

*E*s gibt aber auch Bäume in den Städten, die nicht durch den Wüstenwind geformt werden. Es gibt schwache Menschen, die nicht über sich hinauswachsen können. Sie finden ihr Glück in einer mittelmäßigen Zufriedenheit, nachdem sie das in sich abtöteten, was groß an ihnen war. Sie verweilen ihr ganzes Leben in einer Herberge. Sie haben sich selber verkommen lassen. Und es kümmert mich wenig, was aus ihnen wird und ob sie leben. Sie nennen es Glück, wenn sie auf ihren armseligen Vorräten verderben. Sie versagen sich äußere und innere Feinde. Sie verzichten darauf, die Stimme Gottes zu hören, die sich in unaussprechlicher Not, in Suche und Durst kundtut. Sie streben nicht nach der Sonne wie die Bäume im Waldesdickicht; denn auch diese erlangen die Sonne nicht als Vorrat oder Reserve – ein jeder Baum erstickt ja im Schatten der anderen –, sondern verfolgen sie, während sie aufwachsen; wie herrliche glatte Säulen geformt, schießen sie aus dem Boden empor und erlangen ihre Kraft durch die Verfolgung ihres Gottes. Gott läßt sich nicht erreichen, aber er steht als Ziel vor dir, und der Mensch baut sich wie ein Geäst in den Raum hinein.

*D*eine Pyramide ist ohne Sinn, wenn sie sich nicht in Gott vollendet hat. Denn Gott ergießt sich über die Menschen, nachdem er sie verwandelt hat.

Die Stadt in der Wüste

Er steht als Ziel vor dir

SUCHE

*W*enn ich suche, habe ich gefunden, denn der Geist verlangt nur nach den Dingen, die er besitzt. Finden heißt sehen. Und wie sollte ich das suchen, was für mich noch keinen Sinn hat? Ich sagte dir schon, die Sehnsucht nach Liebe ist Liebe. Und keiner leidet unter dem Verlangen nach etwas, was er nicht begriffen hat. Und doch habe ich auch Sehnsucht nach Dingen verspürt, die noch keinen Sinn hatten. Warum wäre ich sonst Wahrheiten nachgegangen, die ich nicht begreifen konnte? Ich habe, um zu unbekannten Brunnen zu gelangen, geradlinige Wege gewählt, die einer Heimkehr glichen. Ich hatte den Instinkt, der mich meinen Gefügen entgegenführte, wie deine Raupen, die ihre Sonne blind macht ...

Aber die Raupen kennen ihre Sonne nicht, die Blinden kennen ihr Feuer nicht, und du kennst das Gesicht nicht, das dir als Vorbild dient, wenn du einen Tempel baust, der das Herz der Menschen erhebt.

Es gab für mich ein Gesicht, das mich von der einen Seite erleuchtete und nicht von der anderen, denn es zwang mich, sich ihm zuzuwenden. Aber ich kannte es noch nicht ...

Damals geschah es, daß meinem Mathematiker Gott sich zeigte.

Die Stadt in der Wüste

Ausschau nach Gott

GRÖSSER ALS ER SELBER

Der Mensch trägt etwas in sich, was größer ist als er selber.

*W*enn ich den Vorzug der religiösen Deutung verloren habe, muß ich zumindest die Werte transponieren, denn sie sind notwendig und fruchtbar. Wenn das menschliche Leben keinerlei Sinn hat, der es ein Ziel erstreben läßt, beschränkt sich das Wünschen darauf, so gut wie möglich zu leben – aber ich kann mich nicht mit dem greulichen Bridgespieler zufriedengeben, der seine Jahre nacheinander aufbraucht, ohne etwas in sich selber vorzubereiten; in diesem Insekt, das eingemauert mit seinen Essensvorräten lebt, steckt etwas, das nicht menschlich ist. Der Mensch soll anderswo suchen und aus sich herausgehen (Musik, Dichtung, Religion, Opfer, Universalität usw. ...); der kleine Ingenieur aus X., mit dem ich in Perpignan aß und der abgesehen von den Gleichungen seines Berufs und dem Poker-As nichts wußte – etwas in ihm ist verfehlt.

Er kann sich für glücklich halten, er kann es vorziehen, daß er so ist, es fehlt doch das wirkliche Glück (da, in Ermanglung eines Ziels, lediglich ein Besitzgefühl übrigbleibt), das eine wahrhaft menschliche Tätigkeit begleitet; er kennt in keiner Weise die Freude am hohen Meer.

*D*ie Menschen. Nicht sich dem opfern, was sie sind, sondern dem, was sie werden können.

Carnets

Er steht als Ziel vor dir

WACHSEN

*V*erachte die Urteile der Masse! Denn sie führen dich auf dich selbst zurück und hindern dich am Wachsen. Das Gegenteil der Wahrheit nennen sie Irrtum, deine Kämpfe erscheinen ihnen einfältig und die Gärstoffe, die deinen Aufstieg beflügeln, weisen sie als unannehmbar zurück, da sie Frucht des Irrtums seien. So wollen sie dich auf deine Vorräte beschränken; sie möchten, daß du als Schmarotzer dich selber ausbeutest und dich vollendest. Und wie solltest du dich dann getrieben fühlen, Gott zu suchen und deinen Lobgesang zu dichten und weiter auf den Berg zu steigen, um die zerstörte Landschaft unter deinen Schritten wiederaufzubauen, oder um die Sonne in dir zu suchen, die du nicht ein für allemal gewinnst, sondern nur erlangst, wenn du dem Lichte nachstrebst?

Laß sie nur reden! Ihre Ratschläge kommen aus einem schwachen Herzen, das dich vor allem glücklich wissen möchte. Sie wollen dir zu früh jenen Frieden geben, der dir nur durch den Tod zuteil wird; dann werden dir deine Vorräte endlich zugute kommen. Denn diese sind nicht für das Leben bestimmt, sondern Bienenhonig für den Winter der Ewigkeit.

Die Stadt in der Wüste

Ausschau nach Gott

WENN ICH DICH GOTT LEHREN MÖCHTE ...

*W*enn ich dich ... Gott lehren möchte, werde ich dich zunächst bergsteigen lassen, damit du den Berggrat unter den Sternen in seinem ganzen Zauber kennenlernst. Ich werde dich in der Wüste verdursten lassen, damit dich Brunnen entzücken. Dann werde ich dich sechs Monate in einen Steinbruch schicken, damit dich die Mittagssonne verzehrt. Hernach werde ich dir sagen: Der Mann, den die Mittagssonne ausdörrte, möge im Schweigen der göttlichen Brunnen seinen Durst löschen, wenn das Geheimnis der Nacht herannaht und er den Berggrat unter den Sternen erstiegen hat.

Und so wirst du an Gott glauben.

Und du kannst ihn mir gegenüber nicht leugnen, denn er wird schlechthin da sein, so wie die Schwermut in dem Gesicht da ist, wenn ich es aus dem Stein meißelte. Denn es gibt nicht die Sprache oder die Tat, sondern nur zwei Erscheinungsformen des gleichen Gottes.

Deshalb nenne ich Gebet den Ackerbau und Ackerbau die Andacht.

Die Stadt in der Wüste

Er steht als Ziel vor dir

ÜBUNG DES SCHWEIGENS

*E*in Gott, der sich berühren läßt, ist kein Gott mehr. Er ist es auch
nicht mehr, wenn er dem Gebete gehorcht. Und zum ersten
Male ahnte ich: die Größe des Gebets beruht vor allem darauf, daß
ihm nicht geantwortet wird und daß dieser Austausch nichts mit
einem schäbigen Handel zu tun hat. Und ich ahnte, daß das Erlernen
des Gebets im Erlernen des Schweigens besteht und dort erst die
Liebe beginnt, wo kein Geschenk mehr zu erwarten ist. Die Liebe ist
vor allem Übung des Gebets und das Gebet Übung des Schweigens.
Die Stadt in der Wüste

SO KANNST DU WACHSEN

*W*enn dir etwas widerstrebt und dich peinigt, so laß es wachsen; es bedeutet, daß du Wurzeln schlägst und dich wandelst. Dein Leid bringt Segen, wenn es dir zur Geburt deiner selbst verhilft, denn keine Wahrheit offenbart sich dem Augenschein und läßt sich dadurch erlangen. Und die Wahrheiten, die man dir auf solche Weise darbietet, sind nur eine bequeme Lösung und gleichen Schlafmitteln.

Denn ich verachte die Menschen, die sich innerlich abstumpfen, um zu vergessen, oder die einen Drang ihres Herzens ersticken, um in Frieden zu leben. Denn du mußt wissen, daß dich jeder unlösbare Gegensatz, jeder unheilbare Streit dazu zwingt, größer zu werden, damit du ihn in dich aufnehmen kannst. Und du ergreifst die Erde, die kein Gesicht hat, ihre Kiesel und ihren Humus, mit deinen Wurzelknoten und bildest daraus eine Zeder zum Ruhme Gottes. An dem Ruhme hat nur die Säule des Tempels teil, die daraus hervorging, daß sie sich durch zwanzig Generationen hindurch an den Menschen abnutzte. Und wenn du selber wachsen willst, nutze dich an deinen Kämpfen ab; sie allein führen zu Gott. Dies ist der einzige Weg, den es auf Erden gibt. Und so geschieht es, daß dich dein Leid wachsen macht, wenn du es bejahst.

Die Stadt in der Wüste

Er steht als Ziel vor dir

IN SEINEM FERNSEIN

*I*ch begriff, daß einer, der das Lächeln der Statue oder die Schönheit der Landschaft oder das Schweigen des Tempels erkennt,
Gott findet. Schreitet er doch über den Gegenstand hinaus, um den
Schlüssel zu erlangen, und über die Worte, um den Lobgesang zu
hören, und über die Nacht und die Sterne, um die Ewigkeit zu erfahren. Denn Gott ist vor allem Sinn deiner Sprache, und wenn deine
Sprache einen Sinn annimmt, offenbart sie dir Gott. Jene Tränen des
kleinen Kindes sind, wenn sie dich rühren, eine Luke, die auf das offene Meer hinausgeht. Denn dich bewegen nicht diese Tränen allein,
sondern alle Tränen. Das Kind nimmt dich nur an der Hand, um dich
zu lehren.

Warum zwingst Du mich, Herr, zu dieser Durchquerung der
Wüste? Ich plage mich inmitten der Dornen. Es bedarf nur eines
Zeichens von Dir, damit sich die Wüste verwandelt, damit der blonde
Sand und der Horizont und der große stille Wind nicht mehr nur
eine unzusammenhängende Summe, sondern ein weites Reich bilden,
an dem ich mich begeistere, und durch das hindurch ich Dich erkenne.
Und ich wurde gewahr, daß sich Gott offenbar an seinem Fernsein
ablesen läßt, wenn er sich zurückzieht. Denn für den Seemann ist er
der Sinn des Meeres. Und für den Gatten der Sinn der Liebe. Es gibt
jedoch Stunden, in denen der Seemann sich fragt: Wozu das Meer?
Und der Gatte: Wozu die Liebe? Und sie betätigten sich in der
Langeweile. Nichts fehlt ihnen, außer dem göttlichen Knoten, der die
Dinge verknüpft. Und so fehlt ihnen alles.
Die Stadt in der Wüste

Ausschau nach Gott

UNDURCHDRINGLICH

*E*in abschüssiger und glatter Weg führte hoch über dem Meere. Ein Unwetter hatte sich entladen und die Nacht strömte wie ein voller Schlauch. Hartnäckig stieg ich Gott entgegen, um ihn nach dem Sinn der Dinge zu fragen und mir von ihm erklären zu lassen, wohin der Austausch führe, den man mir hatte auferlegen wollen. Doch auf dem Gipfel des Berges gewahrte ich nur einen schweren Block aus schwarzem Granit, – und das war Gott. Er ist es wahrhaftig, sagte ich mir, der Unwandelbare und Unzerstörbare, denn ich hoffte noch, ich werde nicht tiefer in meine Einsamkeit versinken müssen.

Herr, sprach ich zu ihm, belehre mich! Sieh hier meine Freunde, meine Gefährten und Untertanen, sie sind für mich nur tönende Gliederpuppen. Ich habe sie in der Hand und bewege sie, wie es mir beliebt. Und es macht mir keine Sorge, daß sie mir gehorchen, denn es ist gut, wenn sich meine Weisheit auf sie herabsenkt; aber es bekümmert mich, daß sie zum Widerschein eines Spiegels wurden, denn so werde ich einsamer noch als ein Aussätziger. Wenn ich lache, so lachen sie. Wenn ich schweige, so verdüstern sich ihre Mienen. Und mein Wort, das ich erkenne, erfüllt sie wie das Windesrauschen die Bäume. Es gibt für mich keinen Austausch mehr, denn in dieser schrankenlosen Audienz höre ich nur noch meine eigene Stimme, die mir von ihnen wie das eisige Echo eines Tempels zurücktönt. Deshalb erschreckt mich die Liebe, und was habe ich von dieser Liebe zu erwarten, die nur mich selber vervielfacht?

Doch der Granitblock, über dem ein leuchtender Regen rauschte, blieb undurchdringlich.

Die Stadt in der Wüste

Er steht als Ziel vor dir

KEINE FRAGEN MEHR

*E*ine Wahrheit erkennen, heißt vielleicht nur, sie im Schweigen zu sehen. Die Wahrheit erkennen, heißt vielleicht nur, endlich das Recht zur ewigen Ruhe zu haben. Ich pflege zu sagen, daß der Baum wahr ist, der eine bestimmte Beziehung zwischen seinen Teilen darstellt. Sodann der Wald, der eine bestimmte Beziehung zwischen den Bäumen darstellt. Sodann das Landgut, das eine bestimmte Beziehung zwischen den Bäumen und den Ebenen und den anderen Bestandteilen des Landguts darstellt. Sodann das Reich, das eine bestimmte Beziehung zwischen den Landgütern und Städten und anderen Bestandteilen des Reiches darstellt. Sodann Gott, der eine vollkommene Beziehung zwischen den Reichen und allem, was es in der Welt gibt, darstellt. Gott ist ebenso wahr wie der Baum, obwohl er schwer zu lesen ist. Und ich habe keine Fragen mehr zu stellen.
Die Stadt in der Wüste

Ausschau nach Gott

WAHR, ABER VIELLEICHT VON UNS ERSCHAFFEN

*D*urch das Christentum sind wir, was wir sind, und wir sind es – das wissen wir – für das Christentum. Wir wissen, daß wir Gott in unseren Bedürfnissen, unserer anscheinend so spontanen Geistigkeit, in uns selbst, im Weltall wiederfinden werden. Und wenn wir Ihr Denken – Pater Sertillanges – analysieren, so wissen wir genau, daß wir darin, sofern es uns vergönnt ist zu sehen, die gleichen Begriffe wiederfinden werden, die es beherrschen. Und wir nennen das Wahrheit. Ja, aber Wahrheit in uns und nicht außerhalb unseres Ich. Gott ist wahr, aber vielleicht von uns erschaffen.

Der moralische Zwang stört uns keineswegs, wir rufen ihn inständig herbei, wir wissen genau, daß es harter Gesetze bedarf, um starke Charaktere zu formen. Es würde uns die Unterwerfung unter sie erleichtern, wenn man einen Gott erfände. Nicht so sehr wegen des verheißenen Lohns – denn der erste, der einzige Lohn, der für uns zählt, besteht darin, zu wachsen –, sondern damit wir uns mit Liebe hingeben können; damit wir mit unseren notwendigen Opfern das Idol beweihräuchern können, dessen man uns beraubt hat.

Carnets

Er steht als Ziel vor dir

POLARISIERUNGEN

*W*orüber beklagt sich eigentlich der Katholik, der uns soviel vom Beweis durch Zeugnis, vom Nachweis durch Augenzeugen erzählte und nunmehr sieht, wie wir verwundert das Weite suchen, da sich herausstellt, daß dieses Zeugnis im Lichte der Naturwissenschaften und der historischen Kritik unzulänglich ist? Wir waren es nicht, die unsere Religion auf diesen schwankenden Boden gründeten.

*R*eligiöse Antinomien: heutzutage, da ich der historischen Kritik solchen Wert beimesse, soll ich mich damit bescheiden, sie überhaupt nicht auszuüben. Heutzutage, da das Christentum ein konservierendes Element darstellt, das einen bestimmten Eigentumsbegriff verteidigt, soll ich es mit den Evangelien in Einklang bringen. Heutzutage, da mich die Analyse dieser Welt am Wunder verzweifeln läßt, soll ich dem Glauben einer Epoche, die nicht zu analysieren verstand, Glauben schenken. Heutzutage, da die Wissenschaft so viele Rückzugspositionen in Trümmer legt, soll ich sie nacheinander einnehmen, ohne mich dadurch in meinen Glaubensüberzeugungen stören zu lassen. Heutzutage, da man den Sinn des Wortes Ursache in Zweifel zieht, soll ich am Sinn der ersten Ursache festhalten. Heutzutage, da sich der Finalismus als unwirksam erwiesen hat, soll ich Finalist bleiben.

Carnets

Ausschau nach Gott

SIE HABEN NIE GEGLAUBT?

*H*unger nach diesem Brot … Dem Engelsbrot. Vielleicht ist nicht die Wirklichkeit das Beunruhigende, sondern die außerordentliche Kraft des Mythos. Eine singende Begeisterung überkommt mich. Licht im Menschen? Ja, ein sehr gewisses Licht. Und die traurigen kleinen Nächte, die X. mit seinen Gigolos verbringt, sind jene Welt nicht wert, in die die Entsagung Eingang verschafft. Immer der gleiche Mythos … Gib dich hin, entsage, leide, kämpfe, durchquere die Wüsten voller Durst, weise die Brunnen zurück, und so werde ich dir zur Entfaltung deiner selbst verhelfen.

Und du, der du dich dieser Botschaft widersetzest, weißt du denn, was du tust? Du kennst nicht, was aus dir hervorgegangen wäre. Du hältst dich für beständig und wesentlich und dauerhaft, du meinst, allein die Empfindungen, die du verspürst, seien dir gestattet; du meinst, der Mensch, den du in dir trägst, sei vollendet, aber diese mystische Hochzeit – du weißt nicht, welch eines Feuervogels Flügel sie in dir entfalten würde. Dieses Reich ist dir verwehrt.

*A*ntwort an S.: »Sie haben nie geglaubt? Dann wissen Sie nicht, was Sie verloren haben. Denn die Saat dringt nur ein, sofern man sich auf das System einläßt. Deshalb hat der Verzicht auf das kritische Urteil einen Sinn: versuchen Sie's erst einmal, um festzustellen, welch ein Mensch bei Ihnen zum Vorschein kommt; auf ihn allein kommt es an.«

Man gründet das Reich, um den Menschen hervorzubringen. Gide urteilt, ohne geprüft zu haben. Nun hat aber ein begriffliches System nur Wert durch den Menschen, den es hervorbringt, und zwar den ganz innerlichen Menschen, von dem man nichts weiß.

Carnets

Er steht als Ziel vor dir

DAS WICHTIGE VOM NOTWENDIGEN
UNTERSCHEIDEN

*I*ch habe aber stets gelernt, das Wichtige vom Notwendigen zu unterscheiden. Denn gewiß muß der Mensch essen, da er aufhört Mensch zu sein, wenn er nicht mehr ernährt wird, und dann stellen sich keine Probleme mehr. Doch die Liebe und der Sinn für das Leben und das Erfühlen Gottes sind wichtiger. Und eine Menschensorte, die an Verfettung leidet, hat für mich keinen Wert. Ich stelle mir nicht die Frage, ob der Mensch glücklich und wohlhabend und bequem untergebracht sein wird. Ich frage mich vor allem, welcher Mensch wohlhabend, gut untergebracht und glücklich sein wird. Meinen reichgewordenen Krämern, die das Gefühl ihrer Sicherheit aufbläht, ziehe ich den Nomaden vor, der ewig auf der Flucht ist und dem Winde nachjagt, denn der Mensch wird Tag für Tag schöner dadurch, daß er einem so großzügigen Herren dient. Wenn man mich vor die Wahl stellte und ich erfahren sollte, daß Gott dem ersteren seine Größe versagt und sie nur dem letzteren gewährt, würde ich mein Volk in die Wüste hinausschicken. Denn ich liebe es, wenn der Mensch sein Licht spendet. Und es kommt mir nicht auf die dicke Kerze an. Allein nach ihrer Flamme bemesse ich ihren Wert.

Die Stadt in der Wüste

Ausschau nach Gott

DER RÜCKGANG DES RELIGIÖSEN

*W*ir sind auf seltsame Weise den Objekten hörig, zweifellos infolge der langen Erziehung durch Publizität, die wir hinter uns haben. Darin sind wir Barbaren. In dieser Hinsicht kommen uns viele Barbaren – wir spüren es undeutlich – wie zivilisiert vor. In dieser Hinsicht ist der Rückgang des Religiösen ein Verhängnis, das uns unsere geistige Welt ausräumt (die Woche des Mittelalters mit ihren Freuden und das liturgische Jahr hatten ein Gesicht).

*Z*weifellos eignet dem Opfer eine charakterbildende Bedeutung, aber wie kann man das dem Kind einpflanzen – ohne die Gottesvorstellung? Ich bin erschrocken angesichts der Schwierigkeit, die Autorität von etwas anderem als von Gott herzuleiten. Man sät aus der Höhe.

*G*ebt uns unsere Ehrfurcht zurück, sei es auch nur die Ehrfurcht vor den Familienfesten, den Jahrestagen, den Vaterländern, dem Ölbaum, den ich gepflanzt habe und den mein Sohn pflegen wird; gebt uns zurück, was wir sind und was über uns hinaus von Dauer ist.
Vergönnt uns, einen vergänglichen Leib in Edelsteine zu wandeln
...

Carnets

Er steht als Ziel vor dir

DER GESCHMACK AN GOTT

*A*ber ich werde kein Heer aufstellen, um Vorräte zu retten. Denn die sind etwas Fertiges, und von ihnen hast du nichts zu erwarten; sie könnten dich höchstens in mürrisches Vieh verwandeln. Deshalb auch bist du, wenn deine Götter erlöschen, nicht mehr bereit zu sterben. Aber du wirst auch nicht mehr leben. Denn es gibt keine Widersprüche. Wenn Tod und Leben Worte sind, die einander die Zunge zeigen, so bleibt doch bestehen, daß du nur von etwas zu leben vermagst, wofür du auch sterben kannst. Und wer sich dem Tode versagt, versagt sich dem Leben.

Denn wenn nichts über dir ist, hast du nichts zu empfangen. Außer von dir selber. Was aber erhältst du schon von einem leeren Spiegel?

*E*rscheine mir, Herr, denn alles ist schwer, wenn der Geschmack an Gott verlorengeht!
Die Stadt in der Wüste

Ausschau nach Gott

GOTT VERLEIHT DEM MENSCHEN
GÖTTLICHKEIT

*W*as kümmert es mich, ob Gott nicht existiert: Gott verleiht
dem Menschen etwas Göttliches.
Gott. Die Spielregel hat auf erregende Weise ihren Sitz nicht in der
willkürlichen Dichte eines Individuums, sondern außerhalb, das heißt
in Gott. Das heißt: in allem und in nichts. Gott ist das vollkommene
symbolische Fundament des zugleich Unzugänglichen und Absoluten.

*S*ie wollten das Christentum im Namen des Menschen zerstören,
den es hervorbrachte (vatermörderischer Kampf des Anarchisten), und wollten den Menschen, den es hervorbrachte, retten, aber
eben diesen Menschen haben sie als erstes zerstört.

*A*llzu früh, in einem Alter, in dem man noch eine Zuflucht
sucht, wurden wir Gottes entwöhnt, und so müssen wir uns
jetzt als einsame kleine Biedermänner durchs Leben schlagen.
Carnets

Er steht als Ziel vor dir

GEMEINSAME HINGABE

*F*rüher nahm wirklich das Opfer, das die Wesen begründet, den Namen der Nächstenliebe an, wenn es Gott durch sein menschliches Ebenbild hindurch ehrte. Durch das Individuum hindurch beschenkten wir Gott oder den Menschen. Da wir aber Gott und den Menschen vergaßen, beschenkten wir nur noch das Individuum.

Daher nahm die Nächstenliebe oft die Gestalt eines unannehmbaren Verhaltens an ... Die Würde des Individuums verlangt, daß es durch die Freigebigkeiten eines andern nicht geknechtet wird. Es wäre sinnwidrig, wenn man erlebte, daß die Besitzenden, abgesehen vom Besitz ihrer Habe, den Dank der Nichtbesitzenden beanspruchten ...

Daß man etwas miteinander teilt sichert nicht Bruderschaft. Allein im Opfer knüpft man sich brüderlich aneinander – in der gemeinsamen Hingabe an etwas Umfassenderes als wir selbst.

Flug nach Arras

Ausschau nach Gott

DAS WICHTIGSTE: DIE LIEBE

*S*o wurden in der Frühzeit des Christentums die verworrenen menschlichen Beziehungen durch die Nächstenliebe und das Universale erhellt. Aber ...

Wenn ich von der Nächstenliebe und vom Universalen spreche, habe ich das Wichtigste vergessen: die Liebe. Was ist die Wirkung dieser Liebe, die ohne fleischlichen Rückhalt empfunden wird? Denn man begnügt sich mit törichtem Gerede, wenn man sagt: »Die Mystiker, die ihre Sinnlichkeit transponieren.« Man vergißt dabei allzusehr, daß es auch jene andauernde Bemühung gibt, welche die Liebe in den trockenen Seelen erzeugen möchte ... Diese erstaunliche Anstrengung des alltäglichen Gebets, die bestrebt ist, vor allem das Herz zu erziehen (und wie sehr geht mich das Wesen dieses geliebten Gottes an! ...).

*E*s gibt nämlich nicht bloß Menschen, die glauben, und Menschen, die nicht glauben; vielmehr sind diese beiden Gruppen durch keine wirksame Grenze getrennt, da sich Menschen, die zu ihnen gehören, auf beiden Seiten der Grenze befinden.

Carnets

Er steht als Ziel vor dir

DIE BINDUNGEN HINTER DEN WORTEN

*E*s gibt Menschen, [für] die es nichts gibt, wofür sie einstehen möchten. Sie werden dir sagen, daß sie für die Menschen oder die Tugend oder Gott einstehen. Doch das sind nur hohle Worte, wenn sie nicht Bindungen bedeuten. Und Gott steigt bis zum Hause hinab, um zum Hause zu werden. Und für den Demütigen, der die Kerzen anzündet, ist Gott die Pflicht, die das Anzünden der Kerzen verlangt. Und für einen, der für die Menschen einsteht, ist der Mensch nicht nur ein Wort seines Wörterbuches. Der Mensch, das sind alle, für die er Verantwortung trägt. Es ist allzu leicht, sich davonzumachen und Gott vor dem Kerzenanzünden den Vorrang zu geben. Ich aber kenne nicht den Menschen, sondern Menschen. Nicht die Freiheit, sondern freie Menschen. Nicht das Glück, sondern glückliche Menschen. Nicht die Schönheit, sondern schöne Dinge. Nicht Gott, sondern die Inbrunst der Kerzen. Und alle, die dem Wesen der Dinge anders als in der Geburt auf die Spur zu kommen suchen, zeigen nur ihre Eitelkeit und die Leere ihrer Herzen. Und sie werden weder leben noch sterben, denn man stirbt nicht und lebt nicht durch Worte.

Einer also, der urteilt und für nichts mehr einsteht, urteilt für sich. Du stößt dich an seiner Eitelkeit wie an einer Mauer. Denn es geht um sein Bild, nicht um seine Liebe. Es geht bei ihm nicht um ein Band, das verknüpft, sondern um ein Ding, das der Betrachtung dient. Und das hat keinen Sinn.

Die Stadt in der Wüste

Ausschau nach Gott

EINE WUNDERBARE GEWISSHEIT

Ohne Hoffnung lieben, ist nicht Verzweiflung. Es bedeutet, daß die Vereinigung erst im Unendlichen zu erlangen ist. Und unterwegs ist der Stern unzerstörbar. Man kann schenken, schenken, schenken. Daß ich nicht den Glauben haben kann, ist recht seltsam. Man liebt Gott ohne Hoffnung. Mir wäre das völlig gemäß. Solesmes [berühmte Benediktinerabtei] und der Gregorianische Gesang ...

Nach einem Besuche der Wallfahrtskirche Notre Dame de Fourrières: Und da fühlte ich mich ganz wie auf einem Schiff. Gregorianischer Gesang. Hohe See. Geschwellte Segel. Und ich verspürte eine wunderbare Gewißheit.

Im Chor die Besatzung und ich, der Passagier. Oh, ein recht blinder Passagier! Und mein Eindruck war, daß ich mich dort ganz verstohlen eingeschlichen hatte und ich war – ja, das ist's – überwältigt. Überwältigt durch eine Evidenz, die festzuhalten mir niemals gelingt ...

Zitiert von Pierre Chevrier

Er steht als Ziel vor dir

SCHLICHT UND MACHTVOLL

Paris, 1918

*M*eine liebe Mama
Heute ist Donnerstag, in drei Tagen, am Sonntag, frühstücke ich bei Madame de Menthon, die mich eingeladen hat; ich hatte sie besucht und meine Karte hinterlassen, da ich niemanden antraf, welch ein Glück.

Das Wetter ist traurig und mißglückt. Die Abende sind jetzt düster, ganz Paris ist blau angemalt ... Die Trams fahren mit blauem Licht, im Gymnasium Saint-Louis ist die Beleuchtung auf den Fluren blau, das ist ein seltsamer Anblick ... und ich glaube nicht, daß es die Deutschen sehr stören wird. Oder doch! Wenn man jetzt Paris von einem hochgelegenen Fenster betrachtet, sieht es aus wie ein großer Tintenfleck: nicht ein Widerschein, nicht ein Lichthof; erstaunlich, welch ein Grad an Verdunklung dadurch erreicht ist! Jeder wird bestraft, wenn ein beleuchtetes Fenster auf der Straße zu sehen ist! Man braucht riesige Vorhänge!

Ich habe gerade etwas in der Bibel gelesen: wie wunderbar ist das, welche Schlichtheit, welch ein machtvoller Stil, und zuweilen auch welch eine Poesie! Die Gebote, die gut 25 Seiten einnehmen, sind Meisterwerke der Gesetzgebung und des gesunden Menschenverstands. Überall leuchtet das Sittengesetz hervor in seiner Zweckmäßigkeit und Schönheit: es ist großartig.

Hast Du die »Sprüche Salomos« gelesen? Und das »Hohe Lied«, wie schön ist das! Alles findet sich in diesem Buch, sogar ein Pessimismus, der weit tiefer und wahrer ist als bei Autoren, die diese Manier angenommen haben, weil sie das für schick halten. Hast Du den Ekklesiastes gelesen?

Ich verlasse Dich jetzt. Physisch, moralisch und mathematisch gesprochen, geht es mir gut ...
Brief an seine Mutter

Ausschau nach Gott

DER FISCHER VON GALILÄA (1)

*W*ozu dies alles? Die Stadt umgab Jacques Bernis wieder mit ihrem sinnlosen Wirbel … Sein Weg führte just an Notre-Dame vorbei, er trat ein und war überrascht von der großen Zahl der Besucher. Er rettete sich zu einem Pfeiler und fragte sich, weshalb er überhaupt hergekommen war. Vielleicht deshalb, weil hier die Minuten doch zu etwas führten. Draußen führten sie ja zu gar nichts. Ja, das war es: draußen führten die Minuten zu gar nichts mehr. Auch empfand er das Bedürfnis, sich selbst zu erkennen, und war bereit, sich dem Glauben hinzugeben wie einem beliebigen anderen disziplinierten Denken. Er sagte sich: ›Wenn ich eine Formel finde, die mein Ich ausdrückt, die mein Sein umspannt, wird sie für mich die Wahrheit bedeuten.‹ Dann aber fügte er lässig hinzu: ›Und doch werde ich nicht daran glauben.‹ Und plötzlich wollte ihm scheinen, daß er hier wieder an einer Ausweichstelle angelangt sei und daß sein ganzes Leben sich in solchen Fluchtversuchen verbraucht habe. Nun erklangen die ersten Worte der Predigt, beunruhigend wie ein Signal zur Abfahrt.

»Das Himmelreich«, begann der Prediger, »das Himmelreich …« Er stützte die Hände auf den breiten Rand der Kanzel und beugte sich über die Menge. Da saß sie dicht gedrängt, bereit, alles aufzunehmen, und verlangte nach Nahrung. Ihm aber fluteten Bilder zu voll unerhörter Eindringlichkeit. Er mußte an Fische denken, die in der Reuse gefangen waren, und fuhr ohne jeden Übergang fort: »Als der Fischer von Galiläa …«

Südkurier

Er steht als Ziel vor dir

DER FISCHER VON GALILÄA (II)

*E*r sprach weiter und fand lauter Worte, die ganze Züge von Erinnerungsbildern heraufführten, und diese Bilder waren nicht wieder zu bannen. Er fühlte, wie er Gewalt über die Menge zu üben begann und wie allmählich sein Schwung federnd wurde wie die Spur des Läufers im Sande. »O wüßtet ihr, wüßtet ihr, wieviel an Liebe …« Er unterbrach sich und schöpfte Atem: die Gefühle, die ihn bestürmten, waren zu reich, um ihn den rechten Ausdruck finden zu lassen. Er begriff, daß auch die einfachsten, die verbrauchtesten Worte ihm jetzt allzu sinnbeschwert erschienen und daß er sie nicht mehr von den anderen Worten scheiden konnte, von denen, die den richtigen Klang hatten. Das Licht der Kerzen gab seinem Antlitz eine wächserne Farbe. Er straffte sich steil empor, die Hände noch immer aufgestützt, die Stirn hoch erhoben. Und als seine Haltung sich weiter entspannte, ging eine Bewegung durch die Menge, wie ein Wellenschlag. Nun strömten ihm die Worte zu, und er sprach. Sprach mit überraschender Sicherheit. Er fühlte in sich das Hochgefühl eines Athleten, der seine Kraft spürt. Gedanken flogen ihm zu, die sich außerhalb seiner selbst schon formten, während er einen Satz zu Ende sprach, als wären sie eine Bürde, die man ihm reichte. Und im voraus fühlte er in seinem Geist das dunkle Aufsteigen des Bildes, in das er alsbald den geformten Gedanken legen würde, um ihn bildhaft in die versammelte Menge zu tragen.

Südkurier

Ausschau nach Gott

DER FISCHER VON GALILÄA (III)

*B*ernís hörte jetzt aufmerksam der Predigt zu.
»Ich bin die Quelle allen Lebens. Ich bin die Flut, die in euch eindringt, um euch zu erwecken, und die wieder zurückfließt. Ich bin das Leid, das in euch eingeht, um eure Herzen zu zerreißen, und das wieder zurückströmt. Ich bin die Liebe, die in eure Herzen einzieht, und die in alle Ewigkeit währt. Und ihr wollt mir Marcion und das vierte Evangelium entgegensetzen? Wollt mir von Textverfälschungen sprechen? Ihr machtet eure armselige Menschenlogik gegen mich aufstellen, gegen mich, der ich über euch throne und euch von dieser Logik freimachen will!

Ihr Gefangenen, versteht mich doch! Ich mache euch frei von eurer Wissenschaft, von eurem Formelkram, von euren Gesetzen, von der Sklaverei des Geistes, vom Determinismus, der härter ist als das blinde Schicksal. Ich bin die verwundbarste Stelle an eurer Rüstung: ich bin das Leben.

Ihr habt den Gang der Gestirne bis ins letzte erforscht, als eine Generation von Helden des Laboratoriums, aber ihr kennt das Gestirn nicht mehr. Es ist nur noch ein Kapitel in euren Büchern, aber es ist für euch nicht mehr ein Licht, denn ihr wißt weniger von ihm als ein kleines Kind. Ihr habt alles entdeckt, bis zu den Gesetzen, die das Lieben der Menschen beherrschen, aber dieses Lieben selbst können alle eure Zeichen nicht einfangen: ihr wißt davon weniger als jedes junge Mädchen! Nun denn, so kommt zu mir! Diesen milden Glanz des Lichts, dieses Licht der Liebe, ich gebe es euch wieder. Ich knechte euch nicht, nein, ich rette euch und mache euch frei von dem Menschen, der als erster den Fall einer Frucht errechnet und euch in diese Sklaverei gebracht hat. Meine Wohnung ist die einzige Pforte, die euch offen ist – was sollte aus euch werden, wenn ihr außerhalb bleiben müßtet?

Südkurier

Er steht als Ziel vor dir

DER FISCHER VON GALILÄA (IV)

*W*as würde aus euch, jenseits meiner Wohnung, außerhalb dieses Schiffes, in dem der Ablauf der Stunden erst seinen vollen Sinn erhält, so wie der Ablauf des Meerwassers auf dem schimmernden Gebälk des Schiffsleibs. Dieser Ablauf des Meerwassers ist geräuschlos, aber er bringt das Schiff zu den fernen Inseln. Das ist der Ablauf des Meerwassers.

Kommt zu mir alle, denen die Tat, die zu nichts führt, bitter geworden ist.

Kommt zu mir, ihr alle, denen der Gedanke, der nur zu Gesetzen führt, bitter geworden ist.

Der Prediger spannte die Arme aus: »Denn ich bin es, der euch aufnimmt. Ich habe die Sünden der Welt auf mich genommen. Ich habe ihr Leid getragen.

Ich habe eure Schmerzen getragen, die Schmerzen von Tieren, die ihre Jungen verlieren müssen, habe eure unheilbaren Krankheiten auf mich genommen, und ihr habt die Erleichterung gefühlt. Aber dein Leid, du mein Volk der heutigen Zeit, ist ein Elend, das noch tiefer, noch unheilbarer ist, und dennoch werde ich es tragen, wie ich alles andere Leid getragen habe. Ich werde die schwersten Ketten tragen, die Ketten des Geistes.

Ich bin, der die Bürden der Welt auf sich nimmt.«

Der Mann auf der Kanzel erschien Bernis so hoffnungslos, weil er nicht danach schrie, daß ihm ein Zeichen gewährt würde, und weil er kein Zeichen offenbar machte. Nein, weil er immer sich selbst die Antwort gab.

»Ihr werdet die Kinder sein, die bei mir spielen. Kommt zu mir mit all den vergeblichen Bemühungen, die euren Alltag erschöpfen: ich werde ihnen einen Sinn geben, daß sie eure Herzen neu aufbauen, ich werde ihnen wieder Menschlichkeit geben.«

Südkurier

Ausschau nach Gott

DER FISCHER VON GALILÄA (v)

*D*as Wort dringt in die Menge ein. Aber Bernis hört es nicht mehr, er hört etwas, das in diesem Wort lebt und das wie ein Leitsatz immer wiederkehrt: ... wieder Menschlichkeit geben. Das beunruhigte ihn.

»Ihr Liebenden von heutzutage, kommt zu mir, ich werde eurer trockenen, verzweifelten und grausamen Liebe Menschlichkeit geben.

Eurer Sucht nach dem Fleischlichen und der traurigen Umkehr davon – kommt zu mir, ich werde ihr Menschlichkeit geben ...«

Bernis empfand eine tiefe Benommenheit.

»Denn ich bin, der am Menschen sein Wohlgefallen hat ...«

Bernis war ganz verzweifelt.

»Ich bin der einzige, der den Menschen zu sich selbst zurückführen kann.«

Der Priester verstummte. Erschöpft wandte er sich dem Hochaltar zu und betete zu Gott, zu dem Gott, den er verkündet hatte. Er fühlte sich gedemütigt, als hätte er alles hingegeben, als wäre seine körperliche Ermattung ein Gnadengeschenk. Und ohne es zu wissen, fühlte er sich eins mit Christus. Von neuem begann er, zum Altar gewandt, diesmal mit erschütternder Ruhe:

»Mein Vater, ich habe an sie geglaubt, darum habe ich mein Leben hingegeben ...«

Und indem er sich ein letztes Mal über die Menge beugte: »Denn ich liebe sie ...« Ein Zittern ging über seine Gestalt. Ein Schweigen folgte, das Bernis ungeheuer schien.

»Im Namen des Vaters ...«

Und Bernis dachte: ›Welche Verzweiflung! Wo ist das Bekenntnis des Glaubens? Ich habe dieses Bekenntnis nicht vernommen, aber ich habe einen Aufschrei voll Verzweiflung gehört.‹

Südkurier

Er steht als Ziel vor dir

ICH SEHE DEN TEMPEL, NICHT STEINE

*E*s genügt einfach, o Herr, daß Du bist.

Eisig, o Herr, ist zuweilen meine Einsamkeit. Und ich begehre nach einem Zeichen in der Wüste meiner Verlassenheit. Doch im Laufe eines Traumes hast Du mich belehrt. Ich habe begriffen, daß jedes Zeichen eitel ist, denn gehörtest Du meiner Stufe an, so zwängest Du mich nicht zum Wachsen. Und was vermag ich anzufangen mit mir, o Herr, so wie ich bin?

Darum wandere ich und forme Gebete, auf die keine Antwort erteilt wird, und habe als Führung, so blind bin ich, nur eine schwache Wärme auf meinen zerschundenen Handflächen, und doch lobe ich Dich, Herr, weil Du mir nicht antwortest, denn wenn ich gefunden habe, was ich suche, Herr, wird mein Werden vollendet sein.

Wenn Du in all Deiner Gnade mit dem Schritt des Erzengels auf den Menschen zugingest, würde der Mensch vollendet sein. Er würde nicht mehr sägen, nicht mehr schmieden, nicht mehr kämpfen, nicht mehr die Kranken pflegen. Er würde nicht mehr seine Stube kehren und nicht mehr die Geliebte lieben. O Herr, würde er so weit abschweifen, daß er Dich durch den Nächsten hindurch mit seiner Liebe ehrte, wenn er Dich auch nur anschauen dürfte? Ist der Tempel einmal gebaut, so sehe ich den Tempel und keine Steine.

Die Stadt in der Wüste

Ausschau nach Gott

SELIGKEIT

O Herr! Möchtest Du eines Tages, wenn Du unsere Schöpfung in die Scheuer einbringst, jenes große Tor für die geschwätzige Rasse der Menschen öffnen; möchtest Du ihnen im ewigen Stall ihren Platz weisen, wenn die Zeiten vollendet sind, und unseren Fragen ihren Sinn nehmen, wie man die Krankheiten heilt.

Denn es ist mir vergönnt zu begreifen, daß aller Fortschritt des Menschen in der Entdeckung besteht, wie seinen Fragen, einer nach der anderen, kein Sinn innewohnt; habe ich doch meine Weisen befragt, und sie haben nicht etwa einige Antworten auf die Fragen des letzten Jahres gefunden – nein, Herr, sie lächeln heute über sich selber, denn die Wahrheit kam ihnen als das Auslöschen einer Frage. Ich weiß wohl, Herr, daß die Weisheit nicht in der Antwort besteht, sondern daß sie von der wetterwendischen Sprache erlöst. Und das gilt auch für die Liebenden, die auf der niedrigen Mauer vor der Orangenpflanzung sitzen, Schulter an Schulter mit baumelnden Beinen, und genau wissen, daß sie auf die Fragen keine Antwort erhielten, die sie gestern gestellt haben. Ich kenne aber die Liebe und weiß: sie besteht darin, daß keine Frage mehr gestellt wird. Und ich überwinde Gegensatz um Gegensatz und schreite auf die Stille aller Fragen zu; so finde ich die Seligkeit.

Die Stadt in der Wüste

Er steht als Ziel vor dir

FRIEDE

So habe ich lange den Sinn des Friedens bedacht. Er kommt nur durch die Kinder, die geboren werden, die geborgene Ernte, das endlich geordnete Haus. Er kommt von der Ewigkeit, in die die vollendeten Dinge eingehen. Friede der vollen Scheuern, der schlafenden Schafe, des gefalteten Linnens, Friede, der von allem ausgeht, das Gottes Geschenk wurde, sobald es wohlgetan ist.

Denn ich wurde gewahr, daß es mit dem Menschen ganz ähnlich steht wie mit der Zitadelle. Der Mensch reißt die Mauern nieder, um sich seine Freiheit zu wahren, aber nun ist er nur noch eine geschleifte Festung, die sich den Sternen öffnet. Dann beginnt die Angst vor dem Nichtsein. Möge er doch den Duft der Rebe, die in der Sonne dörrt, oder das Schaf, das er scheren soll, zu seiner Wahrheit machen. Die Wahrheit gräbt sich wie ein Brunnen. Wenn der Blick sich zerstreut, verliert er die Anschauung Gottes. Mehr als die Ehebrecherin, die sich den Verheißungen der Nacht öffnet, weiß jener Weise von Gott, der nur das Gewicht seiner wollenen Decken kennt.

Die Stadt in der Wüste

Ausschau nach Gott

STILLE

*I*ch werde eine Hymne auf die Stille schreiben. Stille, du Musikantin der Früchte! Die du die Keller, die Kammern und Speicher bewohnst! Du Gefäß voller Honig, den der Fleiß der Bienen ansammelt! Du Ruhe des Meeres in seiner Fülle! Stille, in die ich die Stadt von der Höhe der Berge einschließe, ihren verstummten Wagenlärm, ihre Schreie und den hellen Klang ihrer Schmiedehämmer! Alle diese Dinge sind schon im Gefäße des Abends aufgehoben. Gott wacht über unserem Fieber, sein Mantel breitet sich über die Unruhe der Menschen ...

Stille des Menschen, der sich aufstützt und nachdenkt, der fortan ohne Aufwand empfängt und dem Gehalt seiner Gedanken eine Form gibt. Stille, die ihn erkennen läßt und seine Unwissenheit möglich macht, denn zuweilen ist es gut, daß er nicht weiß. Stille, die sich den Würmern, den Schmarotzern und den schädlichen Gräsern versagt.

Stille, die dich bei der Entfaltung deiner Gedanken behütet.

Stille, die selbst die Gedanken erfüllt. Ruhe der Bienen, denn der Honig ist bereitet und soll nur noch ein vergrabener Schatz sein. Und ein Schatz, der reift. Stille der Gedanken, die ihre Flügel breiten, denn es ist schlecht, wenn du in deinem Geiste oder deinem Herzen unruhig bist.

Stille des Herzens. Stille der Sinne. Stille der inneren Worte, denn es ist gut, wenn du Gott wiederfindest, der die Stille im Ewigen ist. Wenn alles gesagt, wenn alles getan ist.

Stille Gottes, die dem Schlafe des Hirten gleicht: obwohl dann die Lämmer von den Schafen bedroht zu sein scheinen, ist es der süßeste Schlaf, wenn es keinen Hirten und keine Herde mehr gibt; denn wer vermöchte sie voneinander zu unterscheiden unter den Sternen, wenn alles Schlaf ist ...

Die Stadt in der Wüste

Er steht als Ziel vor dir

ANTOINE DE SAINT-EXUPÉRY
1900 – 1944

LEBENSSTATIONEN

29. JUNI 1900 geboren in Lyon als drittes Kind des Grafen Jean-Marie de
Saint-Exupéry, Versicherungsinspektor, und seiner Ehefrau Marie, geborene de
Fonscolombe, am 30. Juni getauft auf die Namen Antoine Marie Roger.

1904: Tod des Vaters. Die Mutter verlässt mit ihren fünf Kindern – drei Töchtern
und zwei Söhnen – Lyon. Antoine verbringt die folgenden Jahre abwechselnd
auf dem Schloss einer Tante in Saint-Maurice-de-Remens (Ain) und seiner
Großmutter mütterlicherseits in La Môle (Var).

7. OKTOBER 1909: Seine Mutter lässt sich in Le Mans nieder. Antoine tritt dort
in die vierte Klasse (die Klasse vor dem Eintritt ins Gymnasium) der von
Jesuiten geleiteten Schule Notre-Dame-de-Sainte-Croix ein, die er bis 1914
besucht. Erstkommunion am 5. Mai 1910.

OKTOBER 1914: Antoines Mutter arbeitet als Oberschwester in der Bahnhofs-
ambulanz von Ambérieur; ihre beiden Söhne Antoine und François (geboren
1902) treten in das Jesuiten-Kolleg Notre-Dame-de-Mongré in Villefranche-
Sur-Saône ein. Die beiden Jungen können sich jedoch nicht in den Stil des
Hauses einfügen.

JANUAR 1915: Antoine und sein Bruder werden Internatsschüler in der Villa
Saint-Jean, einem katholischen Kolleg in Freiburg in der Schweiz, das von
Marianisten-Brüdern geleitet wird.

1917: Im Frühjahr Abitur. Im Juli Tod seines Bruders François. Ab Oktober
Student in Paris, wo er sich in der École Bossuet, im Lyzeum Saint-Louis und
ab 1918 im Lyzeum Lakanal auf die Aufnahme in die École Navale vorbereitet.

Lebensstationen

1919, JUNI: Saint-Exupéry besteht die mündliche Aufnahmeprüfung für die École Navale nicht und schreibt sich daraufhin im Oktober in der École des Beaux-Arts, Abteilung Architektur, ein, schließt aber sein Studium nicht ab.

1921: Tritt am 2. April seinen Militärdienst beim 2. Luftgeschwader im Straßburg an und nimmt bei einem privaten Fluglehrer auf eigene Kosten Flugunterricht; am 17. Juni wird er als Offiziersanwärter dem 37. Luftgeschwader in Rabat zugeteilt, wo er den Pilotenschein für Privatflugzeuge erwirbt.

1922, 23. JANUAR: Versetzung als Flugschüler nach Istres, wo er die Flugerlaubnis für Militärflugzeuge erhält und im Oktober als Leutnant der Reserve den Militärdienst beendet.

1923, MÄRZ: Möchte sich verloben und verzichtet auf eine Laufbahn als Militärpilot; tritt eine Stelle als einfacher Angestellter in der Ziegelei und Brikettfabrik von Bourlon an.

1924: Wechsel in die Lastwagen-Fabrik Saurer, wo er als Firmenvertreter in Mittelfrankreich tätig ist.

1926: Gibt im Frühjahr seine Stelle bei Saurer auf, um in die Compagnie Aérienne Française einzutreten. Dort hat er die Aufgabe, die ersten Alleinflüge der Flugschüler abzunehmen. Im April Veröffentlichung der ersten Novelle »Der Flieger«. Er erhält im Oktober auf Empfehlung von Abbé Sudour, dem früheren Direktor der École Bossuet, bei der Fluggesellschaft Latécoère eine Anstellung und geht nach Toulouse.

1927: Saint-Exupéry übernimmt als Berufspilot die Postflüge auf der Linie Toulouse – Casablanca – Dakar. Im Oktober wird er Leiter des Flugplatzes von Cap Juby, wo er auch seinen ersten Roman »Südkurier« verfasst.

1928: Ende des Jahres Veröffentlichung des Buches »Südkurier« im Verlag Gallimard in Paris.

1929: Aufenthalt in Brest, wo Saint-Exupéry einen höheren Lehrgang für Luftnavigation absolviert. Im September Abreise nach Buenos Aires, nachdem er zum Direktor der Fluggesellschaft »Aeroposta Argentina« ernannt wurde.

1930: Ernennung zum Ritter der Ehrenlegion für seine Tätigkeit in Cap Juby. Saint-Exupéry arbeitet an seinem zweiten Buch »Nachtflug«.

Antoine de Saint-Exupéry

1931: Rückkehr nach Frankreich, heiratet im Frühjahr in Agay, dem Wohnsitz seiner Schwester Gabrielle, die Argentinierin Consuelo Suncin. Saint-Exupéry kehrt nicht mehr nach Buenos Aires zurück, nachdem die »Aeroposta Argentina« in Konkurs gegangen ist. Mai–Dezember: Dienst als Luftpostpilot der Frankreich – Südamerika-Linie auf dem Streckenabschnitt Casablanca – Port-Étienne. Im Dezember Veröffentlichung des Buches »Nachtflug«, für das er den »Prix Fémina« erhält.

1932: Ab Februar Versuchspilot für Wasserflugzeuge der Gesellschaft Latécoère.

1933: Saint-Exupéry überlebt einen schweren Flugzeugabsturz in der Bucht von Saint-Raphaël.

1934: Werbeleiter der »Air-France« mit zahlreichen Vortragsreisen in Frankreich und im Ausland; Aufenthalt in Saigon.

1935, APRIL–MAI: Reise in die UdSSR mit Korrespondenten-Berichten für die Tageszeitung »Paris-Soir«. Im Dezember Start zu einem Langstreckenflug Paris – Saigon, der mit einem (dem vierten) Absturz in der nordafrikanischen Wüste endet.

1936: Im August Aufenthalt in Spanien während des Bürgerkriegs mit Reportagen über die Kämpfe in Catalanien. – Saint-Exupéry arbeitet an Entwürfen für ein Düsenflugzeug. Am 7. Dezember wird sein Pilotenfreund Mermoz als vermisst gemeldet. Erste Aufzeichnungen zu »Die Stadt in der Wüste«.

1937: Saint-Exupéry richtet mit einer Maschine vom Typ »Simoun« die direkte Fluglinie Casablanca – Timbuktu ein. Im Juni nochmaliger Aufenthalt als Journalist in Spanien mit Berichten von der Front in Carabacel und Madrid für »Paris-Soir«.

1938: Im Januar Schiffsreise nach New York, von wo Saint-Exupéry im Februar zum Versuch eines Langstreckenflugs zu den Feuerland-Inseln startet. Erneuter (fünfter), sehr schwerer Unfall kurz nach dem Start nach der Zwischenlandung in Guatemala. Ende März Rückkehr nach New York. Während der mehrmonatigen Rekonvaleszenz Arbeit an der Endfassung des Buches »Wind, Sand und Sterne«. Nach der Rückkehr nach Frankreich Aufenthalt in Agay, anschließend in der Schweiz.

1939: Im Februar erscheint das Buch »Wind, Sand und Sterne«, für das er im Juni den großen Romanpreis der Académie Française erhält. In den USA wird das Buch zum Bestseller. Im Frühjahr Reise nach Deutschland; Saint-Exupéry besucht im März u.a. die Leipziger Buchmesse, wo er mit seinem deutschen Verleger Karl Rauch zusammentrifft. Im Juli Überquerung des Nordatlantiks mit einem Wasserflugzeug (zusammen mit seinem Freund Guillaumet). Nach kurzem Aufenthalt in Paris erneute Reise nach New York, von wo er Ende August wegen des drohenden Kriegsausbruchs nach Frankreich zurückkehrt. Als Hauptmann der Reserve wird Saint-Exupéry am 4. September zum Kriegsdienst einberufen und erhält in Toulouse-Montaudran die Aufgabe eines Pilotenbetreuers. Anfang November wird Saint-Exupéry dem Aufklärungs-geschwader 2/33 zugeteilt, das die Wintermonate über in Orconte stationiert ist. Hier erste Entwürfe zu »Der kleine Prinz«.

1940: 22. Mai: Von Orly aus Aufklärungsflug über Arras. 20. Juni: Flug von Bordeaux nach Algier zur Sicherung eines Materialtransports. 5. August: Entlassung aus dem Militärdienst, anschließend Aufenthalt bei seiner Schwester in Agay, wo Saint-Exupéry die Arbeit an seinem posthum veröffent-lichtem Werk »Die Stadt in der Wüste« fortsetzt. 5. November: Abreise nach Portugal über Marokko. Dezember: Abreise nach New York.

1941: Saint-Exupéry arbeitet in New York an dem Buch »Flug nach Arras«, wäh-rend der Sommermonate Aufenthalt in Californien.

1942: Das Buch »Flug nach Arras« erscheint in den USA und in Frankreich. Im Mai Reise nach Kanada mit Vorträgen in Montréal und Québec. Am 29. November ruft Saint-Exupéry über den New Yorker Sender zur Einheit der Franzosen auf.

1943: Im Februar erscheint der für seinen in Frankreich zurückgebliebenen Freund Léon Werth bestimmte »Brief an einen Ausgelieferten«. Im April Veröffentlichung des Werkes »Der kleine Prinz« in New York. Anfang Mai Ankunft von Saint-Exupéry in Algier. Bald danach gelingt es ihm, wieder zu seinem Aufklärungsgeschwader 2/33, das unter amerikanischem Kommando steht, zu stoßen. Das Geschwader wird nach Alghero im Westen Sardiniens verlegt. Im Juni Beginn des Flugtrainings auf einer amerikanischen zweimoto-rigen Lockheed-Lightning; Beförderung zum Major und Auftrag zu einem Aufklärungsflug über dem Rhônetal, der mit einer Bruchlandung endet, worauf

das amerikanische Oberkommando das Einhalten des Höchstalters für Front-
piloten vorschreibt.

Im Juli Attaché bei der VII. amerikanischen Armee in La Marsa bei Tunis, wo
Saint-Exupéry den »Brief an einen General« schreibt.

AUGUST 1943–MÄRZ 1944: »zur besonderen Verfügung« des amerikanischen
Oberkommandos abkommandiert. Aufenthalt bei einem Freund in Algier.

1944: April: Saint-Exupéry erwirkt nach intensivem Drängen endlich die Erlaubnis, zum Aufklärungsgeschwader 2/33 zurückkehren zu dürfen, bei dem er am
16. Mai wieder eintrifft. Die Erlaubnis ist mit dem Vorbehalt verbunden, nicht
mehr als fünf Aufklärungsflüge durchzuführen, woran sich Saint-Exupéry aber
nicht hält. Am 17. Juli wird das Geschwader von Alghero nach Borgo im Nord-
osten von Korsika verlegt.

24. Juli: Taufpate bei der Tauffeier des Sohnes seines Freundes und Staffelkom-
mandanten, Oberst R. Gavoille.

31. Juli: Saint-Exupéry startet um 8.30 Uhr zu einem Aufklärungsflug (es ist
sein neunter) über der Gegend von Grenoble-Annecy, den er seinen Vorgesetz-
ten abgerungen hat. Von diesem Flug kehrt er nicht mehr zurück. Die Ursachen
seines Verschwindens konnten nicht endgültig geklärt werden, da auch kein
Funkspruch von ihm aufgefangen wurde. Wahrscheinlich ist, dass die Lockheed
P-38 »Lightning«, die Saint-Exupéry flog, vor der südfranzösichen Mittel-
meerküste, nahe Marseille, von einem deutschen Jagdflugzeug angegriffen und
abgeschossen wurde. Dafür sprechen die Angaben des deutschen Jagdflieger-
piloten Horst Rippert sowie die Bergung von Wrackteilen der P-38, die der
deutsche Unterwasser-Archäologe Lino von Gantzen im Sommer 2005 bei
Marseille in 500 m Tiefe gefunden hat und identifizieren konnte (vgl. den
Beitrag von Lino von Gantzen »In die Geschichte abgetaucht« in *Frankfurter
Allgemeine Zeitung,* 18. März 2008).

Die Angaben dieser Übersicht stützen sich vor allem auf: André-A. Devaux,
Saint-Exupéry. Reihe: Les écrivants devant Dieu. Desclée de Brouwer. Paris 1965;
Luc Estang, Antoine de Saint-Exupéry in Selbstzeugnissen und Dokumenten.
rowohlts monographien, hrsg. von Kurt Kusenberg, Rowohlt, Reinbeck 1958.

VERZEICHNIS DER ZITIERTEN WERKE

Die Werke Antoine de Saint-Exupérys erschienen im Original in den nachfolgend aufgeführten Einzelausgaben bei der Librairie Gallimard, Paris, ebenso wie die Gesamtausgabe »Œuvres Complètes«. Titel der deutschen Ausgaben in Klammern:

1 »Courrier-Sud«, 1928 (»Südkurier«)
2 »Vol de Nuit«, 1931 (»Nachtflug«)
3 »Terre des Hommes«, 1939 (»Wind, Sand und Sterne«)
4 »Pilote de Guerre«, 1942 (»Flug nach Arras«)
5 »Lettre à un Otage«, 1943 (»Brief an einen Ausgelieferten«)
6 »Le petit Prince«, 1943 (»Der kleine Prinz«)
7 »Citadelle«, 1948 (»Die Stadt in der Wüste«)
8 »Lettres de Jeunesse 1923–1931«, 1953 (»Briefe an Rinette«)
9 »Lettres à sa Mère«, 1955 (»Briefe an seine Mutter«)
10 »Un Sens à la Vie«, 1956 (»Dem Leben einen Sinn geben«)
11 »Carnets«, 1975 (»Carnets«)
12 Der Schulaufsatz von 1914 zum Thema »Racontez les tribulations d'un haut-de-forme«, 1959 (»Das Abenteuer eines Zylinderhuts«)

Der in der »Bibliothèque de la Pléiade« der Librairie Gallimard, Paris, 1953 erschienene Band: »Antoine de Saint-Exupéry: Œuvres« enthält die vorstehend unter 1–7 aufgeführten Titel. Die Titel 8–12 sind in Einzelbänden erschienen.

Deutsche Übersetzungen

Die Texte dieses »Jahreslesebuchs« wurden der deutschen Gesamtausgabe entnommen: »Antoine de Saint-Exupéry Gesammelte Schriften in drei Bänden«, Karl Rauch Verlag, Düsseldorf 1959:

»Südkurier«, deutsche Übersetzung von Paul Graf von Thun-Hohenstein
»Nachtflug«, deutsche Übersetzung von Hans Reisiger
»Wind, Sand und Sterne«, deutsche Übersetzung von Henrik Becker
»Flug nach Arras«, deutsche Übersetzung von Fritz Montfort
»Brief an einen Ausgelieferten«, deutsche Übersetzung von Josef Leitgeb
»Der kleine Prinz«, deutsche Übersetzung von Grete und Josef Leitgeb
»Die Stadt in der Wüste«, »Briefe an Rinette«, »Briefe an seine Mutter«, »Carnets«, »Briefe an Lucie-Marie Decour«, »Moskau«, »Brief an einen General«, die »Vorworte« sowie alle weiteren Texte aus Band 3 der »Gesammelten Schriften«, deutsche Übersetzung von Oswalt von Nostitz.

Die Textauszüge aus Vorworten zu Büchern oder zu der Sondernummer der Zeitschrift »Document« sind in Band 1 der »Œuvres Complètes« enthalten bzw. in Band 3 der deutschen Ausgabe »Gesammelte Schriften«.

Die Biographie »Antoine de Saint-Exupéry« von Pierre Chevrier, Paris 1949, wurde von Oswalt von Nostitz ins Deutsche übersetzt.

Der Text »Blutendes Spanien« wurde dem Band »Saint-Exupéry. Romane – Dokumente. Mit einem Nachwort von Alfons Rothmund. Karl Rauch Verlag, Düsseldorf, 8. Aufl., 1994« entnommen.

Verzeichnis der zitierten Werke

INSPIRATIONSBUCH 2009
Kraft schöpfen, Leben genießen
Hg. von Gabriele Hartlieb
224 Seiten, Paperback, ISBN 978-3-451-06026-7
Anhalten. Aussteigen. Einatmen. Vom Glück, die eigene Stärke zu entdecken und
die Leichtigkeit wieder zu gewinnen.

Alexander Kostinskij
DER STERNENVERKÄUFER
Geschichten, die erzählen, wie alles gut wurde
128 Seiten, Paperback, ISBN 978-3-451-05474-7
Parabeln, die zeigen, wie sich jedem Leben ein wenig Glanz und Hoffnung abge-
winnen lässt. Voll Witz und hintergründiger Melancholie.

LEBEN 2009
Ein Lesebuch
224 Seiten, Paperback, ISBN 978-3-451-06017-5
Lesen ist Leben. Spannende und wegweisende Beiträge aus Kultur, Religion und
Gesellschaft.

Anthony de Mello
365 GESCHICHTEN, DIE GUT TUN
Weisheit für jeden Tag
256 Seiten, gebunden mit Leseband, ISBN 978-3-451-29245-3
Anthony de Mellos prägnantesten Weisheitsgeschichten: Erfrischung für die
Seele an jedem Tag des Jahres. Lebenshilfe auf sympathische und kurzweilige Art.

Christa Spilling-Nöker
EINFACH GERNE LEBEN!
365 gute Tage
256 Seiten, gebunden, ISBN 978-3-451-32173-3
Jeden Tag eine kleine Hoch-Zeit – das Jahreslesebuch der beliebten Erfolgs-
autorin bietet zahlreiche Impulse für ein bewusstes, gelingendes Leben.

HERDER